GEALACH an FHÀIS

Gealach an Fhàis

Ùr Bheothachadh na Gàidhlig

ROGER HUTCHINSON
còmhla ri CRIOSAIDH DICK

MAINSTREAM PUBLISHING
EDINBURGH AND LONDON

Air fhoillseachadh am Breatann airson a' chiad uair an 2005 le
MAINSTREAM PUBLISHING (DÙN ÈIDEANN)
EARRANTA
7 Sràid Albany
Dùn Èideann EH1 3UG

ISBN 1 84018 999 1

Gheibhear clàr-fhiosrachaidh airson an leabhair seo bho
Leabharlann Bhreatainn

Clò-sgrìobhte an Goudy Catalogue

Air a chlò-bhualadh am Breatann le
Creative Print Design, A' Chuimrigh

Tha am Foillsichear mothachail air an taic a fhuaireadh bho
Chomhairle Ealain na h-Alba gus an eabhar seo a chur an clò

Scottish
Arts Council

Do Mhuinntir an t-Sabhail

'S E OBAIR LATHA TÒISEACHADH

GEALACH AN FHÀIS OS CIONN SHLÈITE

Dùn Sgàthaich 'na chàrnaich luim
's an Caisteal Uaine fo eidheann,
agus samhlaidhean na falachd 's a' bhàis
a thathaich am mùr marbha laga;
Luibhean is blàthan an rùin
Mu Shabhal Ostaig; agus solus,
Deò-grèine dòchas nan Gàidheal
Mu bhallachan ùra 's seana.

Mo dhùrachd gu robh math is buaidh air obair luachmhoir an t-Sabhail.

An t-Ollamh Somhairle MacGill-Eain
(1911–1996)

BUIDHEACHAS

Bu toil leam taing a thoirt:

do Roger Hutchinson airson an làmh-sgrìobhainn aige thoirt dhomh airson a chleachdadh mar a chithinn fhèin iomchaidh. Tha an leabhar seo eadar a bhith na eadar-theangachadh dhen leabhar aig Roger agus na ùr-sgrìobhadh;

do John, mo chèile, airson mo chuideachadh agus mo chumail aig an deasc;

do Lachaidh, mo bhràthair, airson a thaic agus a ghliocas;

do dh'Iain Mac an Tàilleir agus Greg MacThomais airson an làmh-sgrìobhainn a cheartachadh;

do dh'Iain Dòmhnallach airson a chuideachadh mar bu dual;

do Shiela Henderson airson mo stiùireadh leis an teicneòlas;

do Mhurchadh MacLeòid a stiùir mi a thaobh foghlaim anns na làithean a dh'fhalbh;

do Bhoyd Robasdan airson an fhiosrachaidh a thug e dhomh mu leasachaidhean foghlaim anns an latha an-diugh anns an fharsaingeachd agus an Glaschu gu sònraichte;

do Joan Nic an t-Saoir, Nicola NicAoidh agus Eilidh NicIain aig an t-Sabhal airson am foighidinn;

dhan h-uile duine còir air an do dh'iarr mi comhairle is a thug dhomh e agus dhan do dh'fhaighnich mi ceistean agus a fhreagair iad;

dhuibhse a tha a' leughadh an leabhair airson cur suas le na laigseachan a th' ann agus a bhuineas dhomh fhèin a-mhàin.

Bu mhath leam taing a thoirt do theaghlach Shomhairle MhicGill-Eain airson cead a thoirt dhomh pìos dhen bhàrdachd aige a chleachdadh.

Tha raing ri thoirt do Chomunn na Gàidhlig agus do Chomairle nan Leabhraichean airson an taic-airgid a chur iad ris an leabhar seo.

CLÀR-INNSE

1. LÈIRSINN 11
2. TOISEACH TÒISEACHAIDH 19
3. DÒIGH-BEATHA AG ATHARRACHADH 27
4. A' GHÀIDHLIG AN ALBA 41
5. FOGHLAM GÀIDHLIG 47
6. TAIC DHAN GHÀIDHLIG 69
7. NA CIAD CHEUMANNAN 81
8. CEARTAS 93
9. A' CHOLAISTE AIR BHOG 103
10. A' GLUASAD AIR ADHART 115
11. DÒIGHEAN-OBRACH AG ATHARRACHADH 123
12. A' SÌOR LEUDACHADH 135
13. ÒRAIDEAN AN T-SABHAIL 151
14. IOMAIRT SHOIRBHEACHAIL 163
CO-DHÙNADH 179
LEABHRAICHEAN 187
CLÀR-AMAIS 189

1. Lèirsinn

Co-dhiù thig thu thuige bhon rathad mhòr no tarsainn Caolas Shlèite air an aiseag à Malaig, tha Lòchran an Dòmhnallaich, an togalach snasail, àrd os cionn a' chladaich ann an Ostaig, na tharraing dhan t-sùil is dhan mhac-mheanmhainn. Dh'fhaodadh gur e seo an togalach as cudromaiche a thogadh anns na h-Eileanan bhon a bha Tighearnas nan Eilean aig àird a neart. Dè th' ann no cò thog e?

'S e aon de dh'àrainnean Sabhal Mòr Ostaig tha seo, Colaiste Ghàidhlig ann an Slèite anns an Eilean Sgitheanach agus meur de dh'Oilthigh na Gàidhealtachd is nan Eilean. Agus tha an àrainn eile dhen Cholaiste, Àrainn Ostaig, tur eadar-dhealaichte – togalach a th' air ath-sgeadachadh bho sheann làraich. Tha an dà àrainn – ùr agus aosta – a' comharrachadh feallsanachd na Colaiste – saoghal na Gàidhlig anns an linn anns a bheil sinn beò far a bheil oileanaich agus luchd-oideachaidh a' coimhead air adhart agus a' leasachadh na Gàidhlig airson nan linntean a tha romhainn ach stèidhichte gu làidir ann an dualchas prìseil nan Gàidheal.

Chan eil àrainn foghlaim anns an Roinn Eòrpa a tha nas bòidhche na Sabhal Mòr Ostaig. Nach eil fhios gu bheil an àrainneachd a tha mun cuairt dhaibh na brosnachadh agus na sòlas inntinn dha na h-oileanaich agus dhan luchd-obrach a tha a' saothrachadh anns an àite shonraichte seo. Ach cò thog e?

Bidh Brian Wilson, an neach-poilitigs agus neach-naidheachd, tric ag innse na stòraidh mun latha ann an 1973 nuair a thug Sir Iain Noble e fhèin agus càirdean eile air chuairt air a' chuid dhen oighreachd ann an Slèite anns an Eilean Sgitheanach a bha e air ùr-cheannach bho Ghoraidh an 8mh Morair Dòmhnallach, Ceannard Chlann Dòmhnaill. Nuair a chaochail am Morair Alasdair Dòmhnallach ann an 1970 aig trì fichead bliadhn' a dh'aois, dh'fhàg e oighreachd Chlann Dòmhnaill aig a mhac Goraidh. Cha b' fhada gus an do thuig esan nach b' e dìleab luachmhor a fhuair e ach fiachan. Bha a' chunntas a bu tràithe gun phàigheadh a' dol air ais cho fada ri 1804! Bha na cìsean bàis agus na fiachan air muin sin a' tighinn gu na ceudan mìltean not. Cha robh an còrr air ach a' mhòr chuid dhen oighreachd a reic.

Cha robh Iain Noble fhèin uabhasach cinnteach an toiseach dìreach dè bha e air a cheannach bho Oighreachd Chlann Dòmhnaill. Airson iomadach bliadhna às dèidh seo bha a' chòir air diofar thoglaichean a' tighinn am follais agus b' e fear dhiubh sin seann sabhal a chaidh a thogail am meadhan na 19mh linn, Sabhal Mòr Ostaig. Ged a bhuineadh an talamh air an robh an sabhal fhèin do dh'Urras Fearainn Chlann Dòmhnaill, bhuineadh còirichean laghail an togalaich don chuibhreann a cheannaich Iain Noble, Fearann Eilean Iarmain. Air an latha àraid seo mar a bhios Brian ga innse, agus iad nan seasamh còmhla ri Iain a' coimhead air na seann toglaichean a bha an impis tuiteam às a chèile timcheall air an sguair aig Sabhal Mòr Ostaig, chual' iad am fear leis am bu leis iad a' brunndail ris fhèin agus ag ràdh, "Nach e bhiodh inntinneach colaiste Ghàidhlig a thogail air an làraich seo." Agus mar a mhìnich Iain do Sheumas Mac an t-Sealgair, a bha anns na bliadhnachan ri teachd gu bhith na neach-stiùiridh air Iomairt na Gàidhealtachd is nan Eilean is na neach-eachdraidh ainmeil a bharrachd, "dh'fhaodadh an t-àite bhith na ionad foghlaim Gàidhlig aig àrd-ìre ann an Alba nach robh a leithid ann bhon a sgrios na Lochlannaich Abaid Chaluim Chille an Eilean Ì." Abair lèirsinneachd!

Tha iomadach ainm agus lèirsinn air a bhith co-cheangailte ri leasachadh agus stiùireadh an t-Sabhail Mhòir bhon uair sin ach 's e ainm Iain Noble a' chiad ainm air an smaoinich sinn an-diugh nuair a bhios sinn a' beachdachadh air an ionad chliùiteach oideachail seo. Ach aig toiseach gnothaich, nuair a cheannaich e an oighreachd ann an Slèite, cha robh mòran eòlais aig muinntir an eilein air Iain Noble no air na daoine bhon tàinig e – fiosrachadh a tha glè chudromach ann an coimhearsnachd Ghàidhealach.

Mar a dh'innis Iain fhèin an sgeul, "Bha togail gu math os-nàiseanta agam. Rugadh mi ann am Berlin. 'S e riochdaire dioplòmasach a bha nam athair agus 's e nighean riochdaire dhioplòmasaich Nirribhich a bha na mo mhàthair. Thachair iad ann am Brazil agus phòs iad ann an Oslo.

Chaidh mise a bhaisteadh anns an Ròimh agus fhuair mi cuid dhe m' fhoghlam bunsgoil ann an Argentina."

Ach bha oighreachd aig cuideachd athar ann an Earra-Ghàidheal agus nuair a bha e a' fàs suas bhiodh Iain a' cur seachad shaor-làithean sona an sin far am biodh e a' cluinntinn Gàidhlig ga bruidhinn gu cunbhalach le luchd-obrach na h-oighreachd anns an taigh mhòr agus a-muigh air an fhearann. Bha tarraing làidir aig cost an iar-thuath na h-Alba riamh dha.

Às dèidh oideachais an Eton agus an Oilthigh Oxford chaidh e dh'obair ann an roinn an àrachais ann an Lunnainn. "Cha robh e uabhasach inntinneach ach cha robh mi cinnteach dè bha mi ag iarraidh a dhèanamh aig an àm agus thuirt m' athair gum b' aithne dha cuideigin a bheireadh obair dhomh. Agus sin mar a bha."

Am meadhan nan seasgadan às dèidh ceithir bliadhna gu leth a chur seachad ann an Lunnainn, roghnaich e tilleadh a dh'Alba. Sin nuair a thachair e ri Angus Grossart, balach adhartach eile, agus le chèile chuir iad air chois am Banca Marsantachd – Noble Grossart. Bha seo ann an 1968.

An ceann ceithir bliadhna chaidh a cheannach a-mach à Noble Grossart agus 's ann an uair sin a smaoinich Iain gun cuireadh e a chuid airgid ann an oighreachd Ghàidhealach. Bha e na bheachd leithid a dh'oighreachd 'ath-bheothachadh'. Anns a' chiad àite cha robh aire air an Eilean Sgitheanach idir ach aig toiseach na bliadhna 1972 chùm stoirm sneachda air an eilean e, dìreach aig an dearbh àm is a bha am Morair Dòmhnallach a' reic na h-oighreachd.

Bha Iain Noble sia bliadhn' deug air fhichead nuair a cheannaich e Fearann Eilean Iarmain. Bha e ag ionnsachadh Gàidhlig gu dùrachdach agus bha e na bheachd an oighreachd 'ath-bheothachadh' mar a thuirt e, ann an dòigh shònraichte agus bha sin le bhith ag obair tro mheadhan na Gàidhlig. Bha e a' bonntachadh a' bheachd seo air an t-suidheachadh a fhuair e anns na h-Eileanan Fàrach nuair a thadhail e orra aig deireadh nan seasgadan. Agus a' beachdachadh air an t-suidheachadh anns an robh an t-Eilean Sgitheanach ann an 1972 shaoil leis gun robh an coimeas eadar na h-Eileanan Fàrach agus an t-Eilean Sgitheanach glè inntinneach.

"Ann an 1900 bha an aon àireamh sluaigh annta – 15,000. Ach nuair a thadhail mis' orra bha àireamh sluaigh nan Eileanan Fàrach air a dhol suas gu 40,000 ach bha an t-Eilean Sgitheanach air a dhol sìos gu 7,000. Tha na h-Eileanan Fàrach 's dòcha rud beag nas lugha na an t-Eilean Sgitheanach. Aig toiseach na ficheadamh linn bha eaconomaidh nan Eileanan Fàrach glè lapach le talamh neo-thorrach agus gun iasgach sam bith ga dhèanamh. An-diugh tha na bàtaichean iasgaich aca cho math ri gin eile air an t-saoghal. Tha iad ag iasgach mu chostaichean Alba Nuaidh agus a' reic an èisg air feadh an t-saoghail. Dh'fhaodadh an aon rud a bhith a' tachairt a-mach à Camas Cros no à Port Rìgh. Agus aig an aon àm tha gnìomhachas làidir agus tha ath-bheothachadh ann a thaobh nan ealan agus a thaobh litreachais.

"Ciamar a thachair seo? Nuair a chuir mi a' cheist ri muinntir nan Eileanan Fàrach cha robh teagamh sam bith aca ciamar a thachair e.

> Thòisich cùisean ri atharrachadh nuair a chuir sinn romhainn gun robh sinn gu bhith nar n-eileanaich Fhàrach agus a' dol a stad a bhith nar Danmhairgich. B' e seo toiseach tòiseachaidh. Thug e seòrsa de dh'fhèin-mheas dhuinn. Thuige seo b' i a' chànan Dhanmhairgeach cànan a' ghnìomhachais. Bha cànan nam Fàrach a' dol à bith anns an dachaigh agus bha clann a' fàs suas nach robh comasach air a bruidhinn idir.

"Tha mise glè chinnteach le ath-bheothachadh na cànain gun tàinig moit annta fhèin agus lean an còrr às a sin. Cha bu chòir dhuinn eagal a bhith oirnn gu bheil a' choimhearsnachd againn beag. Feumaidh sinn ar ceanglaichean fhèin a chruthachadh. Tha muinntir an àite seo dualach air a bhith a' smaoineachadh nach eil e comasach dhaibh rudan a dhèanamh. Ach 's e glè bheag nach gabh toirt gu buil anns a' Ghàidhealtachd."

Agus an-diugh tha Sabhal Mòr Ostaig na dhearbhadh air an sin.

Chuir Iain Noble roimhe, cho fad is a b' urrainn dha, nach robh e a' dol a dh'fhastadh ach luchd-obrach le Gaidhlig air an oighreachd aige anns an Eilean Sgitheanach. Agus dh'iarr e air na fileantaich sin – à Sleite fhein, agus às a' chorr dhen Eilean agus àiteachan eile air Ghàidhealtachd, gun ach Gàidhlig a bhruidhinn anns a h-uile cùis gnothaich, agus gu h-àraidh ann an còmhradh ris fhèin. Anns an Dàmhair 1972 chuir e a-mach sanas,

> gu Sgitheanaich òga, a bh' air falbh bhon taigh, no bha am beachd falbh, air sgàth cion chothroman. Tha mi gu sònraichte air son tachairt ri daoine aig a bheil teisteanais de sheòrsa sam bith. Ma tha iad adhartach agus ma tha iad dèonach an cothrom a ghabhail 's dòcha gum biodh ùidh aca anns na bheil mi a' feuchainn ri dhèanamh anns an Eilean Sgitheanach.

Bha Ailean Caimbeul air fear dhen fheadhainn a ghabh an cothrom. "Aon latha fhuair mi fòn bhon fhear a bha seo Iain Noble, agus cha b' aithne dhomh idir e agus bha e na Chathraiche aig *Seaforth Maritime*. Thug e fiathachadh dhomh gu dìnnear agus bha e a' bruidhinn mun Eilean Sgìtheanach, agus bha mi air a bhith a' beachdachadh air tilleadh dhan Eilean – bha mi pòsta le dithis chloinne agus bha seo nam inntinn, 'an robh mi a' dol a thilleadh agus a' dol a dh'fheuchainn ri beòshlaint a dhèanamh anns an Eilean Sgitheanach?' Bhruidhinn sinn ann an Gàidhlig agus ann am Beurla – bha Iain ag ionnsachadh Gàidhlig aig an àm agus tha cuimhn' m a bhith a' smaoineachadh gun robh e ri mholadh air son sin, bha e cho dealasach. Bha mi a' smaoineachadh gun robh feadhainn dhe na rudan a bha e a' bagairt a dhèanamh caran romantaig, agus tha mi fhathast dhen bheachd sin, cha do chaill Iain sgath dhe sin. Bidh mi fhèin 's e fhèin ag argamaid a cheart uimhir an-diugh is a bha sinn an uair sin. Cha tàinig atharrachadh air aon seach aon againn. 'S e bhuil a bh' ann gun do thill mi dhan Eilean Sgitheanach agus chaidh mi a dh'obair còmhla ri Iain a' ruith nan diofar iomairtean malairteach a bh' aige agus ghabh mi tuarastal agus cùmhnantan gu math na bu lugha air son sin a dhèanamh – an aon uair riamh na mo bheatha rinn mi leithid a rud.

"Bha Iain gu math làidir a thaobh na Gàidhlig agus bha gu leòr anns a' choimhearsnachd a bha uasal às airson na bha e a' feuchainn ri dhèanamh. Tha mi a' smaoineachadh gun robh daoine leithid ginealach m' athar a bha taiceil dha ach bha feadhainn eile ann a bha dhen bheachd nach robh mòran feum às na bha e a' dèanamh ach nan toireadh e beagan obraichean dhan sgìre, uill, bhiodh sin ceart gu leòr."

Fear eile a bh' air a thàladh air ais dhan Eilean Sgitheanach agus a bha ag obair do dh'Iain Noble 's e Calum Robasdan a tha an-diugh na Stiùiriche Sheirbheisean Corparra aig Sàbhal Mòr Ostaig. Tha Calum à Fearann Dhòmhnaill agus às dèidh dha Àrdsgoil Phort Rìgh fhàgail, chaidh e dh'Oilthigh Ghlaschu. Nuair a cheumnaich e às an Oilthigh chaidh e a dh'Afraga leis a' bhuidheann *VSO* a theagasg Beurla agus Matamataig. "Nuair a thill mi à Afraga," thuirt Calum, "cha robh mi uabhasach cinnteach dè bha mi ag iarraidh a dhèanamh agus chaidh mi dhachaigh agus thug mi bliadhna ag obair anns a' bhàr an Taigh-òsta Eilean Iarmain. Bha mi an uair sin greis air tràlair a bha ag obair a-mach à Eilean Iarmain. Bha an sgiobair à Sgalpaigh, Dòmhnall an t-ainm a bh' air, agus an còrr dhen chriutha às an Eilean. Bha Bòrd Leasachaidh na Gàidhealtachd is nan Eilean a' toirt iasadan do sgiobairean agus thug Iain Noble iasad dha cuideachd. 'S e a' chùmhnant a bh' ann gum biodh an sgiobair ag ionnsachadh criutha às an Eilean. Bha an sgadan pailt agus rinn am bàta airgead mòr. Às dèidh dha an t-iasad a phàigheadh air ais thill Dòmhnall a Sgalpaigh agus thug e leis am bàta.

"Fhuair sinn an uair sin bàta eile le sgiobair eile à Sgalpaidh, Murchadh an t-ainm a bh' air, ach cha do dh'obraich an iomairt an turas seo. Dh'fhalbh an sgadan agus chaill Iain Noble tòrr airgid.

"Às dèidh sin chaidh mi a dh'obair a Chiseorn mar *concrete labourer* agus fhuair mi àrdachadh gu *concrete finisher* agus bha cha mhòr sgillinn a bharrachd 's an uair agam airson an àrdachaidh sin! Dh'fhàg mi Ciseorn agus thill mi dhan Eilean. Bha mi beagan bhliadhnachan os cionn Muileann Beag a' Chrotail – fear eile dhe na h-iomairtean aig Iain Noble agus bha dòrlach ag obair ann – 20 uaireannan. Chùm e an t-uabhas dhaoine ag obair fhad 's a bha e a' dol.

"Chaidh mi an uair sin gu bhith nam Oifigear Leasachaidh Eaconomaigich aig Roinn na Gàidhealtachd agus air ais a-rithist gu Eilean Iarmain far an robh mi os cionn na h-Oighreachd. Às dèidh sin chaidh mi gu Sabhal Mòr Ostaig mar cheannard air na seirbheisean corparra agus tha mi an sin fhathast.

"Mar a thuirt mi, thill mi à Afraga gun obair agam agus bha obraichean inntinneach anns an Eilean nach robh air a bhith ann bho chionn fhada. Bha Iain Noble a' cruthachadh obraichean agus Ionad Chlann Dòmhnaill. Dh'fhaodadh daoine fuireach aig an taigh agus obraichean fhaighinn agus mhair sin, a' sealltainn am feum a rinn na h-iomairtan aig Iain Noble agus Ionad Chlann Dòmhnaill.

"Chì thu an diofar ann an Sàsaig, anns a' bhaile far a bheil mi fhèin is Christine, mo bhean, agus an teaghlach a' fuireach. Tha an àireamh sluaigh air a dhol suas gu mòr. Tha iad òg agus tha deagh chosnadh aca".

Ach cha b' e colaiste Ghàidhlig a' chiad smuain a bh' aig Iain Noble air dè bu chòir dèanamh leis an t-sabhal aig Ostaig. "'S e taighean a' chiad rud air an do smaoinich sinn ach cò thigeadh a dh'fhuireach annta ach coigrich agus luchd-turais. Dè mu dheidhinn raon-gnìomhachais? Ach tha fhios gun togadh a' Chomhairle a leithid ma bha feum air. Mhol cuideigin eile ionad pìobaireachd ach bhiodh sin na bu fhreagarraiche ann am Boraraig an iar-thuath an eilein, seann dachaigh nan sàr phìobairean – Clann MhicCruimein.

"An uair sin, thuirt cuideigin, 'Dè mu dheidhinn leabharlann Gàidhlig?' Bha na cruinneachaidhean a b' fheàrr de leabhraichean Gàidhlig anns na bailtean mòra far nach robh e uabhasach furasta dha na coimhearsnachdan Gàidhlig ruighinn orra. 'Uill, 's e deagh bheachd tha sin,' thuirt mi. 'Cumaidh mi air chuimhn' e còmhla ris na molaidhean eile.' Dhà no thrì sheachdainean às dèidh seo thàinig bocsa leabhraichean bho *The Scottish Corporation*, a bha a' leagail nan seann toglaichean aca an am meadhan baile Lunnainn, ag ràdh, 'Tha seo airson toiseach tòiseachaidh dhan leabharlann Ghàidhlig agaibh,' agus gun sinne thighinn gu co-dhùnadh cinnteach sam bith, bha sinn air togail rithe. Thòisich an uair sin duin' à siud 's à seo air leabhraichean a chur thugainn, nam measg an cruinneachadh aig deagh charaid eile don Ghàidhlig, Seumas Mac a' Ghobhainn, a bha ann an Seirbheis a' Chrùin ann an Lunnainn, agus ro dheireadh na bliadhna bha na ceudan de leabhraichean Gàidhlig anns an leabharlann, 's dòcha an cruinneachadh a bu mhotha de leabhraichean Gàidhlig anns na h-eileanan ach a-mhàin an cruinneachadh prìseil, cudromach aig Iain Latharna Caimbeul, Fear Chanaigh. Ach dè 's d' fhiach leabharlann mura dèanar feum dheth. Bu chòir gum biodh e na ghoireas dhan mhòr shluagh agus na mheadhan do dh'oileanaich. Bhiodh e nàdarra cuideachd gum biodh luchd-teagaisg agus sgoilearachd an teis-meadhan na h-iomairt."

Chaidh comhairle ghabhail fad is farsaing agus an ceann beagan mhìosan chaidh adhartas a dhèanamh le planaichean airson Sabhal Mòr Ostaig a leasachadh agus "ionad Gàidhlig oideachail agus sòisealta" a dhèanamh dheth. Agus bha sin a' dol a dh'iarraidh lèirsinn is dìlseachd nach bu bheag bho chàirdean is luchd-taic is luchd-obrach thar nam bliadhnachan dòchasach agus uallachail a bha rompa.

2. Toiseach Tòiseachaidh

Cha robh teagamh nach gabhadh an togalach aig Ostaig a leasachadh ach a-nis, an rud a bha cus na bu chudromaiche, bha na daoine rin tarraing còmhla aig an robh an lèirsinn agus an dìlseachd agus an tuigse a bheireadh an "Ionad Gàidhlig oideachail agus sòisealta" gu buil. Agus bha iad ann, Gàidheil agus Goill. Aon neach aig an robh earbsa anns an iomairt agus a bha glè chinnteach na inntinn fhèin gun gabhadh e toirt gu buil, 's e Gòrdan Barr. Bha Gòrdan na Stiùiriche air Comann na Cànain Albannaich agus bha e air sgrùdadh a dhèanamh air Craoladh Gàidhlig tràth anns a' bhliadhna 1973. Bha e ag ionnsachadh Gàidhlig agus bha e na òraidiche ann an Roinn Bith-cheimigeachd ann an Oilthigh Dhùn Deagh. Ghabh e bliadhna shàbaideach far obair làitheil eadar an t-Ògmhios 1973 agus an t-Sultain 1974 airson a bhith na chiad Stiùiriche air Sabhal Mòr Ostaig. Bha a dhreuchd a' ciallachadh gun robh e an urra ri leasachadh nan toglaichean, ri togail airgid, ri clasaichean-oidhche agus sgoiltean-samhraidh a chur air bhonn, ri cur ris an leabharlann agus ri bhith a' stèidheachadh bùtha a bhiodh a' reic, anns a' mhòr chuid, leabhraichean, chlàran agus theipichean Gàidhlig. Agus bhiodh e a' cur seachad a shaor thìde a' sàsachadh an luchd-fastaidh aige an Oilthigh Dhùn Deagh le bhith a' sgrùdadh meanbh-bhith-eòlas nam poll-mònadh ann an Slèite. Cha bu bheag na bh' air iarraidh air. Bha triùir cho-urrasairean aige, Iain Noble, am bàrd

Somhairle Mac Gill-Eain agus Dòmhnall Ruaraidh Dòmhnallach (DR) à Uibhist a Tuath, a bha na neach-teagaisg an Àrdsgoil Phort Rìgh.

"'S tric a bhios mi cuimhneachadh air a' chiad sealladh a fhuair mi dhen àite," thuirt DR. "Cha robh ann ach seann sabhal le connlach air an ùrlar. Coltach ri Martin Luther King, 's ann aig Iain Noble a bha an lèirsinn. Bha esan riamh a' faicinn fada, fada roimhe. Bha e mothachail nam biodh an suidheachadh eaconomaigeach fallain gum fàsadh a' Ghàidhlig às an sin. Rinn e an t-uabhas obrach agus b' aithne dha leithid a dhaoine. Thug mòran dhe na caraidean aige fhèin, a bhios gun ainm, taic dhan ghnothach ged a bha briseadh dùil no dhà againn. Cha do chaill e riamh a mhisneachd agus bha shùil air targaid fad' air falbh. Bha an gnothach a' coimhead gu math dorcha uaireannan, gu h-àraidh nuair a dh'fhalbh Gòrdan Barr, agus a bha sinn a' sireadh Stiùiriche na àite. Bha ar sùil air Fearchar MacIllFhinnein à Ratharsaigh, a bha ag obair ann an Sgoil Bhaile a' Mhanaich aig an àm. Ach am fàgadh e obair sheasmhach airson tighinn thugainn?

"Bha mise a' fuireach ann an taigh-sgoile Cheann Sàil Eighre agus an latha bha seo, nuair a thàinig mi dhachaigh às an sgoil, bha teileagram air an làr taobh a-staigh an dorais ann an Gàidhlig – an teileagram Gàidhlig mu dheireadh a fhuair mi agus tha i agam fhathast – 'Ghabh Fearchar Sabhal. Iain.' Rinn mi dannsa beag air an ùrlar. 'S e faochadh a bh' ann dhuinn uile."

Aig an àm seo cuideachd bha Brian Wilson na neach-naidheachd aig a' Phaipear Bheag – *West Highland Free Press*. Air 21mh an t-Sultain 1973 b' ann le moit a sgrìobh e anns a' Phaipear Bheag,

> Sabhal Mòr Ostaig in Sleat is to be established as a charitable foundation and plans are well advanced for establishing it as an educational institute, with a special emphasis on Gaelic educational functions.
>
> As educational institutes go, Ostaig will be unusual in that it will cater for every age-group from toddlers and schoolchildren to graduates, post-graduates and people of all ages. In addition to its role within Skye and the islands, the

> sponsors hope that it will act as a place where people from all parts of the globe can further their interest in Gaelic.
>
> An early development of local interest will be the holding of night classes at Ostaig. A spokesman for Sabhal Mòr Ostaig said that Inverness County Council had been 'less than enthusiastic' about supporting this development, indicating that if there were to be any night classes in Sleat under their auspices they would be held on council premises . . .
>
> Other activities envisaged are the holding of short courses and eventually full-length one-year courses, perhaps with diploma status. A link with the Celtic departments of the Scottish Universities will also be sought.
>
> These developments have arisen within less than a year of Sabhal Mòr Ostaig opening its doors as an occasional social centre. It would seem a safe bet that further points of interest will continue to emerge as this unique experiment continues.

Agus mar a thuirt, b' fhìor.

Bha gu leòr de luchd-labhairt agus de luchd-taic na Gàidhlig air an robh iomagain mun chànan. Bha àireamh an luchd-labhairt a' sìor dhol sìos, suidheachadh a bha gu h-àraid follaiseach leis a h-uile Cunntas-sluaigh bhon a thòisich iad ri cunntas àireamh luchd-labhairt na Gàidhlig gu foirmeil ann an 1891. Cha robh iad airson gum biodh dualchas prìseil ar sinnsearan – dualchas a bha a' dol air ais mìle gu leth bliadhna – a' sìoladh às gun rudeigin a dhèanamh mu dheidhinn. Agus bha iad a' faicinn an t-Sabhail agus nan iomairtean eile a bha a' dol air adhart aig an aon àm nan dòigh air stad a chur air a' chrìonadh seo.

Cha robh Comhairle Siorrachd Inbhir Nis na h-aonar ann a bhith caran mì-thoilichte, aig toiseach gnothaich, a bhith a' faicinn Colaiste Ghàidhlig shaor-thoileach stèidhichte taobh a-staigh nan crìochan aca. Bha iomadach rud a' comharrachadh gun robh a' Ghàidhlig air a meas a bhith air taobh a-muigh coimhearsnachd na h-Alba. Aig toiseach nan seachdadan 's e glè bheag de bhuidhnean nàiseanta a bha a' toirt àite don chànan idir. A bharrachd air na h-eaglaisean, bha buidhnean mar Choimisean nan Croitearan agus Cùirt-fhearainn na h-Alba (air an robh e mar fhiachaibh gum biodh Gàidhlig aig aon de na buill) a' gabhail ris gun robh a leithid ann. Bha eadhon Bòrd Leasachaidh na Gàidhealtachd is nan Eilean, a chaidh a stèidheachadh an 1965 gus an sgìre a stiùireadh air falbh bho bhochdainn eaconomaigeach, caran coma co-dhiù agus aig amannan glè mhosach a thaobh cànan na feadhainn a bha còir aca a bhith a' frithealadh.

Thàinig Roy Pedersen a dh'obair aig Bòrd Leasachaidh na Gàidhealtachd is nan Eilean ann an 1971. Tha Roy air a bhith na fhìor neach-taic don Ghàidhlig ged nach buin e do shliochd nan Gàidheal Albannach – "ach bha mo shinn-seanair is mo shinn-seanmhair à Eilean Mhanainn. 'S ann bho sheanair Nirribheach a fhuair mi an t-ainm Pedersen." Rugadh e ann an Obar Bhrothaig, thogadh e an Obar Dheathain agus cheumnaich e à Oilthigh Obar Dheathain le ceum ann an Cruinn-eòlas agus Eachdraidh Eaconomaigeach. Chaidh e an uair sin a dh'obair a Lunnainn agus cha do chòrd sin ris. "Sin nuair a ghabh mi ùidh an toiseach ann an Gàidhlig. Tha mi a' smaoineachadh gun robh seòrsa de chianalas orm. Bha mi nam choigreach an seo agus thug e orm tòiseachadh ri smaoineachadh 'cò mi' agus 'dè bha e a' ciallachadh dhomh a bhith nam Albannach'. Chaidh mi gu clasaichean Gàidhlig agus thòisich mi ri foillseachadh mhapaichean de dh'Alba ann an Gàidhlig. Cuideachd bha ain-riaghailt filmichean mar *Whisky Galore* agus *The Maggie* a' còrdadh rium. Nuair a thill mi dhachaigh a dh'Alba, a dh'Inbhir Nis, lean mi orm ag ionnsachadh na Gàidhlig le bhith a' frithealadh chùrsaichean-bogaidh deireadh-sheachdain ach 's ann nuair a chaidh mi gu sgoil shamhraidh dà sheachdain ann an Sabhal Mòr Ostaig a rinn mi an leum, mar gun canadh tu, gu ìre meadhanach fileanta. 'S e cùrsa math dha-rìribh a bh' ann. Riamh bhon uair sin tha ùidh agam ann an Sabhal Mòr Ostaig agus anns na bheil iad a' dèanamh."

Ach bha Roy Pedersen cuideachd air fear dhen fheadhainn a bha glè mhothachail gun robh a' Ghàidhlig feumach air a h-uile taic a gheibheadh i ma bha i a' dol a mhaireachdainn. "Aig an àm sin", thuirt e, "bha inbhe glè ìseal aig a' Ghàidhlig, chan ann a-mhàin am beachd an t-saoghail a-muigh ach gu mì-fhortanach am beachd nan Gàidheal fhèin cuideachd. Bha na Gàidheil glè mheasail air a' chànan ach chan eil iad a' faicinn gu bheil i gu mòran feum. "Agus tha cuimhn' m fhèin sin a bhith ga dhearbhadh dhomh nuair a bha mi glè òg ann an Glaschu. Aon latha bha poileasman Gàidhealach a bhiodh a' tadhal oirnn a-staigh againn, agus bha e ag ràdh ri na pàrantan againn nach bu chòir dhaibh a bhith a' cumail Gàidhlig rium fhèin is ri Lachaidh, mo bhràthair. 'Cha dèan i ach an cumail air ais. 'S i chùm mise air ais.' Chan eil fhios 'm càit' an robh dùil aige dhol ach tha mi glè chinnteach nach e a' Ghàidhlig a chùm air ais e ach cion misneachd ann fhèin. Ach dè bu choireach dhan seo oir cha robh an duine còir na aonar na bheachd? Tha Roy a' mìneachadh, "'S e an cion inbhe seo a bu choireach gu ìre gun robh cion misneachd ann nuair a thigeadh e gu iomairtean ùra a chur air chois air a' Ghàidhealtachd agus anns na h-Eileanan. Ann an coimhearsnachdan far an robh cultar is cànan gan ath-bheothachadh – agus aig a' Bhòrd bha sinn a' cleachdadh nan Eilean Fàrach mar shàr eisimpleir – bha ath-bheothachadh eaconomaigeach a' dol air adhart aig an aon àm.

"'S e tha tachairt ach ma tha inbhe na cànain ga h-àrdachadh, tha fèin-mheas ga àrdachadh, agus nuair a tha fèin-mheas ga àrdachadh, tha gnothachas is tionnsgalachd gan àrdachadh. Mar sin tha suidheachadh a' chultair agus an eaconomaidh a' dol nas fheàrr an àite bhith a' sìor chrìonadh. 'S e an cleas a dh'fheuch sinn gun togamaid inbhe na Gàidhlig, agus le sin a dhèanamh, gun togamaid an ìre aig an robh misneachd agus tionnsgalachd anns a' choimhearsnachd.

"Ach bha am Bòrd caran slaodach a' gabhail ris a' chleas. Seo mar a bha cùisean aig an àm. Chaidh am Bòrd a stèidheachadh ann an Inbhir Nis ann an 1965. Cha robh mis' ann an uair sin ach chuala mi an sgeul. Bha an t-Ollamh Robert Grieve na fhear-cathrach. 'S e neach-dealbhaidh a bh' ann agus duine lèirsinneach dha-rìribh. Ma smaoinicheas tu air Inbhir Nis an-diugh, cho soirbheachail is a tha e, ann an dòigh 's ann bho lèirsinn Robert Grieve a thàinig seo. Aig an àm sin cha robh ann an Inbhir Nis ach baile beag margaidh caran mar a tha Inbhir Pheofharain, agus an-diugh tha e na bhaile-mòr.

'S e dealbhadh a bha a' stiùireadh chùisean anns na làithean sin. Bha eaconomaidh na Gàidhealtachd ann an droch staid, agus 's e am beachd a bh' ann nam faigheamaid an eaconomaidh gu dol gun tigeadh na gnothaichean sòisealta na chois. Bha leasachadh sòisealta an urra ris a' Bhòrd bhon toiseach agus 's e deagh rud tha sin – bha e a' ciallachadh gur e cor nan daoine bha cudromach agus bha sin gun choimeas aig an àm. Ach mar a bha e air a stiùireadh 's e na gnothaichean malairt agus na rathaidean agus a h-uile rud mar sin a stèidheachadh an toiseach gus an eaconomaidh fhaighinn gu dol agus an uair sin thigeadh na rudan sòisealta a-staigh agus choimheadadh iad às an dèidh fhèin.

"Ach dh'atharraich an dòigh-obrach seo glè luath, an taobh a-staigh dhà no thrì bhliadhnaichean, nuair a dh'fhaighnich Jo Grimond, a bha os cionn a' Phàrtaidh Libearalaich aig an àm agus na Bhall Pàrlamaid airson Àrcaibh agus Shealtainn, cia mheud luchd-obrach a bh' aig a' Bhòrd a' coimhead às dèidh nan amasan sòisealta bh' air an cur mu choinneamh. 'S e freagairt na ceist nach robh duine agus 's e bhuil a bh' ann gun robh Bob Storey air fhastadh mar cho-chomhairliche gus beachdachadh air ciamar a ghabhadh na h-amasan sòisealta an toirt air adhart. Aig a' cheann thall thàinig Bob a dh'obair dhan Bhòrd làn-thìde agus thàinig diofar iomairtean cudromach às a sin.

"Rinneadh sgrùdadh air ciamar a bha coimhearsnachdan sònraichte ag obair agus bha tabhartasan neo-eaconomaigeach air an stèidheachadh. An toiseach cha robh na riaghailtean uabhasach teann. Bha iad airson rudan mar thallaichean-baile agus aodach airson chòmhlan phìobairean agus rudan mar sin – rudan nach robh a' tighinn a-staigh fo shlatan-tomhais eaconomaigeach. Ach mu dheireadh thàinig na tabhartasan neo-eaconomaigeach sin fo stiùireadh Bob Storey agus dh'atharraich e an t-ainm gu 'tabhartasan sòisealta' agus a-rithist, nuair a ghabh mise thairis an obair, thug mi 'tabhartasan gnìomh coimhearsnachd' orra.

"Nuair a dh'atharraich Bob Storey an t-ainm gu 'tabhartasan sòisealta' theannaich e na riaghailtean aig an aon àm agus dh'fheumadh tagraichean airson nan tabhartasan sòisealta sin a bhith air an stèidheachadh nam buidhnean coimhearsnachd agus cuideachd, airson a' chiad uair, bha na pròiseactan a bha a' faighinn nan tabhartasan sòisealta air am foillseachadh anns na pàipearan naidheachd.

"Tha mi fhèin a' smaoineachadh gun do rinn sin barrachd feum do dh'ìomhaigh a' Bhùird na rinn iomairt sam bith eile. Chitheadh daoine gur e seo na rudan a bha cudromach do na coimhearsnachdan – eadhon rudan beaga, cròileagain is a leithid – nì dhà no thrì cheudan not na h-uimhir a dhiofar co dhiù thòisicheas rud gus nach tòisich – agus bha feadhainn aca mòran na bu mhotha, mòran mhìltean not.

"Mar sin, mean air mhean, bha daoine a' teannadh ri thuigsinn gun robh luach anns na gnothaichean sòisealta. 'S e ceum adhartach eile bh' ann nuair a thàinig Ken Alexander na neach-cathrach air a' Bhòrd agus sin nuair a thòisich na co-chomainn coimhearsnachd. Bha Brian Wilson air na co-chomainn fhaicinn ann an Èirinn agus shaoil leis gur e deagh rud a bh' annta agus dh'innis e do Ken Alexander mun deidhinn agus chaidh Ken agus an Rùnaire aig an àm, Iain MacAsgaill, agus dròbh dhaoin' eile, mi fhèin nam measg, a-null a dh'Èirinn a dh'fhaicinn ciamar a bha iad ag obrachadh.

"Chaidh na co-chomainn fheuchainn anns na h-Eileanan an Iar an toiseach. Rud a bha math mun iomairt a bha seo 's e gun robh na daoine a bh' air na comataidhean stiùiridh agus an sàs anns na co-chomainn ag ionnsachadh tòrr sgilean ùra ri linn seo – bha acasan agus againne ri na sgilean ionnsachadh mar a b' fheàrr a b' urrainn dhuinn. Bha e an urra rinne, aig a' Bhòrd, stiùireadh a thoirt dhaibh air ciamar a stèidhicheadh iad gnothach coimhearsnachd agus gun eòlas sam bith againn fhèin air. B' fheudar dhuinn na sgilean ionnsachadh gu math sgiobalta! Tha mi smaoineachadh gur iad na co-chomainn, aig deireadh nan seachdadan a' chiad iomairtean fo stiùireadh a' Bhùird air an robh ainm Gàidhlig.

Mean air mhean bhathar a' tòiseachadh ri gabhail ris gun robh Gàidhlig cudromach ann an obair a' Bhùird. Bha Ken Alexander fhèin – ged nach e Gàidheal a bh' ann – a' tuigsinn seo agus bha Iain MacAsgaill ann ach 's e Bob Storey, na dhòigh àraidh fhèin air thoiseach air duine sam bith eile, a shoilleirich dhuinn cho fìor chudromach is a bha an cànan anns an obair againn.

"Ach fhathast bha na h-uimhir de mhì-rùn dhan Ghàidhlig taobh a-staigh a' Bhùird ach bha am mì-rùn dhan Ghàidhlig ri fhaicinn tro na seirbheisean poblach air fad. Bhathar a' faicinn na Gàidhlig mar rud gun fheum, no eadhon rud a bu chòir a sheachnadh. Ach mar a bha sinn a' tighinn gu deireadh nan seachdadan bha na beachdan sin ag atharrachadh. Chaidh Comunn na Gàidhlig a stèidheachadh, foghlam tro mheadhan na Gàidhlig, bhathar a' foillseachadh stuthan fiosrachaidh proifeiseanta, bha taisbeanaidhean ann. Bha an ìomhaigh aig Sabhal Mòr Ostaig fhèin na cuideachadh, bha ath-bheothachadh agus ùrachadh agus misneachd ann. Mar a tha an ùine a' dol seachad tha na h-iomairtean sin air na seann bheachdan a chur bun os cionn – tha iad ann fhathast, an fheadhainn a tha an aghaidh na cànain, ach feumaidh iad a bhith faiceallach a-nis dè chanas iad. Rud a tha cudromach mu leasachadh na Gàidhlig 's e gum feum tòrr rudan tachairt aig an aon àm ma tha e a' dol a dh'obrachadh. Tha e mar gum biodh: 'Cò an tè de chuibhlichean a' chloc as cudromaiche? Chan obraich e ma tha aonan aca a dhìth".

Agus bha e a cheart cho cudromach gun robh na daoine ann a thug na h-iomairtean sin air adhart.

3. *Dòigh-beatha ag Atharrachadh*

Tha mòran dhaoine air a bhith an sàs ann an cruthachadh agus ann an togail agus ann an àrach agus ann am brosnachadh Sabhal Mòr Ostaig – na daoine a tha agus a bha nan luchd-stiùiridh, nan luchd-obrach, nan oileanaich, nan urrasairean, nam buill de chomataidhean agus nan càirdean, ann an iomadach dòigh, anns an iomairt. Oir chan e togalach a-mhàin a th' ann an Sabhal Mòr Ostaig ach ìomhaigh de mhisneachd is de phròis agus de mhothachadh gur e th' anns a' Ghàidhlig agus ann an dualchas nan Gàidheal ach dìleab phrìseil a tha airidh air a dìon. Ach cuideachd às an tuigse, gu bheil mothachadh ag èirigh gum feum ar cànan agus ar dualchas a bhith air an ùrachadh agus air an cur an gnìomh anns an latha anns a bheil sinn beò, a' toirt neart do dh'eaconomaidh agus do mhisneachd na Gàidhealtachd agus do dh'Alba gu lèir.

Bha cuid dhe na daoine a thug air adhart Sabhal Mòr Ostaig an lùib mòran dhe na h-iomairtean eile a bha gus inbhe a thoirt dhan Ghàidhlig nach robh aice 's dòcha bho chrìon Tighearnas nan Eilean – daoine a bha mothachail gun robh iad fhèin air rudeigin luachmhor a chall anns an fhoghlam a fhuair iad, far an robh iad air an oideachadh gus eilean an àraich fhàgail gun dùil rin àite-còmhnaidh a dhèanamh ann tuilleadh. Mar a thuirt Donnchadh MacGuaire gu geur, "Bha h-uile càil air a riaghladh le deuchainnean gun dòigh, *11-pluses* agus *14-pluses*. Nan soirbhicheadh leat 's e do dhuais gum biodh tu air do chur air falbh bhon dachaigh agus nam fàilligeadh tu dh'fhaodadh tu fuireach aig an taigh."

Tha an neach-foghlaim cliùiteach Fearchar Mac an Tòisich air a bhith na shàr chathraiche air Bòrd Urrasairean Sabhal Mòr Ostaig bho 1991 chun an latha an-diugh. Rugadh Fearchar an 1923 ann an Ealaghol anns an Eilean Sgitheanach, fear dhe na h-àiteachan sin a bh' air an comharrachadh le Comhairle na h-Alba airson Sgrùdadh an Fhoghlaim anns na caogadan, mar sgìre far an robh a' Bheurla a' faighinn làmh an uachdair. Ach anns na ficheadan agus na tritheadan . . . "Bha sinn an còmhnaidh a' bruidhinn Gàidhlig anns an dachaigh agus is tric a bhios mi ag ràdh nuair a chaidh mi dhan sgoil, gun robh dà fhacal Beurla agam, 'yes' agus 'no', agus tha cho dòcha gun do chleachd mi ceàrr iad. Mar sin dh'ionnsaich mi mo Bheurla air fad anns an sgoil far nach robh a' Ghàidhlig air a cleachdadh ach ainneamh. 'S e fear, Robert Denoon, a bha na mhaighstir-sgoile agus cha robh Gàidhlig idir aige. 'S ann às An Àth Leathann a bha an neach-cuideachaidh aige, ban-Robasdanach. Bha Gàidhlig aicese ach 's ann ainneamh a bha i ga bruidhinn anns an sgoil agus cha robh sinne air ar brosnachadh gus a bruidhinn ged a b' i cànan gach sgoileir, suas ri 40, a bh' ann am bunsgoil Ealaghoil aig an àm. B' i a' Ghàidhlig ged-thà cànan an raoin-chluiche, shìos ri taobh na mara."

Cha robh facal Gàidhlig anns an fhoghlam fhoirmeil a fhuair Fearchar gus an do dh'fhàg e Ealaghol airson a dhol a dh'Àrdsgoil Phort Rìgh. "Airson faighinn ann, dh'fheumadh tu bursaraidh a bhuannachd oir cha b' urrainn dha mo phàrantan an ostail a phàigheadh far am feumadh tu fuireach an uair sin. Bu cheart cho math dhomh a bhith air a dhol a sgoil an Dùn Èideann no an Glaschu! Choisinn mi bursaraidh siorrachd a phàigh cosgais na h-ostail agus fhuair mi sgoilearachd MhicLeòid Sgèaboist a rinn suas an còrr, agus mar sin fhuair mi foghlam an asgaidh.

"Airson a' chiad uair, agus cha robh sin neo-àbhaisteach, bha am foghlam a bha mi a' faighinn a' toirt a-staigh Gàidhlig. Rinn mi Gàidhlig aig Àrd Ìre ann an Sgoil Phort Rìgh. Sin nuair a thàinig mi gu bhith litearra ann an Gàidhlig. Aig an àm sin, dh'fheumadh tu Laideann a dhèanamh mar fhear dhe do chànanan – cha robh e gu diofar dè an àrdsgoil anns an robh thu aig an àm, dh'fheumadh tu Laideann a dhèanamh. B' e na cuspairean eile a dh'fheumadh tu ghabhail am Port Rìgh – Beurla, matamataig, saidheans, eachdraidh no cruinn-eòlas, na dhà dhiubh gu dearbh airson a' chiad trì bliadhna agus ealain airson trì bliadhna cuideachd. Gun stiùireadh sam bith, chaidh mi don chlas Fraingis airson an cànan eile a bha agam ri thaghadh, agus chuir mi seachdain seachad an sin nuair a thàinig Iain Steele a-staigh dhan rùm. Bha Iain os cionn Roinn na Gàidhlig aig an àm mar a bha e nuair a thill mi a dh'Àrdsgoil Phort Rìgh nam Cheannard. Thuirt Iain ris an tidsear, 'Gabhaibh mo leisgeul. Tha grunnd sgoilearan an seo a bu chòir a bhith anns a' chlas agamsa oir buinidh iad do sgìrean dhen Eilean Sgitheanach far a bheil iad fileanta ann an Gàidhlig', agus a-mach a ghabh e leinn, triùir no ceathrar againn, dhan chlas aige fhèin. Cha robh aithreachas sam bith orm Gàidhlig a dhèanamh, ach b' fheàrr leam gum b' urrainn dhomh a bhith air Fraingis a dhèanamh cuideachd nan robh trì cànanan air a bhith ceadaichte."

Chuir an Dàrna Cogadh Mòr stad air foghlam Fhearchair agus ghabh e anns a' Chabhlach Rìoghail. Nuair a thill e, chaidh e dh'Oilthigh Dhùn Èideann a dhèanamh Eachdraidh. "Ach rinn mi dà bhliadhna de dh'Eòlas Ceilteis cuideachd oir cha robh mi cinnteach dè bha mi ag iarraidh a dhèanamh. Cha do ghabh mi Eachdraidh anns an sgoil oir cha robh e air a thathann aig Àrd Ìre aig an àm. Ach bha an Roinn Cheilteis caran troimhe chèile an uair sin. 'S dòcha gum bithinn air Eòlas Ceilteis a thaghadh an àite Eachdraidh nam biodh an Roinn air a bhith na bu chàirdeile.

"Às dèidh dhomh ceumnachadh an Dùn Èideann, fhuair mi àite an Oilthigh Oxford, am Balliol, ach bhac cion airgid dhomh an t-àite a ghabhail, oir bha teaghlach mòr aig mo mhàthair ri thogail às dèidh bàs m' athar. Chaidh mi do dh'Oilthigh Ghlaschu agus a Chnoc Iòrdain airson trèanadh mar thidsear eachdraidh. Rinn mi a' mhòr chuid dhem obair san t-seomar-theagaisg an Acadamaidh Ghlaschu agus an Acadamaidh Rìoghail Inbhir Nis mus deachaidh mi a dh'Àrdsgoil Phort Rìgh nam Cheannard, an uair sin a dh'Àrdsgoil an Òbain agus mu dheireadh a dh'Àrdsgoil Rìoghail Dhùn Èideann.

"Am Port Rìgh, bheachdaich mi air Gàidhlig a dhèanamh na

cuspair èignichte bhon chiad bhliadhna, ach chomhairlich Iain Steele – ged nach robh e na aghaidh na chridhe – gun roinneadh e an sgoil agus pàrantan na cloinne aig an àm. 'S ann san Òban a thachair mi ri Iain Noble an toiseach agus a ghabh mi ùidh na bheachdan roi-sheallach mu Cholaiste Ghàidhlig. Mar tha fios aig Iain, thàinig mi gu bhith faicinn an t-Sabhail Mhòir mar cho-phàirt shònraichte de dh'Oilthigh na Gàidhealtachd air an robh mi a' smaoineachadh aig an àm.

"Taobh a-mach m' obair sgoile, bha mi nam bhall de chaochladh bhuidhnean poblach. Nam measg, bha Comhairle Craolaidh na h-Alba air an robh mi bho 1975 gu 1980. Bha mi mòran bhliadhnaichean nam bhall de Bhuidheann Comhairleachaidh Bòrd Leasachaidh na Gàidhealtachd is nan Eilean, bho 1965 gu 1982, a' mhòr chuid dhen ùine nam Chathraiche air Comataidh an Fhoghlaim. 'S ann an uair sin a phut sinn gu làidir airson àrdsgoil eile sna h-Eileanan a-muigh, a bharrachd air Sgoil MhicNeacail an Steòrnabhagh. 'S ann cuideachd a chuir mi fhèin litir dhan Bhòrd a' moladh oilthigh feadarail a chur suas air a' Ghàidhealtachd, stèidhichte air na Colaistean Adhartach agus chan ann suidhichte an Inbhir Nis a-mhàin.

Gus an-uiridh bha mi air Bòrd Stiùiridh ChnaG – Comunn na Gàidhlig – agus gu h-àraidh nam Chathraiche air Buidheann Adhartachaidh Foghlaim Gàidhlig, a chuir iomadach litir is aithisg is moladh is tagradh dhan Riaghaltas mun chùis chudromaich seo. Tha mi nise misneachail gum faic sinn brìgh na shir sinn air a toirt gu buil ann am Bile na Gàidhlig agus le Bòrd na Gàidhlig. 'S e am buidheann mu dheireadh a dh'ainmichinn Bòrd nan Deuchainn, air an robh mi nam Chathraiche bho 1977 gu 1990 agus far an do rinn mi an gnothach air Gàidhlig a chur air an aon bhonn ris a' Bheurla a thaobh dheuchainnean nàiseanta."

Rinn tidsearan leithid Iain Steele, a bha dìleas agus dian dhan dualchas, obair nach bu bheag gus inbhe na Gàidhlig a thogail a dh'aindeoin cion diù siostam an fhoghlaim. Uaireannan dhèanadh na daoine còire sin mòran a bharrachd 's an dleasdanas. Tha sgeulachd annasach aig Donnchadh MacGuaire air mar a thachair dha fhèin aig toiseach nan seasgadan. "Bha Laideann ga teagasg dhomh tro mheadhan na Gàidhlig – 's dòcha a' chiad sgoilear bho na Meadhan Aoisean a bh' anns an t-suidheachadh seo."

Tha Donnchadh MacGuaire na neach-sgrùdaidh sgoile agus tha e air a bhith an sàs gu dìleas anns a h-uile h-iomairt cha mhòr a chum adhartas na Gàidhlig bhon a cheumnaich e aig Oilthigh Ghlaschu an 1968. Rugadh e ann am Muile anns na ceathradan agus bha an dualchas, cultarail agus sòisealta, làidir anns an teaghlach aige. "B' e Donnchadh MacGuaire mo sheanair air taobh Chlann 'ic Guaire agus Donnchadh MacIllEathain mo shinn-seanair air taobh mo sheanmhar. Thug mo shinn-seanair, Lachainn MacGuaire seachad fianais mu choinneamh an Napier Commission an Tobar Mhoire. Chaidh esan fhuadach ann an 1849. Thug Donnchadh MacIllEathain seachad fianais cuideachd an Eaglais Chill Fhionnchain. Bha sin air fearann Dhiùc Earra-Ghàidheal agus bha an fhianais ri toirt seachad, mar bu dual, aig meadhan oidhche os gun seachnadh iad bàillidhean an Diùc, agus dh'fheumadh na daoine bha a' toirt seachad fianais feadhainn a bhith còmhla riutha airson an dìon bho na bàillidhean.

"Athair Dhonnchaidh seo, sin mo shinn-shinn-seanair, bha e fhèin agus Màiri NicDhòmhnaill a rinn an laoidh Ghàidhlig, 'Leanaibh an Àigh,' anns na h-Oghaichean. 'S e a choimhead às a dèidh nuair a chaochail an duin' aice. Anns na làithean sin bhiodh Diùc Earra-Ghàidheal a' cur bhanntraichean a-mach às na croitean aca, agus thug e fianais air sin dhan Napier Commission. Bha mo sheanair air taobh Chlann 'ic Guaire air fhuadach à Ulbha anns an t-Samhain 1849 le Francis Clark leis am bu leis Ulbha agus a bh' air an t-eilean a cheannach bhon cheann-cinnidh mu dheireadh a bh' air Clann 'ic Guaire.

"A rèir a' bheul-aithris, nuair a phàigh na croitearan am màl anns a' Mhàigh mu dheireadh, chruinnicheadh an t-airgead ach cha tugadh dhaibh cuidhteasan. Nuair a chaidh iad a phàigheadh a' mhàil anns an t-Samhain bha e air a chur às an leth nach do phàigh iad am màl mu dheireadh agus, mar tha fios, cha robh dearbhadh aca.

"'S e bhuil a bh' ann gun tugadh bhuapa an crodh agus na taighean agus gach nì eile agus chaidh cha mhòr a h-uile duine a bh' ann an Ulbha, ceithir no coig ceud neach, a chur gu gob fearainn agus chun an latha an-diugh, 's e Rubha an Acrais an t-ainm a th' air."

Fhuair mise air ais a dh'Ulbha bho chionn ghoirid airson a' chiad uair. 'S mi a' chiad neach dhem theaghlach a fhuair cothrom tilleadh oir tha an t-eilean air a bhith toirmisgte fad nam bliadhnachan sin le trioblaid leis an uachdaran. Mar sin tha mo shliochd air an taobh sin a' dol gu math domhainn agus gu math fad air ais ann an dualchas agus ann an eachdraidh Eilean Mhuile agus a' chànain.

"Bha mo mhàthair às na Hearadh agus thachair i fhèin agus m' athair nuair a bha an dithis aca ag obair aig *John Brown's* ann am Bruach Chluaidh, nach robh sin romantaig, dìreach mus do thòisich an cogadh agus aig àm a' chogaidh agus phòs iad. Tha an teaghlach aice fhathast anns na Hearadh, tha dithis dhe peathraichean fhathast beò agus tha tòrr cho-oghaichean agam air an taobh sin. 'S e glè bheag a chàirdean a th' agam ann am Muile agus an aon fhear a th' air fhàgail 's e fear a bh' anns na h-oghaichean rim athair agus tha e 85. Tha sin caran duilich ach sin mar a bha, bha ochdnar anns gach teaghlach, ach cha robh ach triùir fhear ann agus sin dìreach mar a bha.

"Mar sin tha mi air mo bhogadh ann an dualchas nan Eileanan a-muigh agus nan Eileanan a-staigh ach is dòcha gur e dualchas nan Eileanan a-staigh is làidire seach gun deach mo thogail ann an Tobar Mhoire, agus bha seo anns na caogadan.

"Aig an àm sin, ma bha thu airson a dhol air adhart gu foghlam aig Àrd Ìre dh'fheumadh tu falbh bhon taigh agus togail ort gu Àrdsgoil an Òbain no dh'àiteigin eile, ach b' e Àrdsgoil an Òbain a bu chumanta. Aig an àm sin bha trì sgoiltean dhen t-seòrsa ann an Earra-Ghàideal – an Ceann Loch Chille Chiarain, an Dùn Omhain agus anns an Òban, agus bliadhna no dhà fodham ann an Sgoil Ghràmair Dhùn Omhain bha am fear a bha a' dol a stèidheachadh a *West Highland Free Press*, Brian Wilson. B' àbhaist dhuinn a bhith a' deasbad an aghaidh a chèile!

"Bha mi ann an loidseadh anns an Òban. Dh'fhàg mi an taigh anns an Lùnastal agus chaidh mi dhachaigh aig an Nollaig, dìreach mar a bha an suidheachadh ann an Uibhist agus anns na Hearadh. 'S e bha a' tachairt ach gun robh sinn air ar dì-chultaradh agus gun robh sinn a' call luach a' chultair a bhuineadh don Ghàidhealtachd agus dha na h-Eileanan agus dhan chànan agus do dhòigh-smuain nam bàrd agus nan ùghdaran agus do luchd-ealain de gach seòrsa seach gun robh sinn air ar spìonadh bho na h-àiteachan far an ionnsaicheamaid na rudan prìseil sin anns a' choimhearsnachd.

"Bha mise uabhasach fortanach, annam fhèin, gun robh m' athair is mo mhàthair fada gun phòsadh agus bha mi air mo thogail gun Bheurla agus chan eil mi a' smaoineachadh gun robh sgath dhi agam nuair a chaidh mi dhan sgoil, chan e gu bheil cuimhne agamsa ach sin mar a chaidh innse dhomh. Bha màthair m' athar fhathast beò agus i gu math sean agus bha dithis bhràithrean aice, fear dhiubh a bha beò gus an robh mise anns na ficheadan, agus mar sin bha tòrr mòr de dhualchas na Gàidhlig agam, agus bha iad fhèin nan latha air mòran fiosrachaidh a thoirt do Sgoil Eòlais na h-Alba. Bha an luchd-cruinneachaidh aca, leithid Chaluim MhicGill-Eain agus Alan Bruford, tric a' tadhal air an dachaigh againn, seach gun robh mo sheanmhair is a bràthair a' fuireach còmhla rinn nan seann aois agus rugadh iad ri linn na Banrigh Bhictoria. Chaochail mo sheanmhair nuair a bha i 95 bliadhna dh'aois an 1965 agus a bràthair Eardsaidh nuair a bha e 92 aig toiseach nan seachdadan.

Mar sin, thachair Eardsaidh, mar eisimpleir, ri fear a thachair ri fear a bh' air a bhith aig Blàr Chùil Lodair an 1746 agus tha sin a' dearbhadh dhut cho goirid is a tha eachdraidh. Bha cuimhne mhath, mhath aige air a h-uile h-òran a b' aithne dha – bha e mar phìobaire aig an robh fios air cò dh'ionnsaich dha na puirt – bha fios aige cò dh'ionnsaich an t-òran dha, cò bhuaithe fhuair esan e agus cò bhuaithe fhuair an duine sin e, bheireadh e dhut sloinntearachd an òrain. Tha cuimhne agam e bhith ag innse dhomh, chan e gu bheil cuimhne agam air an-dràsta, mu òran le Mac Mhaighstir Alasdair agus na trì ceumannan, an triùir dhaoine, eadar e fhèin a bhith ga chluinntinn agus am bàrd a bhith ga aithris gu pearsanta.

"Ach cha robh sgath foghlaim Ghàidhlig agam gus an robh mi ann am Prìomh 6, nuair a ghluais mi gu sgoil bheag far an robh m' athair na mhaighstir-sgoile, anns an t-Sàilean Mhuileach. Bha e air a bhith gar teagasg aig an taigh, mo bhràthair agus mo phiuthar cuideachd, gu bhith a' leughadh agus a' sgrìobhadh Gàidhlig agus an uair sin bha e gar teagasg gu foirmeil anns an sgoil.

"Nuair a chaidh mi gu Àrdsgoil Thobar Mhoire rinn mi Gàidhlig mar chuspair agus, aig an àm sin, bha tidsear ann à Eilean Sgarp, duine sònraichte dom b' ainm Ailean Tormod MacIllEathain, tidsear air leth comasach, agus mar a dh'amais, 's mi an aon neach a bha a' dèanamh Laideann anns a' bhliadhn' anns an robh mi, agus 's ann a thòisich Ailean ri Laideann ionnsachadh dhomh tro mheadhan na Gàidhlig. Bha sin gu neo-fhoirmeil, mar gum biodh aig an àm, rud a roghnaich Ailean a dhèanamh, ach rinn e feum sònraichte dhomhsa.

"Chaidh mi nuair sin a dh'Àrdsgoil an Òbain far an d' fhuair mi m' oideachadh ann an Gàidhlig leis an duine iomraiteach sin Dòmhnall MacThòmais agus le fear eile a bha pailt cho iomraiteach, Iain MacGill-Eain, bràthair Shomhairle, a bha na Reachdair. Às an sin chaidh mi dh'Oilthigh Ghlaschu far an robh mi air mo theagasg le fear iomraiteach a-rithist, an t-Ollamh Ruaraidh MacThòmais. Rinn mi Eòlas Ceilteis agus Eachdraidh agus Beurla. Bha Eòlas Ceilteis a' toirt a-staigh Gàidhlig, Gaeilge agus Cuimris agus bha thu ag obair anns na trì cànanan, a bharrachd air Eachdraidh agus Cànanachas agus rudan mar sin. Bha mi ceithir bliadhna anns an Oilthigh agus roghnaich mi an uair sin a dhol gu Cnoc Iòrdain – Oilthigh Shrath Chluaidh an-diugh – far an tug mi a-mach a bhith nam thidsear."

Tha Muile air fear dhe na trì eileanan as motha an Innse Gall. An 1820 bha 10,500 de shluagh a' còmhnaidh ann agus bha Gàidhlig aca air fad cha mhòr. An 1881, nuair a bha seanmhair Dhonnchaidh MhicGuaire na nighinn bhig, cha robh ann ach 5,600, agus bha Gàidhlig aig 95 sa cheud dhiubh. Nuair a bha Donnchadh, na ghill' òg a' faighinn oideachadh ann an Laideann tro mheadhan na Gàidhlig le Ailean Tormod MacIllEathain an Àrdsgoil Thobar Mhoire an 1961, cha robh ach 2,024 de shluagh ann am Muile. Agus mar luchd-labhairt na Gàidhlig, bhuineadh Donnchadh agus Ailean Tormod don mhion-shluagh anns an eilean a bu mhotha de na h-eileanan a-staigh. An 2003, nuair a chaidh Donnchadh a dh'Ulbha, eilean a shinnsearan, a' chiad fhear dhe theaghlach a bh' air a bhith ann bho chaidh am fuadach an 1849, bha àireamh sluaigh Mhuile air a dhol suas beagan gu 2,821. Dhiubh sin, cha robh ach 564 aig an robh dad a dh'fhileantachd ann an Gàidhlig.

Rugadh Ailean Caimbeul, ann an Caileabost anns an Eilean

Sgitheanach an 1948, agus chaidh e dhan sgoil ann an Caileabost, agus ann am Port Rìgh. An dèidh Oilthigh Obar Dheathain thug e bliadhnaichean ann an obair margaideachd is rianachd. Chaidh e an sin gu craoladh aig a' BhBC, agus bha e na Cheannard air a' BhBC air Ghàidhealtachd fad còig bliadhna. An sin thug e dusan bliadhna na Cheannard air Comann na Gàidhlig. Thug e ochd mìosan deug dhen ùine sin na chomhairliche dha Buidheann Comhairleachaidh an Riaghaltais air Gàidhlig. Anns a' Mhàirt 2003 dh'ainmich Ministear na Gàidhlig, Mike Watson, Ailean mar a' chiad Cheannard air Bòrd na Gàidhlig.

"Le mo chiad chuimhne," tha e ag ràdh, "'s e baile trang, dripeil a bh' ann an Caileabost, agus cha mhòr a h-uile duine a' bruidhinn Gàidhlig. Bha daoine coiseachd dhan h-uile h-àite, cha robh càraichean pailt no eadhon baidhsagal a bharrachd. An uair sin fhuair m' athair motair-baidhsagal agus b' e an aon duine anns a' bhaile aig an robh còmhdhail mheacanaigeach.

"Tha cuimhn' m cho math gun robh sinn uile fhathast ag obair ann am pàirt, nuair a bha sinn a' trusadh chaorach, ri rùsgadh, a' dupadh, a' buain mònadh, a' cur a' bhuntàta is a' buain, 's mar sin air adhart, bha e na chleachdadh a bhith ag obair còmhla ri do nàbaidh. Mar a tha an seanfhacal ag ràdh, 'lìonmhorachd nan làmh' – agus b' e sin an ìre mhath feallsanachd a' bhaile.

"Rud eile a tha tighinn thugam, a' coimhead air ais, 's e mar a bha e na fhasan aig nàbaidh, as dèidh lath' obrach, agus cha robh e gu diofar dè cho fada 's a bha an latha sin, cuairt a ghabhail a thadhal air nàbaidh. Ma smaoinicheas tu air taigh, leathach slighe tron bhaile, glè thric gheibheadh tu daoine tighinn bho gach ceann dhen bhaile agus a' coinneachadh an-sin. 'S dòcha nach biodh ann ach aon duine bho gach ceann, ach nam biodh naidheachd chudromach sam bith ann, sin mar a bhiodh an naidheachd sin ga sgaoileadh air feadh a' bhaile. Naidheachd bàis, tìodhlacadh, rudeigin a bha tachairt anns a' bhaile, no car air choireigin a bha ri dhèanamh, nuair a gheibheadh an dithis sin an naidheachd bho mheadhain a' bhaile sgaoileadh iad i air an rathad dhachaigh.

"'S ann bliadhnaichean às dèidh sin, 's dòcha aig deireadh nan caogadan agus tràth anns na seasgadan, a thàinig ìre far an robh teilafòn anns a h-uile taigh. Tha mi a' smaoineachadh gun robh an taigh againn fhèin air fear dhen chiad fheadhainn a fhuair am fòn agus bhiodh nàbaidhean a' tighinn a dh'fhònaigeadh seach gun robh an taigh againne na b' fhaisge na Oifis a' Phuist a bha mìle gu leth bhuainn no an *kiosk* a bha na b' fhaide shìos am baile. Agus an uair a thòisich daoine ris an teilafòn fhaighinn dha na dachaighean aca, cha mhòr gun fhiosta dhuinn, stad an cèilidh agus an tadhal air na nàbaidhean.

"Tha mi a' smaoineachadh gur e an teilafòn a chuir às dhan chèilidh, fada mus tàinig an telebhisean. Thug am fòn a-steach dòigh ùr air naidheachd a sgaoileadh, agus ghabh daoine cothrom air fois a ghabhail às dèidh latha cruaidh obrach. Cha robh duine tuilleadh am feum a dhol a choiseachd mìle no ge bith dè bh' ann, dìreach a thadhal air nàbaidh.

"Bha daoine cuideachd dhen bheachd nan robh naidheachd ann, gun cluinneadh tu, seach gun robh an cothom ann a-nis fios a chur thugad leis a' fòn. Mar sin mur am fònaigeadh duine dh'fhaodadh fios a bhith agad nach robh naidheachd ann. Thuige seo, rachadh tu a dh'fhaicinn 's a chluinntinn dè bha tachairt, rachadh tu air chèilidh, dhèanadh tu an oidhirp. Agus seach gun do rinn thu an oidhirp, agus ged nach robh dad as ùr nuair a ràinig thu, dhèanadh tu cèilidh beag. Seach gun robh daoine math air sgeulachadan aithris, agus seach gun robh còmhradh is càirdeas a' còrdadh riutha, glè thric thòisicheadh stòraidhean. Chuimhnicheadh daoine air rudan annasach a thachair agus bha sinne, mar òganaich, a' cluinntinn seo, a' faighinn an dualchais phrìseil chultaraich sin a bha beò anns a' bhaile agus anns a' choimhearsnachd.

"Tha cuimhn' m air mòran dhe sin fhathast. Tha e an còmhnaidh a' cur iongnadh orm, nuair a bha m' athair fhèin air leabaidh a bhàis, agus e ceithir fichead bliadhn' a dh' aois, bha e fhathast ag innse nan seann sgeulachdan mu dhaoine a bha cinnteach marbh fada mus do rugadh mise. Cuid dhiubh, tha amharas agam, a bha marbh eadhon mus do rugadh e fhèin. Sin an rud a bha annasach – seach gun robh sgeul èibhinn no seach gun robh e eirmseach, bhiodh cuimhn' aig daoine air agus bhiodh iad ga h-ath-innse. *'Tha cuimhn' m air an latha seo bha Iain Dòmhnallach . . . agus thuirt cuideigin an leithid seo ris agus fhreagair esan . . .'* agus bhiodh am freagairt aig Iain cho math agus gum biodh daoine airson innse dha chèile agus uaireannan bhiodh tuilleadh ga chur ris an sgeul, mar a shaoileadh tu."

Agus an sgil seo a thog Ailein nuair a bha e òg tha i aige fhathast. Chan eil e uair sam bith gun sgeulachd chuimseach ann an suidheachadh sam bith.

"Bha *cousin* dha mo sheanair, Murchadh, agus is iomadh gàire a thug e dhan sgìre. Cha bhiodh e uair sam bith an dìth facail, co-dhiù bha am facal sin ceart no ceàrr, agus gu h-àraid ann am Beurla anns nach robh e 's dòcha cho eòlach. 'S e *malapropist* a bh' ann mar a chanas iad. 'S e donas a bh' ann dheth ach bha e èibhinn leis agus bha e a' dèanamh tòrr spòrs dhan choimhearsnachd.

"Bha Murchadh daonnan a' lorg dòigh ùr air airgead a dhèanamh, agus nuair a bhiodh e fhèin 's mo sheanair ris an iasgach cha robh dad air inntinn Mhurchaidh ach sin. Aon latha is iad aig na clèibh dh'fhàs mo sheanair searbh dhen chòmhradh mu airgead fad an t-siubhail. 'Chan eil farmad agam ri duine aig a bheil airgead', ars esan, 'fhad 's a fhuair e leis an onair e!' 'O, fàg am facal sin às,' arsa Murchadh, '*Grab the shilling*, a Bhodaich, agus smaoinich air an onair a-rithist!'

"Na dhòigh fhèin tha mi cinnteach gur e croitear riatanach dìcheallach a bh' ann am Murchadh, agus nuair a thàinig subsadaidh nan caorach a-staigh an toiseach, cha b' urrainn dha a chreidsinn gun toireadh duine sam bith dha airgead a rèir na h-àireimh a bh' aige de chaoraich.

"Ged a bha e caran teagmhach lìon e staigh am foirm agus chuir e air falbh e agus thàinig an t-airgead! Bha seo mìorbhaileach, agus às dèidh dha Murchadh breithneachadh air cùisean, mar a shùilicheadh tu bho fhear de sheòrsa bha an treud chaorach aige air a dhol suas gu math an ath bhliadhna a rèir foirm a' subsadaidh! Agus fhuair e am barrachd airgid gun cheist ga faighneachd! Mun àm a thàinig an treas bliadhna bha Murchadh air tighinn chun a' cho-dhùnaidh gun robh e air Cnoc an Òir a lorg, agus nochd foirm subsadaidh na bliadhna sin gun robh àireamh nan caorach aige suas gu fìor mhòr!

"Bha e caran diombach nuair a nochd fear à Port Rìgh a dh'innis dha gu modhail gun robh e bho Bhòrd an Fhearainn, no ge bith dè an t-ainm a bh' orra an uair sin. Thuirt e gun robh e cho toilichte fhaicinn gun robh àireamh nan caorach aig Murchadh air meudachadh cho mòr agus gun robh e airson an cunntas. 'O', arsa Murchadh, 'tha na caoraich air feadh a' mhonaidh!' 'Tha sin ceart gu leòr,' thuirt fear a' Bhùird, 'tha mi dìreach airson latha a chomharrachadh nuair a bhios tu gan trusadh.' 'Cha bhi mi gan trusadh tuilleadh gu Foghar,' thuirt Murchadh. 'Chan eil sibh a' tuigsinn, a Mhgr. MacLeòid – taobh a-staigh cola-deug – biodh iad cruinn agaibh.'

"Chaidh Murchadh, gun innse dha nàbaidhean, agus chruinnich e h-uile caora bh' anns a' bhaile ach fiù 's aige sin, thug e a dhìol dha an àireamh fhaighinn a chuir e air foirm a' subsadaidh!

"Nuair a thàinig fear a' Bhùird à Port Rìgh chunntais e na caoraich agus cha mhòr nach robh an àireamh cheart aige. Thionndaidh e ri Murchadh agus thuirt e, 'Tha aon rud a' cur dragh orm, carson a tha diofar chomharra peant? orra.' 'O', arsa Murchadh, 'tha sin os gum bi fios agam cò phàirc dham buin iad.'

"Ged a bha fear a' Bhùird air leithid Mhurchaidh a choinneachadh roimhe, leig e às e le rabhadh cruaidh air na thachradh nan dèanadh e leithid siud a-rithist.

"Bha na sgeulachdan sin nam pàirt de chultar a' bhaile agus, gun teagamh sam bith, bhite glè thric a' fàgail rudan air leithid Mhurchaidh MhicLeòid nach robh idir fìor, ach bhiodh iad a' freagairt air an t-seòrsa caractaran a bh' annta. Cha robh coire sam bith ann. Cha robh ann ach spòrs coimhearsnachd."

Cluinnidh sinn an aon sgeul seo bho Ghàidheil, fad is farsaing, a thàinig gu ìre anns an dàrna leth dhen fhicheadamh linn. Tha cianalas ann agus aithreachas gun robh an t-seann dòigh-beatha ag atharrachadh, gun robh iad air an spìonadh às a' chultar sin ach taingealachd cuideachd gun deach an togail an dachaighean far an robh luach ga chur air dualchas phrìseil an sinnsearan. Bha e follaiseach nach robh croitearachd is iasgach a' dol a chumail beòshlaint ri teaghlaichean air a' Ghàidhealtachd agus anns na h-Eileanan mar a rinn iad bho chionn linntean. Chan e a-mhàin na sgoilearan a bha a' falbh ach a' mhòr-chuid dhen òigridh agus leis a-sin thàinig crìonadh air a' Ghàidhlig mar chànan na dachaigh agus na coimhearsnachd. Bha cuid a dh'atharrachaidhean nach gabhadh leasachadh agus cuid a chleachdaidhean nach biodh gu feum anns an fhicheadamh linn ach cha robh sin ri ràdh nach gabhadh a' Ghàidhlig a h-ùrachadh mu choinneamh feumalachdan an ama.

4. A' Ghàidhlig an Alba

"Cha do chuir Albannach riamh cas air talamh Bhreatainn nach tàinig bhar soitheach à Èirinn." Sin mar a sgrìobh an sgoilear ainmeil Kuno Meyer anns an naoidheamh linn deug. Bha na sgrìobhadairean Laideann, co-dhiù bhuineadh iad don Roinn Eòrpa no do Bhreatann, a' comharrachadh muinntir na h-Èireann mar Scotti agus Èirinn fhèin mar Scotia. 'S e Gàidhlig – aon de na cànanan Ceilteach – a bha na Scotti a' bruidhinn. 'S e Gàidheil a bh' aig na daoine seo orra fhèin, ged a tha seo a' ciallachadh luchd-labhairt na Gàidhlig a-mhàin ann an Alba agus an Èirinn a-nis.

Anns a' cheathramh agus anns a' chòigeamh linn bha cuid dhen t-sluagh ag imrich à Èirinn agus gan suidheachadh fhèin air cost an iar Bhreatainn. An Alba fhèin, bha iad a' dol na b' fhaide a-staigh dhan dùthaich. Chì sinn na Gàidheil còmhla ri na Cruithnich a' toirt ionnsaigh air an roinn Ròmanach sin de Bhreatann mu thimcheall nam Ballachan anns a' cheathramh linn. Agus tha seo air a dhearbhadh bho chunntasan tradaiseanta, le taic bho sgrùdadh ainmean-àite, a tha a' sealltainn dhuinn gun robh Gàidheil, tha e coltach à Mumhain, gan stèidheachadh fhèin anns an roinn Chruithnich, Circinn, Machair Aonghais agus a' Mhaoirn an-diugh, ann an roinn na Leamhanaich de Shrath Chluaidh – rìoghachd nam Breatannach – agus ann an àiteachan eile.

Ach tha eachdraidh nan Gàidheal an Alba a' tòiseachadh nuair a chaidh rìoghachd Dhàl Riata a stèidheachadh ann an Earra-Ghàidheal agus anns na h-eileanan co-cheangailte ris, earrann dhen dùthaich a bhuineadh, a rèir coltais, dha na Cruithnich roimhe seo. Chan eil e soilleir cuin a thòisich na Gàidheil à Dal Riata an Èirinn, a bha co-fhreagairt ri oirthir Siorrachd Aontraim an-diugh, ri tighinn tarsainn Sruth na Maoile, ach nuair a dh'fhàg Fearghas Mòr mac Eirc, Rìgh Dhal Riata, Dùn Sobhairche am prìomh bhaile aca an Èirinn, agus a thàinig e dh'fhuireach a dh'Alba mu 500AD faodaidh sinn a bhith cinnteach gun robh an eilthir aca gu math stèidhichte agus a-nis na bu chudromaiche dhaibh na an tìr a dh'fhàg iad. 'S ann bho shliochd Fhearghais Mhòir, ach fear no dhà aig an toiseach a-mhàin, a thàinig a h-uile rìgh is banrigh an Alba gu ruige na banrigh a tha an-diugh a' riaghladh Bhreatainn.

Nuair a thig sinn gu c. 850 tha na Gàidheil agus an Rìgh Coinneach Mac Ailpein air an ceann, air dùthaich nan Cruithneach air fad a ghabhail thairis, le cuideachadh bho fheachd à Èirinn a thug Gofraidh mac Fhearghais, sinnsear Tighearnan nan Eilean, a-nall. Bha rìoghachd nan Gàidheal a-nis air leudachadh cho mòr is gun robh i a' dol cho fada deas ri crìoch Abhainn Chluaidh agus Abhainn Fhoirthe. Bha i air a h-ainmeachadh às ùr cuideachd – Alba ann an Gàidhlig agus Scotia ann an Laideann, ainmean a th' air an cleachdadh gus an là an-diugh.

Riamh bhon a rinn iad an imrich à Èirinn suas chun na dàrna linn deug bha na Gàidheil no na h-Albannaich a' strì gus an rìoghachd a leudachadh. Tha e coltach gun tug Coinneach fhèin sia ionnsaighean air Lodainn, crìoch a tuath rìoghachd *Northumbria*. Fhuair na Gàidheil sealbh air Dùn Èideann c 960 agus an 1018 bhuannaich an dara Rìgh Maol Chaluim Blàr Charham agus thug seo dha còir air Lodainn mu dheireadh thall. Mun àm so cuideachd fhuair Donnchadh, ogha Mhaoil Chaluim, còir dhligheach air Srath Chluaidh, rìoghachd nam Breatannach. Mar sin, nuair a thàinig Donnchadh gu bhith na Rìgh air Alba nuair a chaochail a sheanair an 1034, bha crìochan na h-Alba stèidhichte cha mhòr mar a tha iad an-diugh.

Faodaidh sinn leudachadh rìoghachd nan Gàidheal a leantainn air a' ghrunnd mar gum biodh, le bhith a' leantainn mar a sgaoil ainmean-àite Gàidhlig air feadh na dùthcha. 'S cinnteach gun robh dùthaich nan Cruithneach air a gabhail thairis ann an seadh cultarail fada roimh 850, fo bhuaidh Eaglais Ghàidhlig Chaluim Chille a bh' air sgaoileadh ann bho Eilean Ì. Bha a' Ghàidhlig cuideachd a' greimeachadh gu làidir an iar dheas na h-Alba, an toiseach ri linn 's gun robh luchd-labhairt na Gàidhlig à Èirinn a' sìor imrich ann cho tràth ris a' chòigeamh agus an t-siathamh linn agus an uair sin, is dòcha, à Earra-Ghàidheal is na h-eileanan. Tha e follaiseach cuideachd bho ainmean-àite agus ainmean pearsanta gun robh na h-uaislean a' bruidhinn Gàidhlig an ear dheas na dùthcha co-dhiù cho tràth ri toiseach na dàrna linn deug.

Faodaidh sinn a ràdh gun robh a' Ghàidhlig air sgaoileadh an ìre mhath dhan h-uile ceàrn dhen dùthaich gus, fo rìoghachadh a' chiad Rìgh Daibhidh bho 1124-53, an deach casg a chur air an adhartas. Thug Daibhidh agus an fheadhainn a thàinig às a dhèidh, na h-oghaichean aige an ceathramh Maol Chaluim agus Uilleam Garbh, fiùdalachd na Roinn Eòrpa agus na h-Anglo-Normanaich a bha na cois, a-staigh dhan dùthaich. Bha a' Bheurla Shasannach air a h-ath-stèidheachadh an ear dheas na h-Alba agus mean air mhean sgaoil i, a' cur às dhan a' Ghàidhlig, gu Meadhan Alba agus suas an cost an ear.

Aon bhuaidh a bh' aig an seo 's e gun do dh'aidich na Gàidheil nach robh a h-uile Albannach a' bruidhinn Gàidhlig agus mar sin ghabh iad am facal Gàidheal thuca fhèin agus chleachd iad Gall, a bha a' ciallachadh Lochlannach aig aon àm agus roimhe sin cuideigin à Gaul, nuair a bha iad a' ciallachadh Albannach aig nach robh Gàidhlig. Bha a' Ghalltachd a' comharrachadh a' chèarn sin de dh'Alba far an robh na Goill a' còmhnaidh gus dealachadh a dhèanamh eadar e agus a' Ghàidhealtachd far an robh na Gàidheil suidhichte. A dh'aindheoin sin, aig toiseach na ceathramh linn deug, b' urrainn do Raibeart Brus, Rìgh Alba agus mac do bhan-oighre iarlachd Charraig agus e fhèin na neach-labhairt na Gàidhlig, na h-Èireannaich a bhrosnachadh gus taic a thoirt dha na h-Albannaich an aghaidh ceannsachadh Shasainn, a' cur nan cuimhne gur e na h-aon daoine a bha anns na h-Albannaich agus na h-Èireannaich, gun robh an aon chultar aca agus an aon chànan.

Eadhon an 1500 dh'fhaodadh gun robh fhathast barrachd de luchd-labhairt na Gàidhlig an Alba na bha ann dhiubhsan aig nach robh a' chànan. Agus tha e clàraichte gun robh Gàidhlig aig a' cheathramh Rìgh Seumas a mharbhadh an 1513 aig blàr fuilteach *Flodden* an ceann a tuath Shasainn. Nuair a bha Dennis Caimbeul à Earra-Ghàidheal, Deadhan Luimnich, a' sgrìobhadh gu Ùghdarras Shasainn ann an 1596 bha e a' dèanamh coimeas eadar an roinn chumhang timcheall Bhaile Àtha Chliath far an robh Beurla ga bruidhinn ris an aon roinn chumhaing timcheall Dhùn Èideann. Anns na h-aoir a bha am bàrd Gallda, Uilleam Dunbar, agus Ualtar Ceanadach, bàrd Gàidhlig à Carraig, a' sgrìobhadh gu chèile, ann am fear dhiubh, agus e mothachail nach robh meas mòr sam bith aig Dunbar air a' Ghàidhlig, tha an Ceanadach ag ràdh,

> "Bot it suld be all trew Scottis mennis lede
> *It was the gud language of this land*".

Agus tha e annasach, ged a bha Dunbar a' dì-moladh a' Cheanadaich agus an cois sin na Gàidhlig, nach deach e idir an aghaidh beachd a' Cheanadaich. An 1521 anns a' chunntas eachdraidh Laideann aige, *Historia Majoris Britanniae*, bha John Major, aig nach robh Gàidhlig, a' comharrachadh luchd-labhairt na Gàidhlig gu mì-mhodhail mar 'Albannaich bhorb' agus iadsan aig nach robh Gàidhlig mar, 'Albannaich dhachaigheil', ach a dh'aindheoin sin tha e ag ràdh, 'ach bha a' mhòr chuid againn a' bruidhinn Gàidhlig bho chionn glè ghoirid'.

Tha a' chòmhstrì eadar na Gàidheil is na Goill a-nis a' tighinn am bàrr agus bha i air a daingneachadh aig a' cheart àm nuair a thòisich na Goill ri comharrachadh na Gàidhlig a bha thuige seo na *lingua Scotica* mar 'Erse' *no* 'Irish' agus 'Ynglis' no *English* mar ' *Scots*' no 'Albais'. Tha e cho dòcha gur e seo a bu choireach gun tuirt Am *Privy Council* an 1616 gur e a' Ghàidhlig '*one of the chief and principall causis of barbaritie and incivilitie in the country*' agus nach b' e an t-Ath-leasachadh air am bithear gu tric a' cur na coire. Bha Am *Privy Council* a' comharrachadh nan Eileanan agus na Gàidhealtachd mar na roinnean anns an robh a' Ghàidhlig ga bruidhinn agus tha e cho dòcha gur ann anns an linn sin, an t-seachdamh linn deug, a sguir iad a bhruidhinn Gàidhlig an iar dheas na h-Alba.

Nuair a smaoinicheas sinn air a' mhì-rùn a bh' aig an t-Siathamh Rìgh Seumas dha na h-ìochdarain Ghàidhlig aige, tha e ìoranta gur ann às a' Ghàidhealtachd a fhuair na rìghrean Stiùbhartach a' mhòr chuid dhen taic anns an t-seachdamh agus an ochdamh linn deug, gu h-àraidh bho na h-aon chinnidhean a dh'fheuch ri Clann Dòmhnaill a ghleidheadh mar Thighearnan nan Eilean anns an t-siathamh linn deug. Bha an taic seo cudromach, chan ann an seadh cogail a-mhàin ach cuideachd a thaobh *propaganda*, gu sònraichte mar a bha e air a chur an cèill leis an dithis bhàrd a bhuineadh do Chlann Dòmhnaill, Iain Lom anns an t-seachdamh linn deug agus Mac Mhaighstir Alastair anns an ochdamh linn deug. Thathar ag ràdh gun d' fhuair Iain Lom peinnsean bhon Dara Rìgh Teàrlach nuair a fhuair esan an crùn air ais an 1660 mar chomharra air an taic a thug am bàrd dha. Mar sin faodaidh sinn a ràdh gur e Iain Lom am fear mu dheireadh de sheann Bhàird nan Rìghrean no a' chiad fhear de na nuadh Bhàird *Laureate*. Bha Mac Mhaighstir Alasdair a' faicinn Ar-a-mach nan Seumasach mar iomairt airson Alba fhaighinn air ais gu bhith na rìoghachd Ghàidhlig.

Ach 's ann bho shliochd an t-siathamh Rìgh Seumas a fhuair an teaghlach rìoghail soirbheachail Hanobhàirianach an còir air a' chrùn. Agus 's ann às a' Ghàidhealtachd a bharrachd a thàinig mòran dhe na cinnidhean a bha an aghaidh nan Stiùbhartach, gu h-àraidh Caimbeulaich Earra-Ghàidheal a bh' air a bhith dlùth don Riaghaltas bhon chòigeamh linn deug gu ruige Cailean Ruadh nan Cath, fear dhen fheadhainn a chuir ri chèile Achd an Aonaidh an 1707, agus 's ann bho na ceanglaichean dlùth sin a dh'èirich an seanfhacal Gàidhlig,

> Mac an Rìgh a' treabhadh, Mac Caileain a' cliathadh.

A dh'aindheoin Chùil Lodair agus nam Fuadaichean a lean air, chùm a' Ghàidhlig a grèim air a' Ghàidhealtachd gu deireadh na naoidheamh linn deug gu ìre mhath. Gu dearbh, 's e aon bhuaidh a bh' aig na thachair gun deach coimhearsnachdan Gàidhlig a stèidheachadh ann an cèarnaidhean eile dhen t-saoghal, gu sònraichte an Alba Nuadh, a tha fhathast a' cur gu mòr ri Gàidhlig agus ri cultar na Gàidhlig chun an latha an-diugh. Ach às dèidh sin ann an Alba fhèin bha a' Ghàidhlig a' sìor chrìonadh, agus sin gu h-aithghearr, chun an taobh an iar. Cha do chuidich a' Chiad Chogadh Mòr ris an t-suidheachadh nas motha, far a bheil sinn a' faicinn na Gàidhlig, mar a tha i an-diugh, air a cuingealachadh gu ìre mhòr taobh a-staigh nan Eileanan an Iar. 'S e bhuil a th' ann gu bheil dà chiall aig a' Ghàidhealtachd ann an Gàidhlig, a' chiad fhear gach àite taobh a-staigh crìochan na Gàidhealtachd agus an dàrna fear an roinn, air a lughdachadh gu mòr, far a bheil a' Ghàidhlig fhathast ga bruidhinn.

5. *Foghlam Gàidhlig*

Riamh bhon a bha sgoileireachd Abaid Chaluim Chille an Eilean Ì 'a' deàrrsadh mar lòchran solais air an Roinn Eòrpa' tha spèis air a bhith aig na Gàidheil do litreachas agus sgoilearachd an dà chuid ann an Laideann, cànan na h-Eaglais, agus ann an Gàidhlig, an cànan fhèin – spèis a bha gu sònraichte nochdte ri linn Tighearnas nan Eilean agus a mhair tro na linntean na dhèidh suas chun an latha an-diugh a dh'aindheoin gach buille thàinig an rathad. Chun an t-siathamh linn deug bha Gàidhlig chlasaigeach na h-Alba agus na h-Èireann co-ionnan agus bhiodh na bàird a' siubhal eadar an dà dhùthaich. Bha fàilte romhpa agus aoigheachd ann an dachaighean nan uaislean air gach taobh de Shruth na Maoile agus far nach robh, cha bhiodh na dàin-mholaidh fada a' tionndadh gu aoir.

Tha beul-aithris cho làidir ann an dualchas nan Gàidheal agus gu bheil sinn buailteach air a bhith a' dìochuimhneachadh, a rèir an Ollaimh Iain Òg MhicIlle na Brataich, gun robh suas chun an ochdamh linn deug dualchas sgrìobhte ga chleachdadh cuideachd agus gun do chùm seo taic ris a' bheul-aithris.

Tha eachdraidh na Gàidhlig mar chànan sgrìobhte a' dol air ais co-dhiù cho fada ris a' cheathramh linn chun nan sgrìobhaidhean Oghum air clach agus fiodh. Anns an t-seachdamh linn thòisich na manaich, anns an eaglais mhanach a bh' air a h-ùr stèidheachadh, air dualchas sgoilearachd na Gàidhlig a sgrìobhadh ann an làmh-sgrìobhainn dìreach mar a thàinig e thuca. Glè thric 's e bàrd a bhiodh anns an 'fer-lèginn' – am fear a bha os cionn na sgoil mhanach agus an *scriptorium* far am biodh Laideann agus Gàidhlig gan sgrùdadh agus gan sgrìobhadh. Nuair a bha an eaglais air a h-ath-òrdachadh anns an dàrna linn deug cha robh na bàird tuilleadh mar phàirt dhen eaglais, ach chan eil sin ri ràdh gun do leig iad seachad comas sgrìobhaidh ann an Gàidhlig. Bha na bàird agus an comas litearrachd glè chudromach ann a bhith a' glèidheadh dualchas na Gàidhlig. Tha cunntas againn air Sgoiltean Bàrdachd ann an Èirinn agus aig deireadh na seachdamh linn deug tha Martin Martin a' toirt dealbh dhuinn air a leithid anns na h-Eileanan an Iar far am biodh na bàird nan sìneadh anns an dorchadas agus le clach mhòr air an uchd gus am brosnachadh gu bàrdachd. Bha a bhàrd fhèin aig a h-uile ceann-cinnidh agus a bharrachd air a bhith ri bàrdachd-mholaidh, bhiodh e cuideachd a' clàradh eachdraidh an teaghlaich agus na chomhairliche dhan cheann-cinnidh agus na neach-oideachaidh dhan teaghlach.

Ach cha robh dòigh-beatha nan ceann-cinnidh no dualchas na Gàidhlig cho mòr aig Riaghaltas na h-Alba no aig an Rìgh Seumas VI agus cha robh mòran earbs' aca nan dìlseachd nas motha. Bha iad gu làidir dhen bheachd gun robh na cinn-chinnidh, air Ghàidhealtachd agus anns na h-Eileanan, agus an luchd-cinnidh, an dualchas, an dòigh-beatha agus gu sònraichte na bàird 'borb agus mì-riaghailteach gun spèis aca dhan lagh'. Bha Seòras Bochanan, an sgoilear Laideann ainmeil, a rugadh ann an Cill Earnain ann an 1506 na oide aig Rìgh Seumas VI nuair a bha e òg. Ged nach robh Cill Earnain anns a' Ghàidhealtachd bha mòran a bha a' fuireach air na crìochan dà-chànanach agus tha e coltach gun robh Seòras Bochanan air fear dhiubh – fileanta ann an Gàidhlig a bharrachd air Albais. Tha Iain Òg MacIlle na Brataich dhen bheachd gur dòcha gur e a' ghràin a bh' aig an Rìgh òg air Seòras Bochanan a bu choireach gun robh e cho tric a' gearain air luchd na Gàidhlig a bha nan ìochdarain dha.

Ann an 1609 chaidh daoin'-uaisle sam bith anns na h-Eileanan aig an robh clann, fireann no boireann, agus aig an robh 'maoin luach trì fichead beathach' a ghairm gu coinneamh an Eilean Ì gus an làmh a chur ri naoi cùmhnantan eadar iad fhèin agus an Riaghaltas. B' iad seo Reachdan Ì agus bha iad sgrìobhte ann an Albais. An lùib nan naoi cùmhnantan sin bha a' chiad bhuille fhollaiseach an aghaidh na Gàidhlig oir bha an cànan ga fhaicinn mar aon de na h-adhbharan gun robh a' Ghàidhealtachd cho 'mì-riaghailteach'. A rèir an t-siathamh cùmhnaint bha e mar fhiachaibh a-nis air na h-uaislean a bha seo,

> am mac a bu shine co-dhiù, agus mura robh mac aca, an nighean a bu shine, a chur gu sgoiltean air Ghalltachd, agus an àrach an sin gus am biodh iad comasach air Beurla a bhruidhinn, a leughadh agus a sgrìobhadh.

Chan eil dearbhadh againn gun do ghabhadh mòran diù dhen chùmhnant oir cha bhiodh na h-uimhir sin de theaglaichean air Ghàidhealtachd aig am biodh a' mhaoin ach 's e toiseach tòiseachaidh a bh' ann air inbhe na Beurla a sparradh air luchd na Gàidhlig. Agus dhen bheagan a dh'fhalbh bhiodh dùil, nuair a thilleadh na h-uaislean òga sin dhachaigh, 's e sin nan tilleadh iad, gum biodh a' Bheurla ga sgaoileadh air feadh na tuath.

Aon duin'-uasal tha fios againn a ghabh ris a' chùmhnant 's e Ruairidh Mòr MacLeòid Dhùn Bheagain. Chuir esan a cheathrar mhac a dh'Oilthigh Ghlaschu. Cheumnaich Iain, am mac a bu shine agus an t-oighre, ann an 1624, Ruairidh an 1625, Dòmhnall an 1627 agus Tormod an 1631. 'S dòcha, cuideachd, gun deach Iain agus Ruairidh dhan sgoil ann an Glaschu mus deach iad dhan Oilthigh oir tha cunntas air sgeul, a phàigh Ruairidh Mòr air 13mh an t-Samhain 1623 do dh'fhear Seumas MacFhionnlaigh, marsanta ann an Glaschu, agus do bhean, Agnes Stiùbhart, airson lòn agus aoigheachd a mhic.

Ann am fear eile dhe na cùmhnantan ris an do chuir na h-uaislean an làmh bha e toirmisgte dhaibh a bhith a' toirt aoigheachd dha na bàird oir bha an Riaghaltas a' meas gun robh iad a' brosnachadh eas-ùmhlachd. Chan eil coltas gun do ghabh mòran aca diù dhen chùmhnant seo nas motha. Agus ged a chuir Ruairidh Mòr MacLeòid a mhic dhan Oilthigh, a' gabhail ri aon chùmhnant de

Reachdan Ì agus am fear as cudromaiche a thaobh na Gàidhlig, fhuair na bàird an àite mar bu dual. Ach cha robh sin fhèin a' dol a mhaireachdainn agus mar a bha an ochdamh linn deug a' tighinn gu crìch bha saoghal nam bàrd clasaigeach e fhèin a' sìoladh às. Agus bha sin a' ciallachadh gun robh an taic mu dheireadh aig litreachas agus sgoilearachd na Gàidhlig air falbh cuideachd.

Ged a bha oidhirpean gan dèanamh gus sgoiltean a stèidheachadh air feadh na dùthcha na bu tràithe cha do thòisich am poileasaidh sin ri greimeachadh air a' Ghàidhealtachd is air na h-Eileanan chun an t-seachdamh linn deug agus bha sin cho mòr a thaobh cultar nan Gall a sgaoileadh agus cur às don chreideamh Chaitligeach às dèidh an Ath-Leasachaidh ann an 1592 is a bha e airson foghlam a bhrosnachadh. Bha na h-amasan sin follaiseach bhon Achd a stèidhich am *Privy Council* an 1616 agus a bu chòir a bhith snaighte ann an inntinn a h-uile Gàidheil:

> Forsameikle as the Kingis Majestie having a speciall care and regaird that the trew religioun be advanceit and establisheit in all the pairtis of this kingdome, and that all his Majesties subjectis, especiallie the youth, be exercised and trayned up in civilitie, godliness, knawledge, and learning, that the vulgar Inglishe toung be universallie plantit, and the Irische language, whilk is one of the cheif and principall causes of the continewance of barbaritie and incivilitie amongis the inhabitantis of the Ilis and Heylandis, may be abolisheit and removeit; and quhair as thair is no measure more powerfull to further his Majesties princelie regaird and purpois than the establisheing of Scooles in the particular parroches of this Kingdom whair the youthe may be taught at least to write and reid, and be catechised and instructed in the groundis of religioun.

Bha e cuideachd sgrìobhte anns an Achd nach biodh mic nan Ceann-cinnidh Gàidhealach aithnichte mar oighrean mura biodh iad comasach air sgrìobhadh, leughadh agus labhairt ann am Beurla.

Ged a bha Achd a' *Phrivy Council* ann an 1616 an dùil sgoil a stèidheachadh anns a h-uile paraiste ann an Alba cha robh an iomairt uabhasach soirbheachail air a' Ghàidhealtachd. Bha cosgais nan sgoiltean aig diofar amannan agus a rèir diofar Achdan an urra ris an uachdaran no ris an eaglais agus cha robh aon seach aon aca dèonach dealachadh ris an airgead. Bha na paraistean sgapte agus iomallach agus an t-airgead gann agus na sgoiltean a cheart cho gann. Ann an 1709 chaidh na beàrnan a lìonadh nuair a chuireadh a' bhuidheann carthannais, *The Society in Scotland for Propagating Christian Knowledge* (SSPCK), air bhonn ann an Dùn Èideann fo Chùmhnant Rìoghail. Bha an SSPCK air a stèidheachadh airson,

> sgoiltean a thogail agus an glèidheadh gus leughadh a theagasg, gu h-àraidh na Sgriobtaran Naomha agus leabhraichean eile a bha math agus diadhaidh; agus cuideachd gus sgrìobhadh, cunntas agus fiosrachadh eile a theagasg air Ghàidhealtachd, anns na h-Eileanan, agus an oiseanan iomallach de dh'Alba.

Bha a' mhòr-chuid de na sgoiltean aig an SSPCK anns na sgìrean Pròstanach. Bha an sgoiltean fhèin aig an eaglais Chaitligich fo chùram nan sagartan agus anns na sgoiltean sin 's i an cànan fhèin, a' Ghàidhlig, a bhathar a' cleachdadh ann an oideachadh na cloinne.

Chan eil teagamh nach e soisgeulachd prìomh adhbhar an SSPCK ach rinn iad cus a bharrachd air sin. Bha iad dealasach agus gnothachail agus an taobh a-staigh dà bhliadhna bha iad air còig sgoiltean fhosgladh – tè dhiubh ann an Hiort. Chan e a-mhain gun robh iad a' togail bhunsgoiltean ach bha iad cuideachd a' ruith sgoiltean snìomh agus sgoiltean fuaigheall dha na nìghnean. Ann an 1795 bha 323 sgoiltean aig an *Society* an Alba. Bha e air a chur as leth nan sgoiltean sin gun robh iad airson cur às don Ghàidhlig agus aig an toiseach bha e toirmisgte dhaibh a bhith a' cleachdadh na Gàidhlig ach cha do chumadh ris an òrdugh riamh agus an 1767 chuireadh às dha. Bhiodh iad cuideachd a' maoineachadh fhoillseachaidhean ann an Gàidhlig agus 's iad a thug air adhart Sgoil Raining an Inbhir Nis airson trèanadh thidsearan Gàidhlig.

Far an do dh'fhàg an SSPCK beàrnan bha iad sin air an lìonadh le

The Edinburgh Society for the Support of Gaelic Schools (ESSGS) a chaidh a stèidheachadh an 1811. A-rithist 's ann airson gun ionnsaicheadh iad do mhuinntir na Gàidhealtachd is nan Eilean na Sgriobtaran a leughadh, an turas seo nan cànan fhèin, a chaidh na sgoiltean seo – na Sgoiltean Crìosdaidh – a stèidheachadh.

Ged a b' e sgaoileadh an t-soisgeil prìomh adhbhar nan sgoiltean sin cuideachd thàinig iad gu bhith glè choltach ri na sgoiltean paraiste agus rinn iad obair mhòr a thaobh teagasg chuspairean àbhaisteach gu h-àraidh ann an àiteachan far nach robh sgoiltean paraiste air an stèidheachadh. An 1872, nuair a chuireadh Achd an Fhoghlaim an gnìomh, ghabh an Stàit thairis maoineachadh an fhoghlaim agus cha robh feum tuilleadh air sgoiltean nam buidheannan carthannais. Thàinig an SSPCK gu crìch an 1890 agus ESSGS an 1892. Bha Comann Sgoiltean Gàidhlig cuideachd air an suidheachadh an Glaschu agus an Inbhir Nis ged is e Comann Dhùn Èideann bu mhotha aig an robh de sgoiltean.

Bha Iain A. Mac a' Ghobhainn, a bha na Iar-phrionnsapal an Colaiste Chnoc Iòrdain am meadhan na ficheadamh linn, dhen bheachd: '"Ged a bha easbhaidhean beaga anns an t-siostam foghlaim shaor-thoileach seo bha buaidh bhuannachdail aige a bha thar tomhais. 'S e fear de na h-iomairtean foghlaim a b' fheàrr air a' Ghàidhealtachd agus anns na h-Eileanan agus ann an àiteachan iomallach na h-Alba rè na h-ochdamh agus na naoidheamh linn deug, agus bidh Alba gu sìorraidh tuilleadh na chomain."

Ged a bha caochladh dhaoine ag eadar-theangachadh phìosan dhen Bhìoball gu Gàidhlig airson dà cheud bliadhna roimhe sin b' ann an 1801 a nochd a' chiad eadar-theangachadh dhen Bhìoball gu lèir. Ann an 1861, lethcheud bliadhna às dèidh a stèidheachaidh, bha an ESSGS a' meas gun tug iad seachad 200,000 Bìoball Gàidhlig agus gun do dh'ionnsaich iad leughadh do 100,000 Gàidheal. Thug am Bìoball Gàidhlig cothrom do chlann sgoile agus dhaibhsan a bha a' frithealadh nan eaglaisean a bhith fileanta ann an leughadh na Gàidhlig. Agus chuir am Bìoball Gàidhlig Eaglais Shaor na h-Alba an teas meadhan coimhearsnachd na Gàidhlig, nuair a dhealaich i bho Eaglais na h-Alba aig àm Briseadh na h-Eaglaise an 1843. Mura b' e gun do chleachd an Eaglais Shaor a' Ghàidhlig mar phrìomh chànan teagaisg is dòcha gun robh inbhe na Gàidhlig air a bhith na b' ìsle ann am beachd an luchd-labhairt. Bha e mar fhiachaibh air ministearan na H-Eaglaise Saoire anns na paraistean Gàidhlig a bhith fileanta anns a' chànan agus chùm seo a' dol cha mhòr gu deireadh na ficheadamh linn. B' fheudar dhan Eaglais Stèidhichte an eisimpleir a leantainn agus nuair a dhealaich an Eaglais Shaor Chlèireach a bharrachd, ghabh i fhèin ris an aon phoileasaidh. Ma bha aon eaglais soirbheachail ann a bhith a' tarraing choitheanalan nan cànan fhèin bha e mar fhiachaibh air càch an aon rud a dhèanamh. Bho mheadhan na naoidheamh linn deug bha na h-eaglaisean air fad a' brosnachadh a' chànain agus bha a h-uile coimhearsnachd Ghàidhealach air a frithealadh le sagart no ministear le Gàidhlig. Gu mì-fhortanach chan eil iad cho dealasach a thaobh a' chànain an-diugh ach chan e sin an dleastanas.

A dh'aindheoin na rinn na h-eaglaisean anns an naoidheamh linn deug gus a' Ghàidhlig a chleachdadh cha robh luchd an fhoghlaim cho tuigseach agus bha an suidheachadh na bu mhiosa buileach an 1872 nuair a thàinig Achd an Fhoghlaim gu bith. Bha e a-nis fo chùram na Stàite gum biodh cothrom aig a h-uile leanabh an Alba air foghlam bunsgoile, saor agus an asgaidh, agus bha am foghlam sin èignichte. Bha an Achd fàbharach anns a h-uile dòigh ach a thaobh na Gàidhlig. Ceud bliadhna air adhart bha Fearchar Mac an Tòisich a' dol a ràdh gur e gnothach maslach a bh' ann gun robh Gàidhlig air a fàgail a-mach à curraicealam na sgoile le Achd an Fhoghlaim ann an 1872. "Sin tha mi 'n dùil a' bhuille bu mhiosa dh'fhuiling a' Ghàidhlig, na bu mhiosa na dh'fhuiling i ri linn nam Fuadaichean no eadhon an call uabhasach a thàinig air luchd-labhairt na Gàidhlig anns a' Chiad Chogadh Mhòr."

Bha e do-thuigsinneach ach dhìochuimhnich an fheadhainn a dhealbh an reachdas an 1872 mun chloinn air a' Ghàidhealtachd no math dh'fhaodte gun robh iad dhen bheachd gum biodh e na b' fheàrr dha na Gàidheil òga a bhith air am foghlamachadh a-mach às an cainnt mhàtharail agus gun ionnsaicheadh iad cainnt na h-Ìmpireachd cho luath is a ghabhadh dèanamh. Agus co-dhiù,

> Bha a' Ghàidhlig a' tighinn eadar iad agus fuaimneachadh na Beurla.

'S e thachair a-nis ach gun tàinig na sgoiltean aig an SSPCK agus na Sgoiltean Crìosdaidh aig an ESSGS, a bh' air a bhith a' teagasg gu ìre air choreigin tro mheadhan na Gàidhlig, fo ùghdarras Sgrùdairean a' Chrùin agus nam Bòrd Sgoile a bh' air an ùr-chruthachadh agus iad fhèin air an stiùireadh agus air am maoineachadh le na Sgrùdairean. 'S e bhuil a bh' ann gun do chuireadh às do Ghàidhlig, cha mhòr gu tur anns na bunsgoiltean. Bha a' chlann air an cur ann an suidheachadh coimheach far an robh tidsearan le Gàidhlig, agus glè thric 's iad na h-aon tidsearan a bh' air a bhith gan teagasg anns an teirm roimhe sin nan cainnt fhèin, a-nis gan teagasg ann am Beurla. Chan e a-mhàin nach robh a' chlann a' faighinn an teagasg ann an Gàidhlig, ach ann an corra àite gus am fàsadh iad eòlach air a bhith anns an sgoil, ach cha robh i eadhon air a teagasg dhaibh mar chuspair.

Rinn Comann Gàidhlig Inbhir Nis agus buidhnean eile oidhirp air Gàidhlig fhaighinn mar cuspair anns a' churraicealam. Cha robh iad ag iarraidh mòran ach a dh'aindheoin sin cha robh mì-rùn mòr nan Gall fada gun ceann a thogail. Agus bha mì-rùn an fhoillsicheir William Chambers air fear dhen fheadhainn a bu làidire. Bha Chambers air a bhith na Phròbhaist an Dùn Èideann agus air obair mhòr a dhèanamh gus cor nan daoine bochda anns a' bhaile mhòr a leasachadh. Mar chomharra air an obair a rinn e tha an ìomhaigh aige air Chambers Street anns a' bhaile. Nuair a bha e trì fichead 's a deich agus e air a dhreuchd an ìre mhath a leigeil bhuaithe rinneadh fear dhe na Sgrùdairean ùra Foghlaim dheth. Mar Sgrùdaire dh'fhoillsich e anns an Iris aige fhèin '*Chambers Journal*' anns an t-Samhain 1877 artaigil fon tiotal '*The Gaelic Nuisance*'. Bha e nimheil na bheachdan agus gu mì-fhortanach ghabh na h-oifigich Ghallda gu mòr riutha.

> Bu chòir dhan Ghàidhlig sìoladh às agus gabhail ris nach robh innte ach cànan aosta nach buineadh dhan t-saoghal ùr. Bu chòir a cur fo chùram roinnean nan cànanan marbh ann an oilthighean na h-Alba.

Nuair a bha guthan cho cumhachdach nan aghaidh 's ann a bha luchd-cothachaidh na Gàidhlig anns na seachdadan dhen naoidheamh linn deug glè shoirbheachail. Bha cuid aca ag iarraidh tilleadh gu foghlam tro mheadhan na Gàidhlig mar a bha cumanta na bu tràithe anns an naoidheamh linn deug – feallsanachd ris an cainte ann an ginealach eile, 'stèidhichte air an leanabh'. Shoilleirich an Dotair H. Camshron MacIllÌosa, an sgoilear Gàidhlig agus meadaigeach, ann an òraid lèirsinneach, aig coinneamh de Chomann Gàidhlig Inbhir Nis anns an t-Samhain 1876 gur e foghlam tro mheadhan na Beurla agus nach b' e Gàidhlig, a bha a' co-èigneachadh a' Ghàidheil òig.

> 'S ann tron Ghàidhlig, agus tron Ghàidhlig a-mhàin, a bhios oideachadh ciallach agus tùrail againn ann an sgoiltean Gàidhealach. Aig an àm seo chan eil mòran feum ga dhèanamh dhen Ghàidhlig, agus 's e a' bhuil a th' ann gu bheil gillean agus nighnean a' fàgail na sgoile gun eòlas aca air an t-saoghal anns a bheil iad gu bhith beò. Tha iad a' dol a-mach agus iad aineolach mu na rudan air am bu chòir dhaibh a bhith fiosrach. Sin ar foghlam – agus sin mar a bhitheas e fhad 's nach bi ar cainnt fhèin air a cleachdadh a thaobh dualchas no mar mheadhan teagaisg. Cha ghabh buntainn ri tuigse leanabh Gàidhealach mura bi Gàidhlig air a cleachdadh mar mheadhan airson sin a dhèanamh.

Bha na h-iarrtasan aig an Dotair MacIllÌosa soilleir agus dòigheil. Cha robh e fhèin, no feadhainn eile coltach ris, a' sireadh rud a bha do-dhèanta. Bha e ag iarraidh gur e a' Ghàidhlig 'an aon mheadhan' a bhithte a' cleachdadh airson a bhith ag ionnsachadh Beurla agus chuspairean eile do chloinn òga nach bruidhneadh ach Gàidhlig. Às dèidh sin dh'fhaodadh a' Bheurla a bhith air a cleachdadh mar mheadhan teagaisg, le Gàidhlig mar 'chuspair sònraichte' ann an Còd an Fhoghlaim, ga teagasg do na clasaichean a bu shine. Bha e cuideachd airson gum biodh na deuchainnean agus na ceasnachaidhean tuigse ann an Gàidhlig agus air an stiùireadh le Sgrùdairean le Gàidhlig.

An 1876 bha ìmpidh air a chur air Prìomh Chomhairle na h-Alba sgrùdadh a dhèanamh feuch an robh iarrtas ann airson a bhith a' cleachdadh Gàidhlig ann an sgoiltean Gàidhealach. Ri linn sin chuir Roinn Foghlaim na h-Alba ceisteachan chun a' 102 Bòrd Sgoile a bh' air an taghadh gu h-ionadail air a' Ghàidhealtachd. Fhreagair ceithir fichead is a deich an ceisteachan. Bha trì fichead is a còig, mòran dhiubh a' riochdachadh nan Eileanan an Iar, ag ràdh gun robh iad ag iarraidh, chan e a-mhàin gum biodh Gàidhlig ga teagasg, ach gum bithte a' teagasg tro mheadhan na Gàidhlig. Thuirt lethcheud 's a trì gun robh tidsearan Gàidhlig aca mar thà agus cha robh ach ceithir deug a Bhùird Sgoile a dh'aidich gum faodadh duilgheadas a bhith aca a' lorg thidsearan a bha fileanta ann an Gàidhlig.

Bha cuid dhen bheachd gun robh Roinn Foghlaim na h-Alba an dòchas agus an dùil gum biodh tidsearan Gàidhlig le teisteanas cho gann is gum faodadh iad an t-iarrtas làidir a bh' ann airson a bhith a' cleachdadh Gàidhlig anns na sgoiltean Gàidhealach a chur an dàrna taobh agus eadhon dìochuimhneachadh mu dheidhinn buileach. Fhuair iad briseadh dùil. Bha a' chuid-mhòr dhe na Bùird Sgoile Gàidhealach ag iarraidh gum biodh Gàidhlig air a h-ath-stèidheachadh an dà chuid mar chuspair agus mar mheadhan teagaisg anns na sgoiltean. Mar a thuirt Teàrlach Friseal Mac an Tòisich, fear de Bhuill Pàrlamaid nan Croitearan, mar a chainte riutha, a chaidh a thaghadh an 1885 aig àm Strì an Fhearainn,

> Bhon fhiosrachadh a thàinig air ais bha e follaiseach gun robh còrr is 20,000 leanabh a bha airidh air an teagasg ann an Gàidhlig, ach a bha aig an àm seo as aonais nam buannachdan a thigeadh bho leithid a theagasg.

Ach cha robh cus a' dol a dh'atharrachadh. Cha robh Roinn Foghlam na h-Alba idir taiceil agus ged a ghabh Còd Foghlam na h-Alba ris a' Ghàidhlig mar chuspair sgoile an 1878 bha e an urra ris na Bùird Sgoile an t-airgead a thoirt a-mach às a' bhuidseat ghann a bh' aca agus 's e bhuil a bh' ann nach robh mòran diù ga thoirt dhan chànan ann an curraicealam na sgoile.

An 1879, bha Institiùd Foghlaim na h-Alba a' sgrìobhadh anns an iris aca fhèin 'Educational News',

> It is to betray the grossest ignorance of all true education to say that we ought to ignore Gaelic, and teach English from the beginning. We cannot do this even if we would, and we should not do it even if we could . . . It is utterly impossible to teach these Highland children except through the medium of their own tongue.

Cha do chuir Roinn an Fhoghlaim sgillinn a bharrachd mu choinneamh teagasg Gàidhlig gu 1885 nuair a chaidh an cànan àrdachadh gu bhith na "chuspair sònraichte" agus chaidh deich tastain (lethcheud sgillinn) sa bhliadhna a chur ri tuarastal tidseir sam bith a bha dèonach Gàidhlig a theagasg mar chuspair – chan ann idir mar mheadhan teagaisg. A-rithist ann am Bile an Fhoghlaim (Alba) 1918, bha e mar fhiachaibh air na h-ùghdarrasan foghlaim 'ullachadh iomchaidh' a dhèanamh mu choinneamh Gàidhlig a theagasg anns 'na sgìrean far an robh Gàidhlig ga bruidhinn'. Cha do mhìnicheadh dè bh' ann an 'ullachadh iomchaidh' no cò iad 'na sgìrean far an robh Gàidhlig ga bruidhinn'. Bha i dìreach mar chuspair sam bith eile, Fraingis no Cunntas, ga teagasg airson dhà no thrì uairean san t-seachdain nan togradh na h-ùghdarrasan sin a dhèanamh.

'Chuidich na ceumannan sin,' sgrìobh Murchadh MacLeòid, Comhairliche na Gàidhlig anns na Sgoiltean an 1963, 'le bhith a' brosnachadh teagasg na Gàidhlig do na sgoilearan a bu shine, ann an dòigh thioram acadaimigeach tro mheadhan na Beurla, ach cha do rinn iad càil gus an suidheachadh anns na bunsgoiltean a leasachadh. Sin far am biodh Gàidhlig mar mheadhan teagaisg air a bhith soirbheachail.' Agus lean an suidheachadh sin anns a' mhòr-chuid gu seachdadan na ficheadamh linn ach gun do rinneadh an deagh chuid leasachaidh agus adhartais ann am bunsgoiltean Siorrachd Inbhir Nis anns na siathadan agus sin far an do leagadh na bunaitean air an do thogadh am pròiseact dà-chànanach an 1976.

Cha robh cion foghlaim air clann na Gàidhealtachd. Bha na

sgoiltean math agus na tidsearan comasach agus a rèir àireamh sluaigh bha iad a' cur barrachd oileanach gu na h-Oilthighean na sgoiltean sam bith anns an dùthaich. Ach bha iad nan àiteachan coimheach, a' cleachdadh cànan a bha eadar-dhealaichte bho chànan nan coimhearsnachdan anns an robh iad suidhichte. Feasgar agus aig an deireadh sheachdain, anns an dachaigh agus ag obair a-muigh, 's i a' Ghàidhlig a-mhàin cànan na coimhearsnachd ach aon uair is gun cuireadh a' chlann agus na tidsearan cas a-staigh air doras na sgoile madainn Diluain bha iad a' tionndadh gu Beurla. Cha robh an ginealach seo no iomadach ginealach na dhèidh a' call an cànain ri linn seo, bha i fhathast ro làidir taobh a-muigh na sgoile, ach mar a dh'aidicheas an fheadhainn a tha an-diugh a' cothachadh gus a cumail beò, bhathar gam foghlamachadh a-mach à Gàidhlig an àite a bhith gam foghlamachadh innte.

An 1974 nuair a chaidh na h-Ùghdarrasan Ionadail ath-òrdachadh agus a chaidh na h-eileanan a-muigh a chur còmhla mar Chomhairle nan Eilean, chuir a' Chomhairle pròiseact dà-chànanach air chois le Roinn Foghlaim na h-Alba a' pàigheadh leth na cosgais. Bha e gus maireachdainn trì bliadhna an toiseach agus chuireadh an uair sin trì bliadhna eile ris. Ri linn gun do chuir Roinn Foghlaim na h-Alba an taic ris a' phròiseact bha e a' ciallachadh gun robh àite nas làidire aig a' Ghàidhlig anns a' bhunsgoil na bha aice riamh roimhe. Bha an t-Ollamh Fionnlagh MacLeòid, a bhuineas do Shiabost an Leòdhas, os cionn Foghlam Bunsgoile aig a' Chomhairle nuair a bha am pròiseact inntinneach seo a' dol. Mar a thuirt e, 'Feumaidh sinn cuimhneachadh gun robh feadhainn eile romhainn a' dèanamh obair mhòr a thaobh inbhe na Gàidhlig ann am foghlam, gu sònraichte an Dr. MacIllEathain, Stiùiriche an Fhoghlaim an Siorrachd Inbhir Nis, agus Murchadh MacLeòid, Comhairliche na Gàidhlig.' Agus mar a shoilleirich Murchadh MacLeòid, 'bha mòran taice ann bho Chnoc Iòrdain agus bhon Sgrùdaire Raghnall MacLeòid, a bharrachd air na bha de thidsearan dìleas dìcheallach anns na sgoiltean.' Ach bha cion airgid agus cion taic bhon Riaghaltas daonnan na dhuilgheadas dhaibh.

"Nuair a thòisich am Pròiseact Dà-chànanach anns na bunsgoiltean an 1976", thuirt Fionnlagh MacLeòid, "cha b' ann cho mòr ag ionnsachadh Gàidhlig dhan chloinn a bha sinn ach a' neartachadh nan sgilean cànain a bh' aca . Bha sinn airson gum biodh iad mothachail air an t-saoghal anns an robh iad beò agus mar sin bha sinn a' cur tòrr cuideam air an àrainneachd. Bha tòrr stuthan rin deasachadh agus bha feum mòr air leabhraichean Gàidhlig. 'S e an t-amas a bh' againn gum biodh iad co-ionann anns an dà chànan, Gàidhlig agus Beurla, gum biodh iad dà-chànanach anns na sgilean gu lèir mus fhàgadh iad a' bhunsgoil. Bha am pròiseact a rèir an ama. Bha tòrr chòmhraidhean a' dol gus daoine a mhisneachadh. Bha gu leòr dhe na comhairlichean agus dhe na pàrantan fhathast dhen bheachd gun cumadh a' Ghàidhlig a' chlann air ais. Bha eagal orra gun robh sinn ag atharrachadh rud a bh' air a bhith ag obair gu math. Nach robh sruth de dh'òigridh a' dol air adhart dha na h-Oilthighean air Ghalldachd gach bliadhna? Rud eile 's e fireannaich a bha nan ceannardan air na bunsgoiltean – fireannaich le MA a bh' air an trèanadh anns a' mhòr-chuid airson a bhith a' teagasg ann an àrdsgoiltean. Cha robh eòlas aca air teagasg bunsgoil. Thug e greis mus d' fhuair sinn air sin atharrachadh agus tideasaran – boireannaich – a bh' air an trèanadh ann an sgilean bunsgoil a chur nan ceannardan. Nuair a thug Maighstir-sgoile ann an aon sgoil suas a dhreuchd chuir sinn boireannach na àite agus thuirt a bhean nuair a chual' i seo, "*I didn't know you were going to downgrade the school.*"

"Chuir sinn cuideachd Pròiseact Muinntir nan Eilean no van Leer air chois airson taic is misneachd a thoirt do phàrantan ann an teaghlaichean Gàidhlig le clann fo aois sgoile. Bha seo mus deach Comhairle nan Sgoiltean Àraich a stèidheachadh agus na cròileagain fhoirmeil. Thòisich sinn ri thuigsinn gun robh na bu lugha is na bu lugha de Ghàidhlig ga cleachdadh agus 's ann an uair sin a chaidh gluasad gu Gàidhlig a-mhàin a chleachdadh airson a' chiad dà bhliadhna agus tòiseachadh le beagan Beurla bho Phrìomh 3. Bha sin diofaraichte bho sgoil gu sgoil agus bho Ùghdarras gu Ùghdarras. 'S e ceum mòr a bh' ann nuair a thòisich na pàrantan ri Foghlam tro Mheadhan na Gàidhlig iarraidh.

"Ach cuimhnich bha tòrr rudan eile a' tachairt. Bha sinn mothachail gum feumte structar a chruthachadh a chumadh taic ris na bha a' tachairt a thaobh foghlaim. Mura bi structar ann cha bhi na h-oidhirpean leantainneach oir bidh daoine a' falbh agus a' tighinn. Chuir sinn companaidh foillseachaidh air chois – Acair – agus chaidh againn air Radio nan Eilean a thoirt a Stèornabhagh agus sgaoil sin a-mach gu Radio nan Gàidheal le stèiseanan anns na h-eileanan eile. Bha gluasad farsaing ann air falbh bhon bhaile mhòr."

Anns na h-ochdadan thòisich an oidhirp airson Cròileagain Ghàidhlig a chur air chois agus a' strì gu làidir airson na h-iomairt seo bha Fionnlagh MacLeòid eile no Fionnlagh Strì mar is eòlaiche sinn air. Rugadh agus thogadh Fionnlagh anns an Rubha an Leòdhas. Bha a mhàthair à Ceann Phàdraig. Mhìnich e an suidheachadh.

"Ann an 1974 chaidh na h-Ùghdarrasan Ionadail ath-òrdachadh agus chaidh Comhairle nan Eilean a chruthachadh. Bha teaghlaichean òga a' tighinn dhachaigh agus iad air an tàladh le na h-obraichean ùra bha a' Chomhairle a' tathann. Bha mnathan òga a' tighinn dha na h-Eileanan agus gun Ghàidhlig aca. Bha buidheann ris an canadh iad Pròiseact van Leer an sàs ann a bhith a' leasachadh nan coimhearsnachdan agus 's e cròileagain fear de na rudan a chuir iad air chois. Bha na cròileagain gu bhith dà-chànanach. Bha na cròileagain seo nan tarraing mhòr do na mnathan òga le clann òga bh' air tighinn a-staigh dha na h-Eileanan. Bha iad nan coigrich agus bha iad a' faireachdainn caran aonranach agus 's e cothrom a bha seo coinneachadh ri boireannaich òg eile. Cha do mhair an dà-chànanas fada, 's dòcha taobh a-staigh dà bhliadhna cha robh iad a' cleachdadh ach Beurla. Bha e cho aithnichte dhòmhsa, anns na sgìrean anns an robh na cròileagain Bheurla leithid Bhràgair agus Chàrlabhaigh, ged a bha Gàidhlig aig a' mhòr chuid dhe na pàrantan nach robh iad a' toirt Gàidhlig dhan chloinn.

"Cha robh na mnathan òga bh' air tighinn a-staigh dha na coimhearsnachdan ag iarraidh cur às dhan Ghàidhlig. Cha robh e air a dhèanamh le droch rùn sam bith ach sin mar a thachair. Bha e follaiseach gun robh na cròileagain a' còrdadh ris a' chloinn. Bha iad a' faighinn cothrom cluich còmhla agus aig an aon àm bha iad ag ionnsachadh sgilean sòisealta soirbheachail agus tarraingeach. Ach bha iad gan ionnsachachadh tro mheadhan na Beurla. Bha e follaiseach gum feumadh an aon siostam a bhith ann airson gum faigheadh clann an aon toileachas agus gun ionnsaicheadh iad na h-aon sgilean tro mheadhan na Gàidhlig.

"Bha mise a' fuireach ann an Ceann Phàdraig aig an àm agus thàinig buidheann againn còmhla, mi fhèin agus Iain MacIlleChiar agus Gwen Bowie agus Iain Rees. Bha Cè Sgaimeal e fhèin an lùib na h-oidhirp agus feadhainn eile agus fhuair sinn mini-bus agus chaidh sinn sìos dhan Chuimrigh a dh'fhaicinn ciamar a bha iadsan a' dèanamh rudan an sin agus thadhail sinn air iomadh baile agus bhruidhinn sinn ri mu lethcheud neach agus mhisnich iad sinn agus thuirt iad rinn gun gabhadh cùisean atharrachadh agus roghnaich sinn cròileagain Ghàidhlig a chur air chois.

"Le cuideachadh bho charaidean chuir sinn cròileagan air chois ann an Dùn Èideann agus rinn feadhainn eile an aon rud anns an Òban, am Baile Chloichrigh agus ann an Slèite anns an Eilean Sgitheanach. Bha a h-uile duine ag obair gu saor-thoileach.

"Ann an 1982 anns a' Chèitean, thàinig riochdairean bho na ceithir Cròileagain còmhla airson coinneamh ann an Sabhal Mòr Ostaig a dheasbad na slighe air adhart. Bha sinn air buinn-stèidh a dheasachadh mar-thà ach 's ann aig a' choinneimh seo a thagh sinn an t-ainm 'Comhairle nan Sgoiltean Àraich'. Ach an uair sin thuirt cuideigin, 'mura bi cuideigin ag obair làn-thìde a' cur sgoiltean àraich air chois cha shoirbhich leis an obair'. Sin nuair a leig mi seachad m' obair os gum biodh tìde agam seo a dhèanamh. Cha robh tuarastal agam ach bha mo mhàthair na cuideachadh mòr dhomh ged nach bi i air a dòigh mi sin a ràdh.

"An ath bhliadhna fhuair CNSA taic phoblach bho Bhòrd Leasachaidh na Gàidhealtachd airson trì bliadhna. 'S e Bob Storey a bha an urra ri na Tabhartasan Sòisealta aig an àm. An uair sin thàinig sinn fo Roinn an Fhoghlaim agus a-nis tha a' mhaoin a' tighinn bho Bhòrd na Gàidhlig.

"Seach gu bheil cùram an dà bhliadhna mus tòisich a' chlann anns an sgoil a-nis aig an Riaghaltas, tha CNSA ag obair le buidhnean 'Pàrant agus Pàiste' do chlann fo aois trì bliadhna. Tha mi a' faicinn gur e sgoiltean àraich far a bheil a' chlann gan oideachadh fad an latha an àite leth-thìde an dòigh romhainn mar a tha a-nis ann an Langside ann an Glaschu. Tha sinn ag ionnsachadh mhodhan obrach ùra fad na tìde agus tha sinn a-nis ag obair le teaghlaichean gu lèir. An àite a' chlann agus am pàrantan a bhith ag ionnsachadh cainnt na sgoile a-mhàin, tha sinn a' dol a-steach dha na dachaighean agus a' bruidhinn riutha aig diofar amannan dhen latha – aig bracaist no dìnnear no is dòcha fad an latha. Tha an cànan gu lèir ga chleachdadh."

Ach a-nis, taobh a-mach Comhairle nan Eilean bha na pàrantan a bha a' cur na cloinne dha na cròileagain Ghàidhlig a' faighneachd na ceist, "Dè a-nis? Dè an ath cheum?"

Tha Ceana Chaimbeul aithnichte mar sheinneadair tradaiseanta, fiosrach mu dhualchas nan Gàidheal, tè bha na h-urrasair tuigseach aig an t-Sabhal tràth na eachdraidh agus gu mòr an lùib saoghal nan Gàidheal an Glaschu, a' togail na sgeòil. "Thathar air a bhith a' bruidhinn agus a' deasbad mu fhoghlam tro mheadhan na Gàidhlig an Glaschu airson ùine mhòr. Lethcheud bliadhna air ais, rinn Stiùbhart Mac an Tòisich a bha na Stiùiriche Foghlaim an Glaschu, oidhirp dhìcheallach gus sgoil Ghàidhlig a stèidheachadh anns a' bhaile. Bha e a' faicinn gun robh feum air leithid a sgoil oir bha àireamh mhòr de chlann ann an Glaschu a bha fileanta ann an Gàidhlig agus a bha a' frithealadh, gu saor-thoileach no co-dhiù le toil am pàrantan, clasaichean às dèidh na sgoile agus air madainn Disathairne gus leughadh agus sgrìobhadh ionnsachadh nan cainnt mhàtharail.

"Cha deach sgoil a stèidheachadh aig an àm sin airson diofar adhbharan ach chaidh Gàidhlig a chur air cùrsa-foghlaim dà àrdsgoil anns a' bhaile anns na sgìrean far an robh mòran dhe na teaghlaichean Gàidhealach a' fuireach – Woodside air taobh tuath Abhainn Chluaidh agus Bellahouston air an taobh a deas.

"Ach mar a bha a' tachairt an àiteachan eile anns na seachdadan agus na h-ochdadan den fhicheadamh linn bha e follaiseach gun robh an cànan ann an cunnart anns a' bhaile mhòr cuideachd. Bha na bu lugha is na bu lugha den chloinn às na dachaighean Gàidhlig a' bruidhinn a' chànain ged a thuigeadh iad i. Chan e feumannan na cloinne le Gàidhlig a-mhàin a bha ri coimhead ris a-nis ach feumannan na cànain fhèin mura robh i gus a dhol à bith buileach.

"An 1983, rinn Seumas Grannd, a bha na oileanach an Roinn an Fhoghlaim an Oilthigh Ghlaschu sgrùdadh a dhearbh le cinnt gun robh feum air agus gun robh pàrantan ag iarraidh foghlam tro mheadhan na Gàidhlig anns a' bhaile. Bha sgrùdadh a rinneadh na bu tràithe air sealltainn gun robh tidsearan gu leòr le Gàidhlig ann agus gun robh iad ro dheònach a dhol an sàs anns an oidhirp.

"Tha còrr is fichead bliadhna a-nis bhon a chaidh am fiosrachadh seo fhoillseachadh aig Co-labhairt air "*Gaelic in Glasgow Education*" a chuir Comann Sgitheanach Ghlaschu air chois anns an Dàmhair 1983. Nochd an sgrùdadh seo gun robh an àireamh chloinne dha robh am pàrantan a' miannachadh foghlam tro mheadhan na Gàidhlig anns a' bhunsgoil cho mòr is gun lìonadh iad dà sgoil, tè air taobh a tuath a' bhaile agus tè air an taobh a deas.

"Dheasaich an t-Àrd-Ollamh Nigel Grannd nach maireann, ceannard Roinn an Fhoghlaim an Oilthigh Ghlaschu aig an àm, pàipear a' dèanamh na h-argamaid "*Case for Gaelic-English Bilingual Education in Strathclyde*" agus anns a' Ghearran 1984 chaidh a chur gu riochdairean bho Chomhairle Roinneil Shrath Chluaidh a ghabh ris ann am prionnsapal. Às dèidh na Co-labhairt anns an Dàmhair 1983 agus còmhla ri na pàrantan a chomharraich an sgrùdadh a bhith ag iarraidh foghlam tro mheadhan na Gàidhlig dhan cuid cloinne, chaidh "Comann Sgoiltean Dà-chànanach Ghlaschu" a stèidheachadh, agus a chur air bhog gu foirmeil anns a' Mhàigh 1984. Cha robh ach aon amas agus aon rùn aig a' Chomann: a bhith ag adhartachadh foghlam tro mheadhan na Gàidhlig san fharsaingeachd, agus ann an Glaschu gu sònraichte, agus gum biodh bunsgoil dà-chànanach Gàidhlig agus Beurla stèidhichte an Glaschu anns a' chiad àite.

"Bha Comann Sgoiltean Dà-chànanach Ghlaschu agus a' cho-labhairt a thug gu bith e, maoinichte le na Comainn Dùthchail anns a' bhaile agus bhon airgead a thog na pàrantan a bha an sàs anns an iomairt airson foghlam tro mheadhan na Gàidhlig a stèidheachadh.

"Fad na h-ath bhliadhna chaidh mòran choinneamhan a chumail, mòran litrichean a sgrìobhadh, mòran argamaidean a dhèanamh agus mòran chnapan-starra a chur anns an rathad mar a bha buill a' Chomainn ag obair gu dìcheallach gus an ceann-uidhe thoirt gu buil. Ach chùm diongmhaltas nam pàrantan an iomairt a' dol gus an d' fhuair iad na h-uimhir dhe na bha iad a' sireadh aig coinneamh de Chomataidh an Fhoghlaim anns an Iuchar 1985 – le cruaidh bhualadh-bhas bhon ghailearaidh phoblach."

Anns an Lùnastal 1985, nuair a thòisich na sgoiltean a-rithist as dèidh saor-làithean an t-samhraidh dh'fhosgail an t-Aonad Foghlaim tro Mheadhan na Gàidhlig ann an sgoil Sir John Maxwell air taobh a deas baile Ghlaschu. Cha b' e sgoil ainmichte a bh' ann ach bha e na thoiseach tòiseachaidh. Anns an aon bhliadhna cuideachd dh'fhosgail aonad Gàidhlig am Bunsgoil a' Mheadhain an Inbhir Nis. Eadar an dà bhunsgoil thòisich dà dheug air fhichead sgoilear a' dol tro fhoghlam tro mheadhan na Gàidhlig. Bha e na bhrosnachadh do phàrantan eile air feadh na dùthcha an aon iarrtas a chur mu choinneimh nan Roinnean Foghlaim aca fhèin. Agus rinn iad sin chun na h-ìre, a rèir nan àireamhan air ullachadh le Roinn na Gàidhlig, Oilthigh Shrath Chluaidh, Cnoc Iòrdain airson 2004-2005, gu bheil a-nis 61 aonad bunsgoil air feadh na dùthcha anns a bheil foghlam tro mheadhan na Gàidhlig ga lìbhrigeadh agus 2008 sgoilear gam frithealadh.

Tha gainnead luchd-teagaisg na bhacadh air na bunsgoiltean Gàidhlig a bhith a' dol am meud ged a tha an t-iarrtas ann air an son. Airson am beàrn a lìonadh gu ìre tha Oilthigh Shrath Chluaidh agus Oilthigh na Gàidhealtachd is nan Eilean air cùrsa a stèidheachadh far am faod oileanaich, a tha fileanta ann an Gàidhlig agus aig a bheil teisteanas ceum freagarrach, trèanadh aig astar gu bhith a' teagasg tro mheadhan na Gàidhlig. Tha an cùrsa seo air a dhealbh do dh'oileanaich le uallaichean-teaghlaich nach urrainn falbh bhon dachaigh lan-thìde airson trèanadh an Glaschu is an Obar Dheathain. Bidh an cùrsa ga lìbhrigeadh eadar Colaiste a' Chaisteil agus Colaiste Inbhir Nis agus bidh na h-oileanaich a' dèanamh an obair phractaigeach ann an sgoiltean faisg air na dachaighean aca.

Gu mì-fhortanach cha deach Comhairle nan Eilean air adhart le poileasaidh cruaidh a thaobh foghlaim dhà-chànanaich anns an àrdsgoil nuair a chuir iad am poileasaidh dà-chànanach an gnìomh.

Tha na h-uimhir de chuspairan gan teagasg tro mheadhan na Gàidhlig ann an diofar àrdsgoiltean air feadh na dùthcha a tha a' frithealadh nan aonadan Gàidhlig. A-rithist a rèir àireamhan Oilthigh Shrath Chluaidh tha 18 àrdsgoiltean a' tathann foghlam tro mheadhan na Gàidhlig ann am beagan chuspairean agus 307 sgoilear gam frithealadh agus tha 2583 sgoilear ann an clasaichean luchd-ionnsachaidh ann an 39 àrdsgoil. Tha gainnead luchd-teagaisg àrdsgoil a' cur bacadh air adhartas anns an roinn seo a bharrachd. Bha cion taic bhon Riaghaltas a thaobh trèanadh thidsearan àrdsgoil airson teagasg tro mheadhan na Gàidhlig ann an cuspairean anns an fharsaingeachd na bhacadh cuideachd ach tha an suidheachadh a' coimhead nas dòchasaiche a-nis le gealladh a' tighinn an lùib Bile na Gàidhlig gu bheil Pàrlamaid na h-Alba a' cur làn thaic ri foghlam tro mheadhan na Gàidhlig. Ach an-dràsta 's e bhuil a th' ann gu bheil foghlam tro mheadhan na Gàidhlig aig a' chiad ìre anns a' bhunsgoil agus aig an treas ìre – ach tha beàrn aig an dàrna ìre – anns an àrdsgoil.

Soirbheachail is gun robh an t-Aonad ann an sgoil Sir John Maxwell, cha robh na pàrantan an Glaschu fhathast sàsaichte. Bha iad fhathast ag iarraidh sgoil air leth agus ceithir bliadhna deug air adhart fhuair iad am miann nuair a dh'fhosgail Sgoil Ghàidhlig Ghlaschu anns an t-Sultain 1999.

Chaidh Donalda NicComb, à Bòirnis an Uibhist a Deas, a thaghadh mar cheannard air Sgoil Ghàidhlig Ghlaschu. Às dèidh dhi Colaiste an Naoimh Anndrais fhàgail an 1984 chaidh i a theagasg an toiseach dhan bhunsgoil an Loch Baghasdail agus dà bhliadhna às dèidh sin thill i a Ghlaschu dhan Aonad Ghàidhlig am Bunsgoil Innis an Uillt.

Tha Donalda a' coimhead air ais agus air adhart,"Ged a bha an t-Aonad Gàidhlig ann an Sir John Maxwell glè shoirbheachail agus ged a bha a' chlann glè thoilichte innte, 's e latha mòr a bh' ann nuair a ghluais sinn gu Sgoil Ghàidhlig dhuinn fhèin air Ashley Street far an robh Gàidhlig aig an luchd-obrach air fad. Thàinig 105 sgoilear à Sir John Maxwell agus a-nis tha an àireamh air a dhol suas gu 170 le 40 air an ainm a chlàradh airson tòiseachadh anns an Lùnastal 2005.

"Tha seasgad às a' cheud dhen chloinn a' tighinn bho

dhachaighean anns nach eil Gàidhlig ga bruidhinn ach tha ochdad às a' cheud air a bhith ann an sgoiltean àraich Gàidhlig mus tig iad dhan sgoil agus tha sin a' dèanamh diofar mòr. Bidh Latha Fosgailte againn dha na pàrantan anns an Dùbhlachd a h-uile bliadhna mus tòisich a' chlann agus tha mi a' comhairleachadh dhaibh a' chlann a chur do sgoil àraich mura bheil iad ann mar-thà. Nì eadhon dhà no thrì mhìosan feum. Mura bheil e comasach dhaibh sin a dhèanamh faodaidh iad tighinn gu buidheann teaghlaich a th' againn anns an sgoil gus a bhith ag ionnsachadh Gàidhlig. Tha na tidsearan cuideachd a-nis air an trèanadh gus dèiligeadh ris an t-suidheachadh. Bidh tòrr labhairt is èisteachd ga dhèanamh leotha anns a' chiad bhliadhna agus bidh a' chlann a' copaigeadh a chèile gu nàdarra. 'S ann a tha e iongantach cho fileanta is a tha iad aig deireadh na bliadhna. Tha an sgoil seo ro bheag a-nis airson na bheil de phàrantan ag iarraidh an cuid chloinne a chur thugainn agus feumaidh sinn an ath imrich a dhèanamh do sgoil nas motha. Nach eil fhios gur e deagh naidheachd a tha sin dhan Ghàidhlig."

Agus tha deasachadh ga dhèanamh mu choinneamh na h-imrich sin bhon a dh'fhoillsich Peadar Peacock, Ministear an Fhoghlaim le cùram airson Gàidhlig, aig a' chiad Cho-labhairt aig Bòrd na Gàidhlig ann an Inbhir Nis anns a' Mhàigh 2004, gum biodh sgoil ùr Ghàidhlig a' fosgladh ann an Glaschu anns an Lùnastal 2006. Bidh an sgoil ann an togalach Àrdsgoil Woodside a tha falamh an-dràsta. Tha seo air leth freagarrach oir 's ann an Àrdsgoil Woodside, air an t-seann làraich, a bha Gàidhlig air a teagasg mar chuspair gu àrd ìre fileantachd airson a' chiad uair anns a' bhaile nuair a bha Stiùbhart Mac an Tòisich na Stiùiriche Foghlaim aig Comhairle Bhaile Ghlaschu còrr is lethcheud bliadhn' air ais.

An toiseach bidh sgoil àraich ann agus sgoil airson clann 5–15 agus mean air mhean bidh sgoilearan innte chun na siathamh bliadhna a' faighinn an oideachaidh tro mheadhan na Gàidhlig. Mar a thuirt Boyd Robasdan, Iar-chathraiche a' Bhùird agus àrd-òraidiche an Roinn na Gàidhlig an Oilthigh Shrath Chluaidh, "'S e ceum leasachaidh mòr eile th' ann agus tha e inntinneach gur ann an Glaschu a tha e a' tachairt an toiseach."

'S e rud a tha air leth inntinneach mun iomairt seo ge-tà gum faod a-nis, airson a' chiad uair, òigridh a dhol tro fhoghlam sgoilàraich, bunsgoil agus àrdsgoil gu ceum oilthigh aig Sabhal Mòr Ostaig tro mheadhan na Gàidhlig gu tur.

Tha Gàidhlig/Ceilteis air a bhith ga teagasg anns na 'seann' Oilthighean bhon chaidh a' chiad Chathair Ceilteis a stèidheachadh an Oilthigh Dhùn Èideann an 1882. An 1900 chuir Oilthigh Ghlaschu air chois òraidean air Litreachas Ceilteach agus bha Colaiste na h-Eaglaise Saoire air a bhith a' tathann clasaichean Gàidhlig anns an Oilthigh bho 1876. Chaidh Roinn Cheilteis nas fhoirmeile a stèidheachadh an Glaschu an 1903 agus chaidh òraidiche a shuidheachadh an Obar Dheathain an 1916. Gu ruige 1939 cha robh ach aon neach-teagaisg anns gach Roinn Ceilteis anns na trì Oilthighean. Chaidh an àireamh luchd-teagaisg a mheudachadh mean air mhean. Tha dithis Àrd-Ollamh ann an Glaschu, Thomas Owen Clancy agus Roibeard Ó Maolalaigh, agus dithis eile an Dùn Èideann, Dòmhnall Meek agus Uilleam MacIllÌosa. Tro na bliadhnachan tha sgoilearan cliùiteach air a bhith a' teagasg anns na trì Oilthighean agus tha iad air a bhith a' brosnachadh rannsachadh ann an cuspairean eadar-dhealaichte co-cheangailte ri Cànanan agus Eòlas Ceilteis. Tha cothroman cosnaidh dha na h-oileanaich, aon uair is gun ceumnaich iad, air leudachadh gu mòr. A bharrachd air na dreuchdan àbhaisteach mar an Eaglais agus teagasg, tha roghainn dreuchd aca leithid nam meadhanan, foillseachadh, obair leabharlann agus obraichean anns an roinn phoblaich. A bharrachd air na cùrsaichean a tha a' tarraing luchd-fileanta, tha na trì Oilthighean a-nis a' tathann chùrsaichean do luchd-ionnsachaidh na Gàidhlig – Ceilteis B no Gaelic Studies.

Tha Oilthigh Shrath Chluaidh a' tathann chlasaichean Gàidhlig do luchd-ionnsachaidh. Ghabh an Oilthigh thairis Colaiste Foghlaim Chnoc Iòrdain – a-nis Roinn Foghlaim Oilthigh Shrath Chluaidh. Tha Roinn na Gàidhlig, taobh a-staigh Roinn an Fhoghlaim, ag oideachadh thidsearan Gàidhlig, tro mheadhan na Gàidhlig, gus teagasg anns an àrdsgoil agus anns a' bhunsgoil agus a' lìbhrigeadh cùrsa Eòlas Ceilteis. Tha Colaiste Foghlaim an Taobh Tuath a-nis na pàirt de dh'Oilthigh Obar Dheathain agus tha cùrsa trèanaidh do thidsearan Gàidhlig ga lìbhrigeadh an sin a bharrachd. Tha cuid a Cholaistean Foghlaim Adhartaich a' tathann chùrsaichean Gàidhlig a bheir oileanaich gu deuchainn Ghàidhlig aig an Ìre Choitcheann agus aig Àrd Ìre.

6. *Taic dhan Ghàidhlig*

Anns an naoidheamh linn deug, mar a bha na Gàidheil a' sìor ghluasad dha na bailtean mòra thòisich iad ri diofar chomann a stèidheachadh – comainn dùthchail mar Chomann Leòdhais is na Hearadh no Comann Uibhist agus Bharraigh agus an còrr, far am biodh iad a' coinneachadh gu sòisealta agus comainn Ghàidhlig leithid Comann Gàidhlig Inbhir Nis airson a bhith a' deasbad agus a' sgaoileadh fiosrachadh agus sgoilearachd air cuspairean a bhuineadh don Ghàidhlig agus don Ghàidhealtachd agus a' cur an taic ri iomairtean a thaobh foghlaim Ghàidhlig is eile.

An 1891 chaidh An Comunn Gàidhealach a stèidheachadh leis an t-suaicheantas, "Ar Cànan 's Ar Ceòl". Bha An Comunn a' cur fàilte air gach neach, Gàidheal is Gall, croitear agus uachdaran, aig an robh ùidh ann an Gàidhlig agus a bhiodh dèonach strì air son gun soirbhicheadh leatha aig a h-uile ìre agus bha e gu bhith neo-phoilitigeach. A chùm ar cànan is ar ceòl a bhrosnachadh chaidh Am Mòd Nàiseanta a stèidheachadh, ag atharrais air Eisteddfod nan Cuimreach agus bliadhna às dèidh don Chomunn fhein tighinn gu bith chaidh a' chiad Mhòd Nàiseanta a chumail anns an Òban an 1892. Agus bhon uair sin tha am Mòd air a chumail an àite eadar-dhealaichte gach bliadhna ach a-mhàin tro bhliadhnaichean an dà Chogaidh Mhòir.

Bha faireachdainn ann gun robh An Comunn caran Gallda le cus

Beurla ga chleachdadh aig na coinneamhan agus gum bu chòir dha a bhith a' cur barrachd taic aig ìre phoilitigeach ris na bha a' tachairt anns a' Ghàidhealtachd.

"Cha robh mi riamh nam bhall dhen Chomunn Ghàidhealach," thuirt Màrtainn Dòmhnallach, craoladair agus neach-naidheachd, "agus cha mhotha na sin a bha mòran dhe mo ghinealach. Dhiùlt sinn gnothach a ghabhail ris. Bha diofar mòr eadar Gàidhlig acadaimigeach a' Chomuinn Ghàidhealaich, a bha a' riochdachadh nam bailtean mòra, gu h-àraidh Glaschu, na daoine a bh' air a' Ghàidhealtachd fhàgail, agus mo leithid-sa. Cha robh iad uabhasach adhartach ann an seadh poilitigeach. 'S e seòrsa buidheann a bh' ann far am faodadh an Riaghaltas tabhartas beag a thoirt dhaibh, can £50, agus a ràdh, 'Siuthadaibh ma tha, dèanaibh fhèin an còrr.' Mar sin bha iad a' toirt na Gàidhlig a-mach à poilitigs aig ìre bhunaiteach.

"Tha e annasach, ach is dòcha gun tàinig an t-ath-bheothachadh a thòisich mu na seachdadan a-mach às a' bheachd nach robh an Comunn Gàidhealach air cha mhòr càil poilitigeach a dhèanamh airson 80 bliadhna. Chan eil e furasta thuigsinn dè dh'adhbharaich na thòisich ri tachairt anns na seachdadan, ach 's fheudar gun robh adhbharan ann. Tha sinn a-nis 30 bliadhna air adhart, agus tha sinn fhathast gun a thuigsinn airson gun urrainn dhuinn a sgrùdadh gu h-eachdraidheil, ach tha mi a' smaoineachadh gur e gluasad a bh' ann an aghaidh cion spionnadh A' Chomuinn Ghàidhealaich – am faireachdainn nach robh iad a' dèanamh adhartas."

"Cha do rinneadh gu leòr dhe na cothroman poilitigeach a bh' aig a' Ghàidhlig aig toiseach na ficheadamh linn," sgrìobh Frank Thompson an 1973.

> Chaidh an Comunn Gàidhealach a stèidheachadh a dh'aon ghnothach gus maiseachd na Gàidhlig, mar gun canadh tu, a bhrosnachadh, agus chaidh na feumalachdan a b' èiginniche bh' aig na Gàidheil, leithid leasachadh sòisio-eaconomach fhàgail aig buidheannan eile.
>
> Nam biodh na buidheannan sin air tighinn gu bith, dh'fhaodadh gum biodh cor na Gàidhlig, agus gu dearbh cor na Gàidhealtachd is nan Eilean nas fallainne na tha e an-

dràsta, agus dh'fhaodadh An Comunn an uair sin a bhith air leantainn a' brosnachadh ceòl is òrain Ghàidhlig. Ach cha tàinig na buidheannan sin am bàrr. Agus mar sin, na cothroman a dh'fhaodadh na Gàidheil a bhith air fhaighinn agus a bha cho pailt aig toiseach na ficheadamh linn, shìolaidh iad air falbh.

"Cha mhòr nach eil e nàdarra agus fasanta a-nis a bhith a' càineadh A' Chomuinn Ghàidhealaich, agus a bhith ag ràdh gu bheil e seann-fhasanta agus gur e dìneasair a th' ann agus a h-uile rud eile airson a dhì-mholadh," tha Ailean Caimbeul ag ràdh. "Chan eil mi a' smaoineachadh gu bheil sin faidhir. Bha An Comunn Gàidhealach uabhasach cudromach agus deatamach na latha. Dh'atharraich cùisean agus tha mi a' smaoineachadh nuair a thàinig leasachadh, gun do dh'fheuch An Comunn ri adhartas a dhèanamh ach bha structar a' bhùird stiùiridh caran mì-sgiobalta agus *Victorian* agus chuir sin bacadh air leasachadh. Thuirt cuideigin gun robh neart A' Chomuinn anns na buill agus gun robh laigse ann air sgàth is gun robh e deamocratach. Nam biodh aon bhall dhen Àrd Chomhairle airson nach tachradh leithid seo a rud, cha tachradh e.

"Sin an duilgheadas a bh' aig A' Chomunn, cha robh e connspaideach gu leòr. Bha cus dhen duin'-uasal agus dhen bhean-uasal *Victorian* mu dheidhinn. Bhiodh e ceàrr a ràdh nach robh iad cudromach no deatamach. Ach gu mì-fhortanach nuair a thàinig sinn gu ìre nan seachdadan, bha An Comunn air a dhol iomrall agus bha rudan ann a dh'fheumadh tighinn gu buil. Bha An Comunn air a bhith a' feuchainn airson bhliadhnaichean gus rudan a thoirt gu buil agus cha robh a' dol leotha agus tha mi cinnteach gun do chaill iad am misneachd air sgàth sin."

Ach a dh'aindheoin gach gearain, chan urrainn dhuinn a dhol às àicheadh nach eil Am Mòd Nàiseanta a' toirt tlachd do mhòran gach bliadhna agus tha e na àrd-ùrlar, gu sònraichte dhan òigridh, an tàlantan agus an sgilean a chleachdadh gu poblach agus tha sin na bhrosnachadh dhaibh nan cànan is nan cultar.

Am measg nan iomairtean a thug spionnadh don Ghàidhlig anns an dàrna leth dhen fhicheadamh linn bha an iris litreachail 'Gairm' air fear dhen chiad fheadhainn. Chaidh Gairm a stèidheachadh an 1952 le Ruaraidh MacThòmais agus Fionnlagh Iain MacDhòmhnaill. Aig an àm bha Ruaraidh MacThòmais na òraidaiche – bhiodh e na Àrd Ollamh bliadhnaichean às dèidh seo – anns an Roinn Cheilteis an Oilthigh Ghlaschu agus na bhàrd iomraiteach agus bha Fionnlagh I. MacDhòmhnaill ann an Roinn na Gàidhlig aig a' BhBC agus na sgrìobhadair a bharrachd. Bha MacThòmais à Leòdhas agus MacDhòmhnaill às Na Hearadh. Bha iad le chèile nan luchd-deasachaidh eadar 1952 agus 1964 agus às dèidh sin bha MacThòmais ga dheasachadh na aonar. Bha Gairm a' nochdadh ceithir tursan sa bhliadhna agus bha buaidh mhòr aige air litreachas na Gàidhlig. 'S ann an Gairm a nochd mòran dhen bhàrdachd aig Somhairle MacGill-Eain an toiseach a bharrachd air saothair bhàrd agus sgrìobhadairean cliùiteach eile mar Iain Mac a' Ghobhainn, Dòmhnall MacAmhlaigh, Aonghas MacNeacail agus Aonghas Pàdraig Caimbeul. Mhair an iris fad lethcheud bliadhna gus an do leig Ruaraidh MacThòmais bhuaithe i an 2003.

"Bha buaidh mhòr aig Gairm bho thoiseach nan caogadan", a rèir Mhàrtainn Dhòmhnallaich. "Thug e mòran stuth mar coinneamh air nach robh sinn mothachail agus bha e a' còmhdach chuspairean glè eadar-dhealaichte, cuid dheth sgìreil agus cuid a bha gu math domhainn, bha duilleagan bhoireannach ann agus rudan mar sin. Bha buaidh aige agus ged nach robh cuairteachadh mòr sam bith aige tha mi a' smaoineachadh gun robh e cudromach a thaobh gun robh e a' cumail chùisean a' gluasad air adhart. Cuimhnich, anns na caogadan gun robh daoine fhathast a' faighinn seachad air an Dàrna Cogadh agus bha sin fìor mun Ghàidhlig mar a bha e mun h-uile rud eile. Chuir dà Chogadh Mòr ann am fichead bliadhna casg air beatha a h-uile duine."

"Airson greis mhòr bha Gairm an urra ris an Ollamh Ruaraidh MacThòmais a-mhàin," thuirt Ailein Caimbeul, "agus chùm e a' dol rud a bha air leth luachmhor airson ùine mhòr. Tha mi a' smaoineachadh gu bheil e an còmhnaidh duilich nuair a tha neach-proifeiseanta agad a' dèanamh rudeigin airson mòran bhliadhnachan agus gun preantas aige a bheir air adhart e, tha sin an còmhnaidh duilich seach gu bheil thu a' call na h-uimhir de sgilean aig an aon àm."

Chaidh An Comunn Leabhraichean – thugadh Comhairle nan Leabhraichean air na b' fhaide air adhart – a stèidheachadh an 1968 taobh a-staigh Roinn Cheilteis Oilthigh Ghlaschu nuair a bha an t-Àrd Ollamh Ruaraidh MacThòmais os a chionn, gus sgrìobhadh agus foillseachadh Gàidhlig a bhrosnachadh le tabhartasan bho Roinn an Fhoghlaim agus Comhairle Ealain na h-Alba. Tha Iain Dòmhnallach air a bhith a' stiùireadh Comhairle nan Leabhraichean gu dìcheallach is gu h-ealanta, a' cumail ri na h-amasan a bha mu choinneamh na buidhne nuair a chaidh a stèidheachadh. An 2003, chuir Comhairle nan Leabhraichean air chois an t-sreath 'Ùr-Sgeul' fo stiùireadh John Storey agus air fhoillseachadh le Clàr, gus taic a thoirt do sgrìobhadairean 'a tha comasach air stuth inntinneach ùr a chruthachadh.' Thuige seo tha còig leabhraichean air nochdadh. An toiseach an 2003, nochd 'Ath-Aithne', cruinneachadh sgeulachdan le Màrtainn Mac an t-Saoir. Anns an aon bhliadhna chaidh nobhail, 'An Oidhche Mus Do Sheòl Sinn' le Aonghas Pàdraig Caimbeul fhoillseachadh agus an ath bhliadhna, 2004, nobhail eile le Aonghas Pàdraig Caimbeul, 'Là a' Dèanamh Sgèil do Là' agus cruinneachadh de sgeulachdan le Donnchadh MacGillÌosa, 'Tocasaid 'Ain Tuirc'. Am bliadhna 2005, tha leabhar le Tormod MacGill-Eain, 'Dacha Mo Ghaoil', air ùr-fhoillseachadh. Abair spionnadh ann an ùine cho goirid!

Chuir Comhairle nan Leabhraichean air adhart Co-labhairt an Glaschu aig toiseach 2003 a' comharrachadh lethcheud bliadhna de Ghairm agus a' deasbad ciamar a bha sgrìobhaidearan Gàidhlig agus gu sònraichte sgrìobhadairean òga a' dol a dh'fhoillseachadh an cuid saothair. Bha e air fhaicinn deatamach gum biodh a leithid air am brosnachadh ma bha litreachas Gàidhlig gu bhith buan. Thàinig aonta am bàrr gum bu chòir iris ùr a bhith ann agus ghabh an t-Àrd Ollamh Dòmhnall E. Meek agus Jo NicDhòmhnaill, le chèile mar luchd-deasachaidh, an t-saothair os làimh.

Chuireadh fàilte chridheil air a' chiad Ghath – ainm na h-iris ùire – as t-Samhradh 2003 agus fo 'Bhàrr a' Phinn' sgrìobh Dòmhnall E. Meek:

> Rinn Gairm feum do-labhairt do chor na Gàidhlig. Thàinig

> ath-bheothachadh litreachais na chois. Fhuair sgrìobhadairean de gach seòrsa misneachd is cothrom foillseachaidh. Nochd leabhraichean ùra. Nochd bàird is sgrìobhadairean ùra.
>
> Agus seo agaibh a-nis iris ùr. Tha sinn ga cur a-mach a chionn 's nach urrainn dhuinn a bhith beò gun ràitheachan a chumas cagnadh ri ar n-inntinnean agus a bheir toileachas do ar càil. Agus chan urrainn dhuinn a bhith beò mar Ghàidheil mura bi ar litreachas a' leudachadh 's a' doimhneachadh, 's mura bi cothrom ann don mhac-mheanmna cleasan ùra fheuchainn.

Am meadhan na ficheadamh linn bha rèidio is telebhisean an urra ri Corparras Craolaidh Bhreatainn a-mhàin. Chaidh a' chiad chraoladh Gàidhlig air rèidio a-mach air feadh Alba, air an t-Sàbaid 2mh den Dùbhlachd 1923. B' e seirbheis chràbhach a bh' ann a rinn an t-Urramach Iain Bain às an Eaglais Shaoir Aonaichte an Obar Dheathain agus mhair e cairteal na h-uarach. Cola-deug as dèidh sin chaidh prògram de dh'òrain Ghàidhlig a-mach air rèidio ach bha am prògram air aithris ann am Beurla.

Airson an còrr dhe na ficheadan, ged a bha 150,000 luchd-labhairt na Gàidhlig ann an Alba, cha robh aca ach aon phrògram cunbhalach nan cànan fhèin. Sin prògram 'Sgeulachdan agus Òrain' a bha an seinneadair ainmeil Niall MacIllEathain a' craoladh às an stiùidio an Obar Dheathain.

Ann an 1935 thàinig piseach air craoladh na Gàidhlig nuair a dh'fhastaidh am BBC Ùisdean Mac a' Phì, a bhuineadh do Bhaile a' Chaolais, mar 'neach-cuideachaidh Gàidhlig' agus an 1938 chaidh Roinn Ghàidhlig a chruthachadh taobh a-staigh a' BhBC le Ùisdean Mac a' Phì aig a ceann. Bha a-nis prògraman naidheachd gan craoladh a bharrachd air na sgeulachdan is na h-òrain is na searmain a bh' air a bhith ann thuige seo.

As dèidh a' chogaidh dh'fastadh Fionnlagh Iain MacDhòmhnaill – Finlay J. – mar a b' eòlaiche daoin' air – na neach-cuideachaidh do dh'Ùisdean Mac a' Phì agus chaidh craoladh Gàidhlig suas gu uair gu leth san t-seachdain. Gann is gun robh an ùine bh' air a cur mu choinneamh na Gàidhlig, chaidh caochladh phrògraman a chraoladh bhon stiùidio ann an Glaschu, prògraman chloinne, deilbh-chluich agus an còrr agus prògram naidheachd airson deich mionaidean a h-uile feasgar Dihaoine.

Ann am fear dhe na prògraman a stiùir Ùisdean Mac a' Phì aig an àm seo agus a chaidh a-mach dà uair san t-seachdain airson trì bliadhna bha Iain MacIlle na Brataich agus neach-craolaidh tlachdmhor Beurla, Archie Hendry ag ionnsachadh Gàidhlig do luchd-èisteachd air feadh Alba. Bha dùil aig a' BhBC gum biodh 's dòcha 50,000 ag èisteachd no aig a' char is motha 100,000. 'S e thachair ach gun robh millean is an cluais ri claisneachd dà uair san t-seachdain, a' dearbhadh nach robh mì-rùn mòr nan Gall dhan Ghàidhlig cho doirbh sin a chasg nam biodh i air a cur mun coinneamh ann an dòigh aotrom, inntinneach.

Nuair a dh'fhàg Finlay J. Roinn na Gàidhlig ann an 1954 thàinig Fred MacAmhlaigh à Uibhist a Tuath na àite. An 1957 bha am BBC a' gearradh chosgaisean agus 's e fear dhe na gearraidhean a rinn iad prògram naidheachd na seachdain a chur gu uair sa mhìos. Chaidh an ceòl air feadh na fidhle. Cha robh na Gàidheal idir, idir air an dòigh agus rinn iad gearain nach bu bheag, rud nach robh dùil ris. Rinn am BBC sgrùdadh luchd-èisteachd am measg luchd-labhairt na Gàidhlig an iar-thuath na dùthcha agus 's e am freagairt a fhuair iad gun robh na Gàidheil ag iarraidh na naidheachdan a chluinntinn nan cànan fhèin, agus cuideachd, gun robh mòran a' fuireach air a' Ghàidhealtachd, ged nach canadh iad gun robh iad fileanta ann an Gàidhlig gun tuigeadh iad i gu ìre agus gun robh iad a' cur barrachd earbsa anns na naidheachdan Gàidhlig na bha iad a' cur anns na naidheachdan Beurla. Thill prògram nan naidheachdan Gàidhlig gu uair san t-seachdain. Bha an suidheachdadh caran coltach ris an deasbad a tha a' dol mu chion naidheachdan ar dùthcha fhèin air telebhisean ann an Alba an-diugh. Bha e sònraichte cudromach dha na Gàidheil, chan e a-mhàin gum biodh iad a' faighinn phrògraman nan cànan fhein, ach gum biodh iad ag èisteachd rin cuid dhaoine fhèin. Mar a tha Ailean Caimbeul ga mhìneachadh, "Nuair a bhithinnsa ag èisteachd ris a' BhBC an toiseach 's e Fred MacAmhlaigh agus Seumas Ros a bhithinn a' cluinntinn. Nam biodh tu a' fàs suas mar a bha mise an Gleann Dail, anns an Eilean Sgitheanach, bha Seumas Ros mar fhear dhen choimhearsnachd. 'S e craoladair math, math a bh' ann agus tha daoine dhen bheachd gur e rud uabhasach tarraingeach a th' ann an craoladh. Ma bha craoladair anns an teaghlach bha sin mìorbhaileach, agus nam buineadh a leithid dhan bhaile, uill bha sinn uile a' faighinn cliù às.

"Bha am post caran mar post-dealain an latha! Bhiodh e ag innse dhuinn dè bha a' tachairt anns a' bhaile. Tha cuimhn' agam am post a bhith a' tighinn aon latha agus e ag ràdh, 'Cuimhnichibh gu bheil Seumas Ros air a-nochd aig leth uair as dèidh seachd.' Bha e cho cudromach sin. Bha e air a mheas aig an aon ìre ris an trusadh agus an rùsgadh, agus ma bha Seumas gu bhith air an rèidio bha sin cudromach."

Seach gu robh leisgeul aca nach robh teachdaireachd telebhisein a' ruighinn a' mhòr-chuid dhen Gàidhealtachd no na h-Eileanan ro 1963, cha do rinn am BBC no na companaidhean neo-eisimeileach oidhirp air prògraman Gàidhlig a chraoladh gus an do chuir am BBC a-mach ''S e ur Beatha' air a stiùireadh le Fred MacAmhlaigh ann an 1964. Anns an aon bhliadhna rinn Telebhisean na h-Alba iad fhèin sreath de phrògraman ciùil, 'Highland Air'. "Aig toiseach gnothaich", tha Màrtainn Dòmhnallach ag ràdh, "'s e prògraman ciùil a bh' anns na prògraman Gàidhlig air telebhisean. Orain Ghàidhlig agus an aithris ann am Beurla air eagal is gum biodh luchd na Beurla air an gràineachadh. Ach aig a' cheann thall, fhuair sinn a-mach nam biodh am prògram gu lèir ann an Gàidhlig gun robh barrachd ag èisteachd eadhon ged a bhiodh e a' cur cais air feadhainn agus iad ag ràdh gum b' fheàrr leotha gun robh fios aca cò mu dheidhinn a bha e. Nuair a rinn Fred MacAmhlaigh ''S e ur Beatha' leudaich cùisean às dèidh sin. Bha aon bhuaidh aig craoladh air rèidio is telebhisean ris nach robh dùil. Bha an dualchainnt fhèin aig gach eilean agus bhiodh cuid a' gearain nach tuigeadh iad cainnt càch a chèile, gu h-àraid an fheadhainn a bhuineadh do na h-eileanan a b' fhaide gu tuath agus deas. Ach le bhith a' cluinntinn dhaoine à diofar àiteachan air rèidio is telebhisean thòisich sin ri atharrachadh. Mar a bheachdaich Fearchar Mac an Tòisich, "Tha sinn a' fàs eòlach air dualchainntean a chèile, tha iad a' tòiseachadh ri tighinn còmhla.

Bha mi fhèin agus an t-Àrd Ollamh Dòmhnall Meek an Oilthigh Dhùn Èideann a' bruidhinn mun bhuaidh a bh' aig craoladh Gàidhlig agus bha Uilleam MacIllÌosa, Àrd Ollamh na Ceilteis an Dùn Èideann air pàipear a sgrìobhadh a' coimhead air a' bhuaidh a bh' aig craoladh air leasachadh na Gàidhlig – bha esan a' dèanamh coimeas eadar craoladh anns an dòigh sin agus a' bhuaidh a bh' aig a' Bhìoball Ghàidhlig nuair a chaidh eadar-theangachadh an toiseach. Thug mi iomradh air seo agus thuirt Dòmhnall, "Tha sin ceart, tha mi a' smaoineachadh gu bheil sinn a' gluasad gu 'Gàidhlig choitcheann'. Tha sinn a' gluasad gu Gàidhlig choitcheann ann an cainnt cho math ri sgrìobhadh."

Ann an 1964 leig an duin' iomraitach Ùisdean Mac a' Phì dheth a dhreuchd agus lean Fred MacAmhlaigh e mar cheannard air Roinn na Gàidhlig aig a' BhBC. Bha Fred fortanach gun robh deagh charaid dhan Gàidhlig agus dha na Gàidheil, Alasdair Milne, air ùr-thighinn mar cheannard gu Rèidio Alba aig a' BhBC. Bha Alasdair Milne ag ionnsachadh na Gàidhlig gu dùrachdach – rinn e òraid ann an Gàidhlig aig Mòd Dhùn Omhain an 1968. Bha Fred dèonach crathadh a thoirt air cùisean ann an Roinn na Gàidhlig agus le taic bho Alasdair Milne dh'fhastaidh e triùir ghurcach òga. Bliadhnaichean as dèidh sin, bha Ailean Caimbeul na mhanaidsear air a' BhBC an Inbhir Nis. Dhà no thrì sheachdainean às dèidh dha tòiseachadh, thadhail Fred MacAmhlaigh a-staigh a choimhead air. "Shuidh e mu choinneamh an deasc agam agus thuirt e, ' Uill, seach gu bheil thu fhèin far a bheil thu a-neist, Ailein, 's dòcha gun tuig thu (agus feumaidh mi a bhith faiceallach an-seo) an suidheachadh diabhalta anns an robh mi aig deireadh nan seasgadan agus toiseach nan seachdadan. Siud mise nam phrìomh stiùiriche aig a' BhBC an Glaschu, nam aonar, agus gun taic agam ach triùir dhonais, an triùir a bu mhiosa a b' urrainn dhut a lorg agus bha mise cho mì-fhortanach agus gun robh agam ri bhith ag obair còmhla riutha – aidh, tha fhios agad cò tha mi a' ciallachadh – Niall Friseal, Màrtainn Dòmhnallach agus Seonaidh Ailig Mac a' Phearsain.' Agus tha mise dhen làn bheachd gun canadh iadsan an aon rud mu Fred."

Am beachd Mhàrtainn Dhòmhnallaich thòisich craoladh ri greimeachadh anns na seasgadan, "agus b' e Fred MacAmhlaigh a bh' air a chùl. Na dhòigh socair, sàmhach fhèin 's e radaigeach a bh' ann am Fred, cha do thuig am BBC gun robh e buileach cho radaigeach is a bha e. Shabaidich e gu cruaidh agus bha e inntinneach oir bha iad a' feuchainn rudan ùra – agus bha telebhisean a' tòiseachadh cuideachd."

Air 5mh Màrt 1973 chuir am BBC a-mach 'Roinn na Gàidhlig', prògram a bha a' comharrachadh lethcheud bliadhna de chraoladh Gàidhlig. Bha barrachd Gàidhlig air a chraoladh anns a' bhliadhna mu dheireadh na anns na ceathradan agus na caogadan air fad agus barrachd anns an t-seachdain mu dheireadh na anns na ficheadan. Ann an 1973 bha 90,000 ann an Alba a bha fileanta ann an Gàidhlig. Ach a dh'aindheoin adhartais, nuair a chaidh an t-Ollamh Gòrdan Barr tron *Radio Times* ann an seachdain àbhaisteach sa Ghiblean 1973 chaidh dà uair agus 35 mionaid de Ghàidhlig a chraoladh an Alba a-mach a 475 uairean de chraoladh gu lèir. Agus nas miosa na sin, a-mach 141 de dh'uairean telebhisein bhon BBC gach seachdain anns an Earrach 1973, cha robh ach 30 mionaid dhe sin anns a' mhìos ann an Gàidhlig – no seachd mionaidean gu leth san t-seachdain. An 1973 bha 90,000 neach ann an Alba a bha fileanta ann an Gàidhlig. "Bha e follaiseach," am beachd Ghòrdain "nach robh na bha de chraoladh Gàidhlig a' dol a-mach idir ciallach a rèir nan àireamhan luchd-labhairt."

Thàinig ath-bheothachadh eile air cor na Gàidhlig anns na seachdadan nach robh idir an eisimeil iomairt Riaghaltais. An 1973 airson a' chiad uair, nochd an Còmhlan-ciùil Run Rig anns a' Khelvin Hall an Glaschu. Bha triùir luchd-ciùil anns a' chòmhlan, dithis bhràithrean aig an robh ceangal ri Uibhist a Tuath agus a thogadh anns an Eilean Sgitheanach, Ruairidh Dòmhnallach a bha a' cluich air a' ghìotar agus an drumair Calum Dòmhnallach agus Blair Douglas air a' bhocsa. An ath bhliadhna thàinig Donaidh Rothach còmhla riutha mar sheinneadair agus an uair sin thàinig Raibeart Dòmhnallach an àite Blair Douglas. Thòisich iad ri cluich ann an stoidhle ùr ciùil a bha tarraingeach dhan òigridh. Bha iad a' sgrìobhadh nan òran aca fhèin, agus an rud a bu chudromaiche bha iad a' sgrìobhadh agus a' seinn ann an Gàidhlig. Bha iad tuigseach, tarraingeach, tàlanta agus bhuineadh iad dhan Gàidhealtachd. 'S dòcha gun do rinn Run Rig barrachd gus Gàidhlig a bhrosnachadh an lùib na h-òigridh na rinn gin dhe na h-iomairtean eile anns an dàrna leth dhen fhicheadamh linn.

Bha na h-uimhir de bhuidhnean ann a' dèanamh iomairt gus a' Ghàidhlig a leasachadh agus gus cùisean a tharraing còmhla, chuir Bòrd Leasachaidh na Gàidhealtachd is nan Eilean buidheann sgrùdaidh air chois agus bho na co-dhùnaidhean gun tàinig iad sgriobh Màrtainn Dòmhnallach an aithisg 'Cor na Gàidhlig' a chaidh fhoillseachadh anns an t-Samhain 1982. Mhol an aithisg gum bu chòir buidheann leasachaidh agus co-òrdanachaidh a stèidheachadh, le Bòrd Stiùiridh, gus a bhith a' comhairleachadh an Riaghaltais ann a bhith a' deasachadh innleachd dhan Ghàidhlig. B' e seo Comhairle na Gàidhlig, a chaidh a stèidheachadh an 1984 leis an ainm Comunn na Gàidhlig – CnaG . . . 'S e Dòmhnall Iain MacAoidh a' chiad Cathraiche bh' air a' Bhòrd Stiùiridh agus Iain Aonghas MacAoidh a' chiad Stiùiriche aig CnaG. Nuair a chaidh Iain Aonghas mar Stiùiriche gu Comataidh Telebhisean Gàidhlig an 1991, lean Ailean Caimbeul e na Cheannard air CnaG agus lean Dòmhnall Màrtainn Ailean Caimbeul na Cheannard aig CnaG nuair a chaidh Ailean gus a bhith os cionn Bòrd na Gàidhlig an 2003. Mar a mhìnich Dòmhnall Màrtainn: "Bha CnaG ag obair fo chòig roinnean gus cor na Gàidhlig a leasachadh; tro Innleachd, Foillseachadh, Foghlam, Òigridh agus Coimhearsnachd.

"'S e CnaG a thòisich an iomairt airson Inbhe Thèarainte fhaighinn dhan Ghàidhlig tro Achd Gàidhlig anns a' Phàrlamaid. A' leantainn bhon sin chaidh Bòrd na Gàidhlig a stèidheachadh anns an Fhaoilleach 2003 le uallach obair innleachd na Gàidhlig, maoineachadh dha na buidhnean Gàidhlig agus a' comhairleachadh an Riaghaltais le Bile na Gàidhlig."

7. Na Ciad Cheumannan

Bha Sabhal Mòr Ostaig agus Gòrdan Barr an Neach-Stiùiridh aig an ìre far an robh iad a' gabhail nan ciad cheumannan air an t-slighe chugallach, inntinneach, neo-eisimeileach a bha romhpa gun dùil ri taic bho Ùghdarras Ionadail Inbhir Nis. Ghabh iad cùisean air an socair agus gu stòlda. Thug Comhairle Ealain na h-Alba seachad tabhartas gus Sgrìobhaiche no Filidh a phàigheadh, a bhiodh stèidhichte aig Sabhal Mòr Ostaig agus chaidh an obair a thathann don bhàrd Catrìona NicGumaraid à Ròdhag faisg air Dùn Bheagain anns an Eilean Sgitheanach.

B' e làithean sunndach, sona bh' ann, anns an t-seann sabhal, a' togail a-mach gun fhios dè bha romhpa. Bidh Iain Noble a' coimhead air ais le toileachas air na mìosan sin aig toiseach tòiseachaidh Sabhal Mòr Ostaig. "Bha grunnd chèilidhean is dhannsaichean anns an Talla, a' toirt an àite beò. Bha an togalach cloiche fuar, bha a' ghaoth a' faighinn a-staigh tro na ballachan agus chan e an t-ùrlar ùr concrait an rud a b' fheàrr airson danns' air, ach bha faireachdainn ann gun robh rudeigin ùr, aighearach a' tachairt agus thòisich an òigridh ri cruinneachadh ann bho cheann a deas an Eilein Sgitheanaich agus à àiteachan eile cuideachd. Bha na cèilidhean eadar-dhealaichte, oir bha iad gu tur ann an Gàidhlig, rud a bha glè annasach anns an Eilean Sgitheanach far an robh iad cleachdte ris a leithid a bhith ann am Beurla, mas fhìor gur e sin a bha an luchd-turais ag iarraidh. Ach 's e thachair ach gun robh na h-oidhcheannan Gàidhlig sin a' còrdadh uabhasach math ris an luchd-turais seach gur ann airson muinntir an àite bha iad agus nach b' ann airson choigreach."

Anns an t-Sultain 1973 roghnaich an Comunn Gàidhealach gun cumadh iad sgoil shamhraidh do luchd-ionnsachaidh Gàidhlig ann an Slèite. Cha robh na togalaichean aig Ostaig deiseil agus chleachd iad seann sgoil a bha faisg air làimh. Ach bha e na chomharra air dè bha ri tighinn. "B' e seo fìor thoiseach eachdraidh an t-Sabhail mar ionad foghlaim," thuirt Iain Noble. Às dèidh sin bha diofar rudan a' tachairt ann, bha corra òraid air an toirt seachad, cròileagan Ghàidhlig, clasaichean oidhche do luchd-ionnsachaidh na Gàidhlig, deasbadan is coinneamhan de gach seòrsa, tachartasan airson clann-sgoile le Gàidhlig às an Eilean fhèin agus à Siorrachd Inbhir Nis, agus dà sgoil shamhraidh eile a mhair airson cola-deug tron t-samhradh 1974."

Aig an àm seo bha Donnchadh MacGuaire a' teagasg Gàidhlig aig Acadamaidh Rìoghail Inbhir Nis. "Leugh mi artaigil anns a' *Ghlasgow Herald* mun Cholaiste Ghàidhlig a bha seo agus Leabharlann a bha gan stèidheachadh anns an Eilean Sgitheanach. Bha e na chleachdadh againn anns an Acadamaidh a bhith a' toirt nan sgoilearan Gàidhlig air turas a bhadeigin aon uair is gun robh na deuchainnean aig àrd ìre seachad. Bha mise air a bhith am Barraigh leotha agus bha mo cho-obraiche Lachaidh Dick air a bhith an Uibhist agus anns na Hearadh agus mar sin, smaoinich sinn an turas seo gum biodh Sabhal Mòr na dheagh àite. Bha seo anns an Ògmhìos 1974. Thug mi mu dhusan sgoilear ann agus bha an t-àite fhathast gu math troimhe chèile. Bha sinn a' cadal air bobhstairean, na balaich is na nighnean air leth, mar a bhiodh dùil. Bha seòrsa de chidsin ann agus sinn a bha air ar dòigh. Bha sinn cola-deug ann agus bha minibus na sgoile agam agus thug mi a Ratharsaigh iad a dh'fhaicinn nam mèinneachan iarainn agus mòran rudan eile. Chaidh sinn air feadh an eilein. Bha Gòrdan Barr ann aig an àm agus bha cèilidh no dhà againn agus eadhon dannsa.

Air an oidhche mu dheireadh aig an t-Sabhal, oidhche bhrèagha bh' ann, smaoinich sinn gun dèanamaid *barbeque* air a' chladach dìreach fo cheann rathad Tharsgabhaig. Bha a' chlann còmhla rium agus Gòrdan Barr agus feadhainn eile. Chuir sinn am *barbeque* gu dol agus chunnaic sinn am fear seo a' coiseachd gu socharach ri oir a' chladaich. Chuir Gòrdan Barr fàilte air agus dh'innis e dhomh cò bh' ann agus sin a' chiad uair a thachair mi ri Iain Noble. Agus an samhradh sin, bha mi gun phòsadh an uair sin, bha feum aca air neach-teagasg airson nan sgoiltean samhraidh agus dh'fhaighnich iad dhomh an tiginn ann agus chaidh, thill mi airson cola-deug no mar sin a theagasg.

Dh'iarr iad air ais mi agus bha mi a' teagasg aig an t-Sabhal an 1974 agus 1975 agus 1976, agus bha iad mun àm seo air Bonn-stèidh a dhealbh agus air urrasairean fhaighinn agus thug iad cuireadh dhomh a bhith nam urrasair an 1977, agus ghabh mi ris, agus aig coinneamh dhe na h-urrasairean bha sinn feumach air cathraiche agus thagh sinn Iain Noble agus bha e na chathraiche bho 1977 gu 1978. Dh'iarr na h-urrasairean ormsa an uair sin a bhith nam chathraiche an 1978, agus rinn mi sin, agus thòisich an roilear-còrsair an uair sin."

Ach aig an toiseach cha robh a h-uile sgeul cho fàbharach. "A' chiad chuimhne a th' agamsa air Sabhal Mòr Ostaig," thuirt Ailean Caimbeul, "'s e nuair a thill mi dhan Eilean Sgitheanach à Obar Dheathain a dh'obair do dh'Iain Noble, agus an taobh a-staigh dhà no thrì sheachdainean a bhith air ais bha mi aig an stèisean connaidh an Àird a' Bhàsair. Cha robh ach dithis de mhuinntir an àite ann agus dh'fhaighnich fear dhiubh dhomh an robh mi air a bhith aig an t-Sabhal Mhòr. Thuirt mise, 'Cha robh, ach feumaidh mi a dhol ann – cò ris a tha e coltach?' Fhreagair esan, 'Ach, chan eil ann ach dump, seann togalach agus bidh daoine a' dol ann airson chùrsaichean, bidh iad a' tighinn às gach àite, chan eil iad glic, Ameireaganaich agus daoine nach eil eadhon air an aon phlanaid rinne.'

"A-nis, bha na beachdan sin caran àibheiseach gun teagamh, ach bha faireachdainn ann gun robh Sabhal Mòr caran mar rudeigin annasach a bh' air a chur ann an Slèite, agus aig an toiseach cha do ghabh a' choimhearsnachd ris idir, gu h-àraid a' choimhearsnachd Ghàidhlig, bha iad amharasach mu dheidhinn, bha iad a' faireachdainn gun robh rudeigin caran meallta mu dheidhinn, rudeigin craicte. Bha e doirbh dhan choimhearsnachd gabhail ris. Bha duilghdeas eile ann cuideachd, tha mi a' smaoineachadh, agus 's e sin nach buineadh na h-urrasairean, daoine a bha a' cur seachad mòran ùine, saor is an asgaidh, aig coinneamhan is eile, nach buineadh iad do Shlèite. Mar sin cha robhar a' gabhail ris agus bha e uabhasach cudromach gum bithte gabhail ris."

Anns an t-Samhain 1974 thill Gòrdan Barr do dh'Oilthigh Dhùn Deagh agus thathann an Gulbenkian Foundation tabhartas trì bliadhna do Shabhal Mòr Ostaig mu choinneamh cosgaisean Stiùiriche làn-thìde. Chaidh an obair a thathann do dh'Fhearchar MacIllFhinnein a bhuineadh do Ratharsaigh. Aig an àm bha Fearchar na Cheannard ann an Sgoil Bhaile a' Mhanaich am Beinn nam Fadhla. Ghabh e an obair agus thòisich e anns an Earrach 1975. Bha mòran na fhàbhar. 'S e neach-foghlaim a bh' ann; bha e fileanta ann an Gàidhlig; bhuineadh e don Eilean Sgitheanach – no co-dhiù do Ratharsaigh.

Mun àm seo cuideachd dheasaich Iain Noble seòrsa de dh'aithris-rùin airson Sabhal Mòr Ostaig. Bha e gu bhith gu sònraichte fàisneachail.

"Dè nì Ostaig?" sgrìobh e anns an Fhaoilleach 1975. "Aig an àm seo chan eil planaichean sam bith cinnteach, ach tha trì rudan a' tighinn am bàrr a bhiodh nàdarra don Cholaiste ùir. 'S e a' chiad fhear dhiubh sin cùrsa a thathann do luchd-ionnsachaidh na Gàidhlig thar mìosan an t-Samhraidh, mu choinneamh nan iarrtasan a tha a' tighinn bho dhaoine air feadh Alba agus gu dearbh air feadh an t-saoghail, a tha ag iarraidh seann chànan na h-Alba ionnsachadh. Bu chòir gum biodh e comasach do neach-ionnsachaidh dealasach tighinn gu bhith meadhanach fileanta ann an trì mìosan an t-samhraidh.

"'S e an dàrna smuain cùrsa a thathann a mhaireadh aon bhliadhna no dà bhliadhna le teisteanas aig a' chrìch. Bhiodh na cùrsaichean sin tro mheadhan na Gàidhlig, agus bhiodh dùil gum biodh iad a' cur ri ceum Oilthigh no na àite. Bhiodh na h-oileanaich air an oideachadh ann an litreachas beòthail nan Gàidheal, eachdraidh ionadail agus cuspairean àrainneachd de gach seòrsa a' toirt a-steach clach-eòlas agus bith-eòlas. Dh'fhaoidte cuideachd cuspairean practaigeach a thathann mar roghainn shaor-thoileach, leithid àiteachas, tràladh agus ciùird eile, a dheasaicheadh daoine airson beatha ann an coimhearsnachd dhùthchail, seach a bhith gan trèanadh airson dreuchdan anns na bailtean mòra. Bhiodh sin inntinneach da rìribh!

"Agus an treas dleastanas dhan t-Sabhal, agus is dòcha gun canadh cuid am fear is cudromaiche, a bhith na obair-lann do thidsearan, a' deasachadh stuthan ùra agus stuthan lèirsinn, a' sgrùdadh dè tha a' tachairt an Èirinn, anns a' Chuimrigh agus an àiteachan eile, agus ag obair mar ionad foillseachaidh airson teacs-leabhraichean."

An taobh a-staigh fichead bliadhna bhiodh an lèirsinneachd seo agus tòrr a bharrachd air tighinn gu buil.

Mean air mhean aig deireadh nan seachdadan bha Sabhal Mòr Ostaig a' tighinn gu ìre. Agus cha robh e gu tur na h-aonar. Bhiodh Fir Chlis – companaidh dràma Gàidhlig – a' tadhal gus iad fhein ùrachadh às an tobar, mas dreachadh iad air chuairt a-rithist timcheall sgoiltean is tallachan baile na Gàidhealtachd. "Chuir iad sìol," mar a thuirt Ailean Caimbeul. "Thàinig Fir Chlis agus dh'fhalbh iad mar a tha an t-ainm ag ràdh, bhoillsg iad agus las iad a' Ghàidhealtachd anns na seachdadan le àbhachdas agus dràma agus fealla-dhà. Tha cuid dhen fheadhainn a bha na lùib fhathast còmhla rinn – Sìm MacCoinnich, Mairead Ros, Ryno Moireasdan.

"Chuir iad sìol. Chruthaich iad miann nach robh a' choimhearsnachd a' dol a leigeil às. 'S ann à Fir Chlis a thàinig Dràma na h-Òige a thug Pròiseact nan Ealan air adhart – bha Ryno na lùib. 'S ann às a thàinig a' bhuidheann dràma Tosg agus Meanbh Chuileag cuideachd – cleas phupaid a bhios a' dol timcheall nan sgoiltean. Bha na sgilean sin air an leasachadh tro Fhir Chlis – air am biadhadh gu h-ealanta le daoine mar Iain Moireach agus Fionnlagh MacLeòid a' sgrìobhadh dhaibh – às aonais nan sgrìobhadairean sin cha bhiodh e air tachairt nas motha. Spreadh na rudan sin an uair sin dha na siabain agus an dràma a nochd air an telebhisean ann an Gàidhlig, leithid 'Machair'. Agus nuair a chì thu còmhlain mar Chliar agus Art MacCarmaig agus Màiri Anna NicUalraig, thàinig iad uile a-mach às na h-iomairtean sin agus na tachartasan beaga ceimigeach a bha a' dol air adhart còig bliadhna fichead agus deich bliadhna fichead air ais – tha e dìreach mìorbhaileach."

Bha Fearchar MacIllFhinnein a' toirt Sabhal Mòr Ostaig air adhart gu dòigheil. Lean an sàr bhàrd, Somhairle MacGill-Eain, Ratharsach eile, Catrìona NicGumaraid mar fhilidh agus às dèidh Shomhairle thàinig am bàrd òg, ealanta, Aonghas Dubh MacNeacail à Ùige an ceann a tuath an Eilein. Thòisich Còmhlan Phìobairean Shlèite ri coinneachadh anns an t-Sabhal, fhuaireadh tabhartas bho Urras Chatrìona NicCaoig airson cuideachadh leis an leabharlann agus rinneadh ceanglaichean ri Oilthigh Shruighlea gus taic a thoirt do dh'Fhearchar MacIllFhinnein ann a bhith a' leasachadh chùrsaichean.

Anns an Iuchar 1978 chuir Urrasairean an t-Sabhail comataidh air chois a dhèanadh sgrùdadh mu choinneamh cùrsa dà bhliadhna làn-thìde a bhiodh air a lìbhrigeadh tro mheadhan na Gàidhlig agus far am faigheadh na h-oileanaich teisteanas nan cuireadh iad crìoch air gu soirbheachail. Am beachd na Comataidh, "Ma tha an t-adhartas sòisealta agus cultarach a thachair anns na beagan bhliadhnachan mu dheireadh gu bhith air a thionndadh gu ath-bheothachadh seasmhach, eaconomaigeach, fad-ùine tha e deatamach gun dèanar feum de thàlantan ionadail na sgìre. Bhiodh an cùrsa . . . practaigeach seach teòridheach . . . bhiodh cothrom aig na h-oileanaich beachdachadh air stiùireadh agus air gnìomhachd obraichean air a' Ghàidhealtachd . . . bhiodh iad cuideachd a' beachdachadh air cultar agus dualchas nan Gàidheal an dà chuid air a shon fhèin agus a thaobh na buaidh a bh' aige air dòchasan agus duilghdeasan muinntir an àite."

Seach gun robh na ceanglaichean leis na h-Ùghdarrasan Ionadail air tighinn air adhart gu mòr agus seach gun robh mòran a bharrachd Ghàidheal aig an robh buntanas ri foghlam foirmeil agus aig an robh ceanglaichean ri Roinn Foghlaim na h-Alba an sàs anns an t-Sabhal, bha e a' coimhead dòchasach gum biodh e comasach amasan a' chùrsa thoirt gu bith. Chaidh aontachadh gun tòisicheadh an cùrsa anns an Dàmhair 1983.

Tha Cathraiche Bòrd nan Urrasairean, Donnchadh MacGuaire, a' coimhead air ais, "Bha Fearchar MacIllFhinnein ann agus bha esan na Rianaire agus na Rùnaire aig a' Cholaiste agus tha mi a' smaoineachadh gun robh Aonghas Dubh MacNeacail na Sgriobhaiche aig an àm. Bha mi fhèin agus Iain Noble air fàs glè chàirdeil, agus bha mi air buidheann de dhaoine cumhachadach a chruinneachadh timcheall orm nach robh diùid ann an dòigh sam bith, agus bha mi am beachd gun robh e cudromach daoine a bhith agad a cheasnaicheadh rudan. 'S dòcha gu bheil e caran fèin-spèiseach seo a ràdh, ach bha mi air a bhith a' leughadh leabhar mu Churchill, agus 's e an t-adhbhar gun robh esan cho soirbheachail gun robh e air na daoine bu chumhachdaiche anns an dùthaich a thoirt timcheall air anns a' Chaibineat agus bha mise a' smaoineachadh gur e deagh rud a bha sin.

"Mar sin chaidh mi far an robh Dòmhnall Iain MacAoidh, Prìomh Neach-gnìomh a' Chlò Hearaich, agus roimhe sin Ceannard Luchd-obrach British *Alcan*. Chaidh mi far an robh Lachaidh Dick, a bha na Iar-Cheannard an Fhoghlaim aig Comhairle nan Eilean, agus chaidh mi far an robh Ailean Caimbeul, a bh' air a bhith ag obair aig Iain Noble air Fearann Eilean Iarmain ann an Slèite. Bha iad mar sheòrsa de bhuidheann gnìomhachais agam agus bha a dhreuchd fhèin aig gach fear aca. Bha mi airson gun toireadh Lachaidh Dick taic dhomh ann a bhith a' cur foghlam air adhart, bha mi airson gun gabhadh Ailean Caimbeul cùram nan toglaichean gum biodh iad freagarrach airson am feumalachdan, cho fad is a b' urrainn dhuinn, agus bha Dòmhnall Iain agam gus dèanamh cinnteach gum biodh an Rianachd dòigheil.

"'S e buidheann uabhasach dìleas a bh' annta agus bha iad fialaidh len cuid ùine. Thòisicheamaid air na coinneamhan againn aig 11.00 madainn Disathairne agus bha sinn an sin gu 5.00 feasgar, coinneamhan fada oir bha sinn a' feuchainn rudan ùra fad na tìde agus cha robh fios againn, glè thric, dè thigeadh às na bha sinn a' cur romhainn. Agus sin a' bhuidheann, airson a' mhòr-chuid, a stèidhich mar a bha a' Cholaiste gus a dhol air adhart anns na h-ochdadan agus na dhèidh, taobh a-staigh crìochan na Gàidhlig.

Bha tòrr bheachdan inntinneach a' dol mun cuairt aig deireadh nan seachdadan. Fhuair sinn suim airgid bhon *Anglo-German Foundation for the Study of Industrial Society* gus Niall Mitchison fhastadh airson sgrùdadh a dhèanamh air cùrsa Gnìomhachais a bheireadh a-steach tionnsgalachd agus rudan mar sin. Bha na h-ùghdarrasan gu mòr air a shon. Bha gu leòr dhaoine ann an saoghal na Gàidhlig nach robh a' dol leinn idir ach fhuair sinn taic a bha deatamach – gu sònraichte bho Raghnall MacDhòmhnaill aig Comhairle Roinn na Gàidhealtachd an Inbhir Nis agus bho Niall Mac a' Bhreatnaich aig Comhairle nan Eilean. Bha sinn a' còmhradh ri Bòrd Leasachaidh na Gàidhealtachd agus bha e cudromach gum biodh iad taiceil. B' ann ris an duine chòir sin Bob Storey a bha sinn a' bruidhinn, agus aon uair is gun robh Bob air ar taobh agus gun tug esan Iain MacAsgaill agus Ken Alexander leis, thòisich rudan ri gluasad. Agus bha Roy Pedersen na lùib cuideachd. Bha iad fhèin a' tuigsinn cho cudromach is a bha an rud a bha sinn a' feuchainn ri dhèanamh.

"Mar a thuirt mi, bha tòrr bheachdan a' tighinn thugainn agus bha othail mhòr a' dol aig an àm mu eaconomaidh Iomall A' Chuain Shèimh an Iapan agus an Korea agus thuirt mise, 'dè mu dheidhinn eaconomaidh Iomall A' Chuain Siar?' agus thàinig sin, thar nam bliadhnachan gu bhith na Cheum le Urram, 'Gàidhlig agus Iomall a' Chuain Siar'.

"Fhuair sinn cuideachadh bho dhiofar dhaoine agus bhuidheannan agus le cuideachadh bho *MSC/Job Creation* thòisich sinn ri càradh nan toglaichean. Bha Marion Whyte, a bha ag obair aig STV aig an àm agus bha taigh aice anns an Eilean Sgitheanach, a' cur air adhart *Fiddlers' Rallies* air feadh Alba. 'S ann airson taic a chur ris a' Cholaiste bha i a' dèanamh seo, bha i a' togail mu £3000 gach oidhche agus chuir sin gu mòr ri uinneagan is mullaichean is rudan mar sin.

"Chuir mi fhèin is Iain romhainn gun dreachamaid a Lunnainn feuch an togamaid beagan airgid. Bha seo an 1979. Chuir sinn air dòigh coinneamhan agus rinn sinn taisbeanaidhean do bhuidheannan eadar-dhealaichte mar am *Pilgrim Trust*, agus an *Anglo-German Foundation* a-rithist agus an *Gulbenkian Foundation* agus *Total Oil*. Agus anns an aon latha sin eadar barantasan agus geallaidhean agus seacaichean anns a' phost, chruinnich sinn £90,000. Bha e dìreach mìorbhaileach.

"Aig an aon àm, chaidh sinn gu Oifis na h-Alba le na beachdan againn agus leis an sgrùdadh comasach agus dh'iarr sinn gum biodh an Cùrsa Gnìomhachais air aithneachadh mar *Higher National Diploma* (HND). Chaidh sinn air an t-slighe sin seach gum faigheadh oileanaich a bha a' dèanamh HND tabhartasan cinnteach agus nam biodh iad a' dol gu foghlam adhartach chan fhaigheadh iad ach taic airgid bho na h-Ùghdarrasan Ionadail agus cha robh iad sin cho cinnteach. Bha seasamh cuideachd aig HND.

"Bha sinn ag obair còmhla ri Oilthigh Shruighlea aig an àm agus bha sinn a' sireadh cuideigin a bheireadh dhuinn dearbhadh. Chuir Oifis na h-Alba sgrùdairean gar faicinn. Bha am fear a bha os an cionn dhen bheachd nach obraicheadh an rud a bha sinn a' tairgsinn agus gum biodh e na b' fheàrr dha na h-oileanaich nan dreachadh iad gu Colaiste a' Chaisteil ann an Leòdhas. Cha ghabhadh iad ris nach robh farpais sam bith eadar SMO agus Colaiste a' Chaisteil, gun robh na h-oileanaich à àiteachan eadar-dhealaichte. Bha iad a' gearain gun robh na h-àireamhan ro bheag, a' Cholaiste ro iomallach – beachdan àbhaisteach muinntir a' bhaile mhòir, agus chaidh an dearbhadh againn a dhiùltadh.

Dh'fhalbh sinn agus rinn sinn atharrachaidhean air an tagradh agus thill iad an ceann bliadhna agus an turas seo bha fear eile air an ceann a bh' aig ìre na b' àirde agus dh'èist e ris na h-argamaidean againn. Bha dithis eile còmhla ris, fear à Cinn Tìre agus fear eile às na h-Eileanan, agus bha na h-argamaidean againn soirbheachail. Dh'aontaich iad dearbhadh a thoirt dhuinn, ach le grunnan chùmhnantan airson a' chiad trì bliadhna, agus dh'fheumamaid ath-thagradh a dhèanamh às dèidh na trì bliadhna airson ath-dhearbhadh. B' e fear dhe na cùmhnantan gur e SCOTBEC a bheireadh seachad an HND agus gun obraicheadh Colaiste Robert Gordon còmhla ri Sabhal Mòr Ostaig gus na cùrsaichean a leasachadh. Sin mar a bha agus dh'fhosgail sinn mar Cholaiste an 1983 leis a' chiad *tranche* de dh'oileanaich agus a' chiad Phrionnsapal againn, Seán Ó Drisceoil."

Tha deagh chuimhn' aig Ailean Caimbeul air na làithean sin cuideachd. "Ged a bha gu leòr ann a bha a' moladh an obair a bha sinn a' dèanamh a thaobh Sabhal Mòr Ostaig, bha feadhainn ann cuideachd a bha sgaiteachail mun oidhirp gur e rud gòrach a bh' ann a bh' air tighinn bho bhancair annasach, Iain Noble, a bha ga chluich fhèin anns an Eilean Sgitheanach, a' cruthachadh colaiste airson ainm a dhèanamh dha fhèin agus na mo bheachd-sa bha iad gu tur ceàrr.

"Tha deagh chuimhn' agam air an latha fhuair sinn a' chiad chùrsa seo air a dhearbhadh. Bha mi ag obair aig a' BhBC aig an àm agus bha mi ann an Steòrnabhagh air an latha sin agus thill mi feasgar agus rinn mi dìreach air an t-Sabhal far an robh An t-Àrd Ollamh Ralph Hart, Cathraiche na Comataidh Dearbhaidh gam fheitheamh. Bha iad a-nis a' tighinn chun a' chuid dhen oidhirp a bha na mo chùram-sa, sin an togalach – am bun-structar fhèin.

"Agus an duilghdeas a bh' agamsa 's e gun robh tòrr dhen airgead, suim £120/130,000, an-diugh chan fhiach e bruidhinn air ach an uair sin 's e suim mòr, mòr a bh' ann, gun robh e an crochadh air an dearbhadh a bhith againn. Chan fhaigheamaid an t-airgead gus am faigheamaid an dearbhadh agus cha b' urrainn dhuinn cùmhnant-obrach a thoirt seachad gus am biodh an t-airgead againn. Bha seo anns a' Ghiblean, mas math mo chuimhne, agus bha na ciad oileanaich a' tighinn thugainn anns an Lùnastal. Agus bha làithean-saora an t-samhraidh romhainn a bharrachd. Bha aon rud nar fàbhar gun robh sgoil ùr, Bunsgoil Shlèite, ga togail aig an àm. Bha sinne a' fuireach air an Eilean agus bha mi na mo riochdaire air Bòrd na Sgoile agus gu mòr an sàs ann a bhith a' faighinn na sgoile. Agus seach gun robh luchd-obrach againn air an làrach sin bha e comasach dhuinn rudan toinnte mar an t-slighe-teichidh a dhèanamh aig an t-Sabhal Mhòr, agus rinn an cùnnradair, John D. MacGregor sin dhuinn aig prìs reusanta. Sin an seòrsa rud a bh' air a bhith do-dhèanta mura b' e gun robh na balaich air a bhith air an làrach co-dhiù, agus anns an dòigh sin bha sinn fortanach.

"Tha cuimhn' agam Ralph Hart a' ràdh rium an oidhche sin aig an t-Sabhal gun robh cùisean air a dhol leotha glè mhath agus thuirt e, 'Dè mu dheidhinn an togalaich – thug sinn cuairt timcheall, tha e OK, ach tha tòrr ri dhèanamh.' Thuirt mi ris, ' Uill, dè tha thu ag iarraidh bhuamsa?' agus thuirt esan, 'Chan eil agam ach aon cheist, am bi an togalach deiseil?' Agus thuirt mise, 'Bithidh, tha mi glè chinnteach gum bi, ach cha gheall mi gum bi e air a pheantadh.' Thuirt esan, 'Tha sin ceart gu leòr, fhad 's a bhios dorsan agus uinneagan ann agus teas agus plumaireachd mus tig an geamhradh.'

"Agus sin a' chuimhne th' agam air an latha sin, agus bha cùisean gu math iomagaineach bho sin a-mach, a' feuchainn ris an togalach fhaighinn deiseil, ach rinn sinn an gnothach – sin ùrachadh an t-seann togalaich. Bha soidhnichean againn a' toirt rabhadh gun choiseachd an àiteachan sònraichte air eagal is gun tuiteadh sglèat air do cheann is gum biodh tu air do mharbhadh – bha na tàirnean a' crìonadh is nuair a bhiodh cèilidhean againn anns an t-seann talla b' àbhaist dha na sglèatan a bhith a' tuiteam dheth.

"Bidh mi tric a' cuimhneachadh air na daoine a bha an sàs anns an Urras aig an àm, daoine mar Somhairle MacGill-Eain, agus DR Dòmhnallach, Iain Noble, Lachaidh Dick, Dòmhnall Iain MacAoidh, Donnchadh MacGuaire, Jack MacArtair – tha sinn air mòran dhe na laoich sinn a chall. Tha cuimhn' agam cuideachd fear dhe na rudan a bha Jack a' miannachadh nuair a bha sinn a' feuchainn ris an Talla a chur air dòigh agus ri maoin fhaighinn airson na Colaiste fhèin, bha sinn ag ràdh gun robh sinn a' cruthachadh goireas dhan choimhearsnachd. Bha e cudromach gum biodh a' choimhearsnachd a' faicinn an t-Sabhal Mhòir mar ghoireas. Thuirt Jack, ''S e chòrdadh riumsa ach gum biodh e againn mar ghoireas airson a bhith ag ionnsachadh a bhith a' seinn laoidhean agus sailm, cur a-mach na loidhne is mar sin.' Chan eil fhiosam an do choilean sinn sin riamh."

Bha e follaiseach gun robh adhartas ga dhèanamh ach cha robh làithean ain-riaghailteach na h-òige aig Sabhal Mòr Ostaig seachad fhathast.

8. *Ceartas*

Tha sinn cleachdte an-diugh ri bhith a' faicinn soidhnichean rathaid ann an Gàidhlig ann an Roinn na Gàidhealtachd agus anns na h-Eileanan an Iar agus an àiteachan eile cuideachd. Agus a dh'aindheoin an uallaich a bh' air comhairlichean leithid Morair Burton, Dabhach Phùir, fear de na h-uachdarain a bha cho cumhachdach air seann Chomhairle Siorrachd Inbhir Nis air ais ann an seachdadan na ficheadamh linn, gun dreachadh luchd-turais air chall nam biodh na soidhnichean rathaid ann an Gàidhlig, fhad 's is fiosrach dhomhsa chan eil sgaoth de luchd-turais a' siubhal na Gàidhealtachd is nan Eilean is gun fhios aca càit' a bheil iad.

Aig toiseach na bliadhna 1973 bha Comhairle Siorrachd Inbhir Nis ag iarraidh an rathad gu Port Rìgh bhon taobh a deas a leasachadh. Ach airson sin a dhèanamh dh'fheumadh iad pìos dhen fhearann a bha Iain Noble air ùr cheannach. Bha Iain Noble ro dhèonach am pìos beag talmhainn, chan e a reic ach a thoirt seachad, saor is an asgaidh nan cuireadh a' Chomhairle suas trì soidhnichean dà-chànanach air an rathad ùr. Bhiodh aonan dhiubh a' comharrachadh Viewfield Road, fear eile aig an Àrdsgoil agus an treas fear aig a' bhaile fhèin, agus bhiodh Port Rìgh na bu mhotha na *Portree*. Agus ged a bha na comhairlichean a bha a' riochdachadh Uibhist agus Bharraigh agus a bhuineadh don choimhearsnachd fhèin a' cur an taic ri Iain Noble cha robh am Morair Burton air a shon a-muigh no mach, "'S e prionnsapal a th' ann. Ma gheibh iad leis aig Viewfield Road, tha e cho dòcha gum bi iad ag iarraidh shoidhneachan dà-chànanach air feadh an Eilein Sgitheanaich air fad." Ach cha robh Iain Noble a' dol a leigeil leotha agus chruinnich e ainmean de dhaoine aig an robh seasamh anns an Eilean agus a bha a' toirt taic dha, "gum biodh na soidhnichean rathaid ann an Gàidhlig no far am biodh sin iomchaidh dà-chànanach air feadh an Eilein Sgitheanaich." Ach cha robh muinntir an Eilein air fad air a thaobh. 'S e uachdaran a bh' ann agus cha robh mòran earbsa aig na Gàidheil ann an uachdarain gu h-àraidh ma bha iad a' dol an aghaidh chùisean deamocratach. Mar a thuirt Màrtainn Dòmhnallach, "Bha mòran de mhuinntir baile Phort Rìgh na aghaidh seach gun robh e a' cur stad air na rathaidean. Bha iad ag ràdh riumsa, 'Chan eil sinn an aghaidh na Gàidhlig, tha Gàidhlig againn, tha sinn ag iarraidh Gàidhlig – ach chan eil esan a' dol a dh'innse dhuinn dè tha sinn a' dol a dh'fhaighinn agus dè nach eil.'"

Ach anns a' Ghiblean 1973 ghèill a' Chomhairle. Bha *Portree* agus Port Rìgh gu bhith air na soidhnichean air taobh a deas a' bhaile agus bha *Viewfield Road* agus Goirtean na Creige gu bhith còmhla. Leig Iain Noble seachad 'an sgoil' airson ùine ghoirid agus na àite ghabh e ri soidhne dà-chànanach aig An Àth Leathann.

Ach bha soidhnichean rathaid a' dol a thogail ceann a-rithist agus an turas seo 's ann aig an t-Sabhal. Bha na soidhnichean rathaid fhathast ann am Beurla, a' comharrachadh ùghdarras neo-lèirsinneach na Comhairle ged a bha Iain Noble a-rithist air cais a chur air Comhairle Siorrachd Inbhir Nis nuair a chuir e soidhne triantanach, grinn air fear dhe na rathaidean beaga a b' iomallaiche air an oighreachd aige. Bha e a' toirt rabhadh gun robh '*Cattle Grid*' ann agus fo na faclan Beurla chuir e 'Cliath Chruidh'. Dh'iarr Comhairle Siorrachd Inbhir Nis air a thoirt air falbh!

Bha Iain Mac an Tàilleir à Eilginn ann an Siorrachd Mhoireibh agus bha e ag ionnsachadh Gàidhlig. Anns na samhraidhean am meadhan nan seachdadan bhiodh e ag obair ann an taighean-seinnse ann am Port Rìgh agus an Eilean Iarmain. Bhiodh e a' cur seachad shaor làithean nuair a bha e na bhalach còmhla ri sheanmhair ann an Srath Fhairgeaig agus dh'ionnsaich e na h-uimhir de Ghàidhlig an-sin, agus a-rithist "ann an Acadamaidh Eilginn, bha sinn fortanach oir bha dithis thidsearan ann aig an robh Gàidhlig agus bha iad dèonach ar n-ullachadh airson nan deuchainnean.

"Ach dh'fheumadh e bhith neo-fhoirmeil – bha sianar againn anns a' chlas, còignear a bha fileanta agus mi fhèin. Bha e neo-àbhaisteach ann an Eilginn ach sin mar a bha. Bhuineadh na sgoilearan eile do theaghlaichean à Leodhas, ach aonan a bha à iar-thuath Chataibh, agus ghluais iad uile a dh'Eilginn. Rinn sianar againn Gàidhlig a' bhliadhna sin, bha sin ann an 1972. Bha am maighstir-sgoile à Inbhir Nis agus fada an aghaidh na Gàidhlig agus cha leigeadh e linn na deuchainnean a shuidhe mar chlann-sgoile – b' fheudar dhuinn an suidhe mar thagraichean bhon taobh a-muigh seach nach robh Gàidhlig riamh air a bruidhinn ann an Siorrachd Mhoireibh!"

Chaidh Iain Mac an Tàilleir an uair sin a dh'Oilthigh Obar Dheathain far an do rinn e an cùrsa Gàidhlig agus bha e ag obair a h-uile samhradh anns an Eilean Sgitheanach. "Às dèidh ceumnachadh thug mi greis ag obair aig Roinn na Slàinte ann am Barnet, ann an Siorrachd Hertford agus bha sin diabhlaidh. Thill mi a dh'Obar Dheathain go Occidental Oil, agus aig deireadh 1979 chunnaic mi sanas anns an 'Albannach' airson Fear-Stiùiridh aig Sabhal Mòr Ostaig. Bha iad ag iarraidh cuideigin a chumadh an t-àite a' dol agus a stiùireadh na cùrsaichean goirid agus a dhèanadh leasachadh a thaobh sin agus a thogadh airgid agus cha robh mi math aige sin.

"Co-dhiù, chuir mi a-staigh airson na h-obrach agus fhuair mi agallamh aig a' Cholaiste agus bha Donnchadh MacGuaire ann, Iain Noble, tha mi a' smaoineachadh Ailean Beag MacDhòmhnaill à Stafainn agus Somhairle MacGill-Eain, tha sin ceart, bha ceathrar aca ann. Bha feadhainn eile a-staigh airson na h-obrach. Bha Niall Mitchison ann ach cha chreid mi gun robh e ag iarraidh na h-obrach oir bha e a' dol chun a' BhBC. Fhuair mise an obair agus thòisich mi às dèidh na Bliadhn' Ùire 1980.

"Bha mi a' fuireach ann an seann taigh ciobair ri taobh na Colaiste. Bha an tuarastal agam cinnteach oir bha e a' tighinn à tabhartas bho Roinn Foghlaim na h-Alba tha mi a' smaoineachadh. Bha agam ri airgead a thogail airson leabhraichean a cheannach gus an leabharlann a leasachadh agus feuchainn ri buill fhaighinn airson Caidreamh an t-Sabhail. Bha triùir thidsearan a' teagasg againn aig an sgoil shamhraidh agus bhiodh tidsearan mar Iain MacIlleChiar a bha a' teagasg ann am Baile Chloichrigh agus Donnchadh MacGuaire an Acadamaidh Rìoghail Inbhir Nis a' toirt clann-sgoile a-nall. Bhiodh oileanaich a' tighinn às na h-Oilthighean, na Comainn Cheilteach – a thadhal air a' Ghàidhealtachd. Bhiodh sgrùdairean a' tighinn a chleachdadh an leabharlainn. 'S e deagh leabharlann a bh' ann eadhon an uair sin. Bhiodh an t-Àrd Ollamh Coinneach MacFhionghain, a bha ag obair ann an Hatfield, a' cur oileanaich thugainn a bha a' dèanamh sgrùdadh agus bhiodh iad a' fuireach aig a' Cholaiste."

As t-samhradh 1980 fhuair Iain cuideachadh bho dhithis òg eile, Steaphan MacEachainn agus Anna Mhàrtainn. "Bha Steaphan à Baile Chloichrigh. Bha e ag ionnsachadh Gàidhlig agus bha e na oileanach an Oilthigh Obar Dheathain. Bha e na chuideachadh mòr agus chaidh againn air barrachd chùrsaichean goirid a chumail an dàrna bliadhna seach gum biodh esan a dèanamh rudan anns an oifis agus dh'fhaodainnsa a bhith a' teagasg clas aig an aon àm. Bha Anna à Cille Mhoire anns an Eilean agus bha Gàidhlig gu leòr aice. Tha Anna a-nis ainmeil mar sheinneadair ealanta agus bhiodh i ag ràdh, 'tha mise a' faicinn Gàidhlig mar neart agus mar rud sònraichte anns an dualchas agam.'

"An uair sin", thuirt Iain Mac an Tàilleir, "thòisich a h-uile rud ri tachairt leis a' Bhile Ghàidhlig aig Dòmhnall Stiùbhart anns a' Phàrlamaid. Bha Dòmhnall Stiùbhart air a bhith a' riochdachadh nan Eileanan an Iar mar Bhall Pàrlamaid na Pàrtaidh Nàiseanta bho 1970. An 1981, nuair a fhuair e cothrom Bile Buill Prìobhaideach a chur air adhart an Taigh nan Cumantan roghnaich e Bile Gàidhlig a chur air adhart. Bha seo às dèidh comhairle a ghabhail bhon Chomunn Ghàidhealach agus bho Chomann Gàidhlig Lunnainn air an robh e na Cheannard. A' coimhead air ais, ann an seadh poilitigeach, 's e am Bile ceàrr a bh' ann aig an àm cheàrr".

Mar a thuirt Dòmhnall Stiùbhart fhèin,

> To my surprise, [the Bill] ran into violent opposition, mainly from Tory members, although Albert McQuarrie (Tory, Aberdeen East) was a staunch supporter. Opponents of the Bill were John MacKay (Tory, Argyle), Bill Walker (Tory, Perth), Iain Sproat (Tory, Aberdeen South) and even the English Tory Douglas Hogg, a son of Lord Hailsham.
>
> Some of the speeches by these Tories showed ignorant prejudice against Gaelic. Bill Walker's objection seemed to be based on his claim that the Black Watch found little use for it. On the day of the debate, the Bill was late in coming up, due to filibustering to delay a Bill on compulsory wearing of seatbelts and a Bill to help the disabled which had the support of no less than 260 Members.
>
> As the 2.30 deadline approached, the closure vote was moved to end discussion and secure a vote on the Bill. This requires 100 Members in favour to be successful and as it was Friday and with only 71 Scottish Members of Parliament, most of whom were in Scotland on that day, the closure vote fell, although a number of English colleagues who were in the precincts came in to vote for closure.
>
> There was anger in Gaelic circles at the failure of the Bill, and particularly at the volume of hostility expressed by the Members mentioned above. An Comunn Gaidhealach quickly issued a statement dissociating their organisation from any defects in the Bill, although I had taken the entire responsibility throughout. One unexpected development was that within a few weeks, Bill Walker MP presented and spoke to a Ten Minute Rule Bill for the assistance of Gaelic! I can only assume that he had been under some pressure for his stance on my Bill. But I was so disgusted at this turn-about that I walked out of the Chamber in front of Walker holding my nose.

Ach air ais anns an Eilean Sgitheanach, "bha fhios againn gun robh am Bile aig Dòmhnall Stiùbhart a' dol a dh'fhàilligeadh," thuirt Iain Mac an Tàilleir, "oir bha sinn air sgrìobhadh chun a h-uile BP

Albannach a' faighneachd dhaibh dè bha iad a' dol a dhèanamh. Fhreagair deagh thòrr aca ach a-mach bho bheagan a bha glè annasach, thuirt iad nach robh iad a' dol a thoirt taic dha agus nach biodh iad ann an Taigh nan Cumantan co dhiù an latha sin. Agus am fear a bu shuaraiche dhiubh agus a bu lugha taic 's e am fear a bha os cionn NATO gu chionn glè ghoirid, Seòras Robasdan, Morair Phort Ìlein an Ìle. Sgrìobh e litir uabhasach mosach air ais. Mar sin bha fios againn dè bha a' dol a thachairt.

"Chaidh sinn sìos a Lunnainn. Chuir Mairead Ros air dòigh gum faigheamaid am mini-bus aig Fir Chlis agus chruinnich sinn oileanaich às na diofar Oilthighean dìreach os gum faiceamaid ciamar a bhiodh cùisean. Cheannaich sinn am peant mus do dh'fhàg sinn seach gun robh sinn cho cinnteach dè bha a' dol a thachairt.

"An Comunn Gàidhealach bochd, bha iad cho snog, agus às dèidh mar a thachair an Taigh nan Cumantan chuir an rùnaire aig Dòmhnall Stiùbhart air dòigh rùm far am faodamaid bruidhinn mun chùis agus bha an duine còir a bha seo comhla rinn à Inbhir Nis, Ruairidh MacAoidh an t-ainm a bh' air, agus cuideigin eile bhon Chomunn – bha e na bhriseadh dùil dhaibh agus cha robh iad a' tuigsinn ciamar a thachradh e, ach cha do chuir e iongnadh sam bith oirnne. Thuirt iad, 'Sgrìobh sinn chun nan daoine sin agus gheall iad dhuinn gum biodh iad taiceil.'

'S ann an sin, dìreach an Westminster, a chaidh 'Ceartas' a chur air bhonn. Bha mise ann agus Steaphan. Cha chreid mi gun robh Anna Mhàrtainn ann ach bha i ann glè ghoirid às dèidh sin agus oileanaich à Glaschu, Dùn Èideann agus Obar Dheathain, sin agad e. Greis às dèidh sin thàinig Kaye NicMhathain à Gearrloch còmhla rinn agus feadhainn eile.

"Dh'fhàg sinn Lunnainn feasgar Dihaoine agus dhràibh sinn gu tuath, agus leig sin às na h-oileanaich aig diofar àiteachan. Dh'fhuirich sinn còmhla ri pàrantan Steaphain am Baile Chloichrigh oidhche Disathairne. Bha sinn air am peant fhàgail ann an seada aig taigh pàrantan Steaphain agus thug sinn linn e agus thòisich sinn ri taobh Bhruthair agus chaidh sinn suas an A9 bho Bhruthar chun an Lagain tarsainn Dhail Chuinnidh.

"B' e Baile a' Ghobhainn ri taobh Bhruthair ann an Siorrachd Pheairt a' chiad soidhne a chaidh atharrachadh an Alba. Cha do dh'atharraich sinn gin aig an àm ud, dìreach pheant sinn na h-ainmean le peant geal. Cha robh fhios againn dè bha sinn a' dèanamh, bha sinn a' sgrìobhadh teachdaireachd air an rathad agus a' dràibheadh romhpa agus a' fàgail làrach nan tàidhearan air an rathad – 'Ceartas airson na Gàidhlig' agus rudan mar sin. Chan eil fhiosam ciamar nach do ghlac na poilis sinn an uair sin. Bha sinn cho cearbach, bha sinn dìreach gòrach.

"Rinn sinn a h-uile gin aca, a' tòiseachadh aig Baile a' Ghobhainn, Bruthar, suas Dail Chuinnidh, an Lagan, Drochaid Aonachain agus an uair sin theirig am peant agus cha b' urrainn dhuinn an còrr a dhèanamh. Thill sinn dhan Eilean Sgitheanach agus sgrìobh sinn tòrr litrichean gu pàipearan-naidheachd agus gu diofar bhuidhnean ag innse dè bha sinn a' dèanamh agus carson. Agus dh'amais gun cuala mi cuideigin air an rèidio ag ràdh gun robh am pàipear a bha seo a bha sinn a' cur a-mach gun ainm, gun robh e air a chur ri chèile le inntinn gheur neach-lagha oir bha e a' saoradh a h-uile duine bho chiont. 'S e mi fhèin is Steaphan a sgrìobh e anns a' chidsin ann an taigh an t-Sabhail.

"Bha e èibhinn ach aig an aon àm bha an t-eagal oirnn. Cha robh mise riamh na mo bheatha air dad ceàrr a dhèanamh. Tha mi gu nàdarra uabhasach laghail. Tha mi a' creidsinn gu làidir anns an lagh agus ann an ceartas oir tha e a' dìon iadsan is laige anns a' choimhearsnachd agus mura bheil sin agad chan eil agad ach ain-riaghaltas agus 's e an fheadhainn is laige is miosa thig às. Mar sin thug e tòrr àsam rud mì-laghhail a dhèanamh oir cha bhiodh e air bualadh orm dad ceàrr a dhèanamh – bha mi uabhasach stòlda agus tha fhathast.

"Pheant sinn an soidhne aig a' phort-adhair anns an Eilean agus aig Sgùlamus. Bha Co-labhairt aig a' Cholaiste air an t-slighe air adhart airson Gàidhlig. Chaidh sinn às ar ciall. Pheant sinn a h-uile soidhne ann an Slèite, a' fagail chomharran dhan phoilis oir bha sinn airson gun glacadh iad sinn agus gun toireadh iad gu cùirt sinn. Bha sinn airson cothrom fhaighinn bruidhinn anns a' chùirt agus a ràdh, ' 'S e cànan laghail a th' ann an Gàidhlig. Chan eil casg ga chur air a bhith ga chleachdadh.' Fhuair sinn crogan peant dearg agus chur sinn saighead aig soidhne Ach na Cloiche dìreach aig Sabhal Mòr Ostaig feuch an tigeadh na poilis gar cur an sàs agus mu dheireadh rinn iad sin ach is mise an aon duine thug iad gu cùirt oir bha iad air lorg-meòire leam fhaighinn air soidhne a' phuirt-adhair. Fhuair càch dheth.

"Bha mi uabhasach draghail oir cha robh mi riamh air a bhith aig cùirt. Cha robh mi eadhon air a bhith am broinn Taigh Cùirte agus cha robh sian a dh'fhios agam dè bhiodh a' tachairt. Ach stad mi a bhith draghail agus dh'fhàs mi cianail fiadhaich, bha an cuthach dearg orm, chan ann seach gun robh mi anns a' chùirt, bha mi air an lagh a briseadh, bha sin ceart gu leòr, ach seach nach leigeadh iad cead leam Gàidhlig a chleachdadh anns a' chùirt. Bha dithis bhalach bho Chomann na Cànain Chuimrich air òraid a thoirt seachad aig a' Cholaiste. Bha iadsan air a dhol tro na duilgheadasan seo mar thà, far nach fhaodadh iad Cuimris a chleachdadh gu gabhail ris gun robh e ceadaichte Cuimris a chleachdadh, seach gur e Cuimrich a bh' annta agus iad a' fuireach anns a' Chuimrigh. Agus thàinig e thugam, 'Carson nach biodh e an aon rud an Alba?'

"Dìreach seach gu bheil thu ag iarraidh Gàidhlig a chleachdadh chan eil sin a' ciallachadh gu bheil thu an aghaidh Beurla. Tha sinn cho fortanach gu bheil barrachd air Gàidhlig a-mhàin agus barrachd air Beurla a-mhàin anns an dùthaich seo, agus an àite a bhith a' coimhead air na rudan sin mar dhuilgheadasan, bu chòir dhuinn a bhith gam faicinn mar bhuannachd. Tha an aon rud fìor mu na daoine a th' air tighinn a dh'fhuireach dhan dhùthaich, gu h-àraid às Na h-Innseachan, agus tha e cho math do dhùthaich daoin' ùr a bhith a' tighinn a-staigh. 'S e dìreach an iomadachd agus am measgachadh – bha mi a' smaoineahadh gun robh e cudromach gum biodh a leithid ga bhrosnachadh.

"Bha neach-lagha agam, Dòmhnall Fearghasdan à Uibhist a Tuath a bha ag obair ann am Port Rìgh. Bha Gàidhlig aige. Dh'fhaighnich Dòmhnall dhomh dè bha mi ag iarraidh a dhèanamh, agus rinn e soilleir dhomh ma bha mi a' cur romham Gàidhlig a chleachdadh gum biodh iad cho dòcha mo charc gus an atharraichinn m' inntinn.

"Thuirt mi ris gur e sin an t-adhbhar gun do rinn mi an rud a rinn mi, gur ann gus suidheachadh na Gàidhlig anns an lagh a shoillseachadh. Bha Buill Pàrlamaid a' bruidhinn tòrr smodal ag ràdh gun robh gu cinnteach Gàidhlig co-ionann ri Beurla agus nach robh feum air reachdas, nach robh feum air atharrachadh. Mar sin dh'fheumamaid a dhèanamh soilleir gun robh Gàidhlig da-rìreabh ìochdarach aig an àm sin, agus tha mi a' smaoineachadh gur e sin an suidheachadh chun an latha an-diugh, tha e mar gum biodh tu balbh agus tha sin a' dèanamh tàir oirnn. Tha e nàir gum faod an stàit a cumhachd a chleachdadh an aghaidh muinntir na dùthcha, oir is sinne an stàit agus dè chòir a th' aig an stàit a bhith ag ràdh a leithid agus a bhith dì-moladh earrann dhen choimhearsnachd air sgàth an cànain. Innsidh neach-foghlaim sam bith dhut gur e an dòigh is fheàrr air ionnsaigh a thoirt air pàiste anns a' bhunsgoil 's e ionnsaigh a thoirt air an dòigh-bruidhne aca, a' toirt ionnsaigh air a' chànan aca.

"Mar sin, rinn mi fhèin is Dòmhnall Fearghasdan suas eadarainn gum feuchainnsa ri na b' urrainn dhomh de Ghàidhlig a bhruidhinn agus chuireadh esan am bocsa nam mionnan mi agus dh'fheumainn Gàidhlig a bhruidhinn. Agus an uair sin dh'fheumadh iad mo charc, ceart? Sin a bha sinn an dòchas co-dhiù. Agus an uair sin bheireadh iad air ais mi nuair a dh'atharraichinn m' inntinn. An uair sin bhruidhninn Gàidhlig a-rithist agus chuireadh iad sìos a-rithist mi, agus rachadh seo air adhart airson greis mhòr agus shealladh e cho fìor chearbach is a bha an suidheachadh. Bhithinn a' dol dhan phrìosan, cha b' ann seach gun robh mi ciontach ach seach gun robh mi diùltadh Beurla a bhruidhinn.

"Mar a thachair, nuair a bha agam ri mi fhèin a dhèanamh aithnichte anns a' chùirt, rinn mi sin ann an Gàidhlig ach cha do charc am britheamh idir mi. Dh'fheumadh e a dhol gu Neach-casaid a' Chrùin. Agus fhad 's a bha seo a' dol air adhart chaidh casg a chur air fear den luchd-fianais agam Gàidhlig a bhruidhinn anns a' chùirt agus bha seo math oir bha e a' dearbhadh gun robh an luchd-poilitigs agus na comhairlichean-lagha aca ri na breugan nuair a thuirt iad gun robh e ceadaichte do luchd-labhairt na Gàidhlig an cànan a chleachdadh anns a' chùirt.

"Ach bha fianais nam poilis truaillte mus d' fhuair mise cothrom a dhol a bhocsa nam mionnan, agus cha d' fhuair mi cothrom

Gàidhlig a bhruidhinn agus cha deach mo charc. Leig iad às mi. Gu fàbharach rinn Dòmhnall Fearghasdan ath-thagradh chun na h-Àrd-Chùirt an Dùn Èideann agus chaidh seo air beulaibh triùir bhritheamhan agus thug iadsan a-mach binn stèidhichte air "*the MacRae Case*" bho dheireadh na naoidheamh linn deug. An seo bha siorram air choreigin air a ràdh ma bha cuideigin ann aig nach robh ach Gàidhlig agus nach robh comasach air Beurla a bhruidhinn, gum biodh e ceadaichte dhaibh Gàidhlig a bhruidhinn anns a' Chùirt. Agus sin mar a tha mise ga thuigsinn, suidheachadh laghail na Gàidhlig anns a' chùirt chun an latha an-diugh."

Dh'fhàg Iain Mac an Tàilleir Sabhal Mòr Ostaig às dèidh seo agus chaidh e gu Colaiste Chnoc Iòrdain an Glaschu a thoirt a-mach a bhith na thidsear Gàidhlig. Chuir e seachad bliadhnaichean soirbheachail anns an dreuchd sin agus a' sgrìobhadh chùrsaichean Gàidhlig do luchd-ionnsachaidh. An-diugh tha e air ais na òraidiche aig an t-Sabhal agus gu dìcheallach a' sgrìobhadh a' Chùrsa Inntrigidh a tha cho cudromach ann a bhith a' sgaoileadh chothroman do luchd-ionnsachaidh na Gàidhlig anns an dùthaich seo fhèin agus air feadh an t-saoghail.

Ach bha buaidh eile gu bhith aig "Ceartas" air cùisean aig an t-Sabhal nach tàinig a-staigh air buill na buidhne sin nuair a bha iad a' strì nan dòigh fhèin, tro na cùirtean, ri ceartas fhaighinn dhan Ghàidhlig.

9. *A' Cholaiste air Bhog*

Ri linn Iain Mhic an Tàilleir a bhith air a chur an sàs agus air a thoirt gu cùirt choisinn "Ceartas" aithne nàiseanta ach cha b' e an seòrsa aithne a bha fastaichean Iain chòir ag iarraidh a bhith co-cheangailte ris an oidhirp a bha iad fhèin a' dèanamh a thaobh leasachadh na Gàidhlig gu lèir no idir, idir, Sabhal Mòr Ostaig.

"Nuair a thàinig "Ceartas" am follais, agus a fhuair na meadhanan grèim air", thuirt Ailean Caimbeul, "'s e Disathairne a bh' ann agus mar a shaoileadh tu bha pàipearan na Sàbaid làn dheth. Bha Donnchadh MacGuaire na Chathraiche air Bòrd an Urrais aig an àm, agus dh'fhòn e thugam madainn Diluain ag ràdh gun robh e air brath fhaighinn, ro naoi uairean sa mhadainn, bho fhear dhe na companaidhean mòra ola ag ràdh gun robh iad a' toirt air falbh an cuid taic.

"Thuirt Donnchadh riutha, 'Carson a dhèanadh sibh sin? Chan e na h-urrasairean a tha a' dol an sàs ann an eas-catharrachd air sgàth na Gàidhlig. Agus airson a bhith faidhir do Dhonnchadh, tha mi a' smaoineachadh gun tuirt e gun robh mòran dhe na h-urrasairean a' cur an taic ri rùintean "Ceartas" a thaobh a' chànain ged is dòcha nach ann mar sin a rachadh iad timcheall air, agus thuirt an duine seo: 'Uill, tha co-fhaireachdainn agam ris an argamaid agaibh agus an suidheachadh anns a bheil sibh, ach feumaidh sibh a thuigsinn nach fhaod sinne ach ar tabhartasan carthannach a thoirt do dh'iomairtean a tha neo-chonnspaideach, agus chan eil an iomairt agaibhse mar sin a-nis. Tha mi duilich, ach chan eil sinn a' dol a thoirt dhuibh an còrr airgid.'

"'S e fìor dhroch bhuille bha sin dhuinne. Chaill sinn tòrr airgid aig an àm sin, agus 's e rud a bha gu sònraichte cudromach gun robh an t-airgead sin, agus taic nan companaidhean a bharrachd, uabhasach cudromach nuair a bha sinn a' dol far an robh na buidheannan poblach. B' urrainn dhuinn a ràdh gun robh taic agus creideas againn bho na companaidhean prìobhaideach.

"Bha aon rud èibhinn mu dheidhinn. Tha cuimhn' agam neach-naidheachd ag ràdh aig an àm gun robh a' choimhearsnachd Ghàidhlig air fad tioram, seargte agus bha Donnchadh a' bruidhinn ri fear-lagha anns a' bhaile agus thuirt esan agus e ri fealla-dhà, 'Chan eil mi a' smaoineachadh gun leig na h-urrasairean dragh sam bith a ghabhail, ach nam b' e mise Ruairidh MacAoidh, Ceann-suidhe a' Chomuinn Ghàidhealaich, bhithinn da-rìreabh a' beachdachadh air a dhol gu lagh airson na thuirt e. Dh'fhaighnich mise dha, 'Carson?' agus thuirt esan: 'Nach eil fhios agad, tha bean òg aige agus dithis chloinne – dh'fhaodadh e a dhol gu cùirt agus dearbhadh nach robh e tioram no seargte.'

"Ach bha faireachdainn ann gum feumamaid a bhith faiceallach. Ma bha sinn a' dol a choileanadh amasan na Colaiste, dh'fheumamaid a bhith cinnteach nach robhar gar ceangal ri iomairtean airson a' chànain a bhiodh na bu fhreagarraiche air oileanaich. Bha sinne a' strì ri rud a stèidheachadh aig am biodh seasamh taobh a-staigh siostam an fhoghlaim, rud a tharraingeadh thuige airgead poblach agus prìobhaideach agus cha robh sinn a' dol a choileanadh sin ma bha sinn gu bhith air ar meas mar bhuidheann a bha an sàs ann an eas-ùmhlachd catharra.

"Bha sinn air ar glacadh leis a-sin agus bhiodh e fìor a ràdh cuideachd gun robh feadhainn dhe na h-urrasairean, an fheadhainn a bu shine 's dòcha, an fheadhainn a bh' aig an aois aig a bheil mise an-diugh, nach robh, mar gun canadh tu, cho taiceil a thaobh "Ceartas" is a bha feadhainn eile."

Agus cha b' e sin na h-aon duilgheadasan a bh' aig na h-Urraisearan ann an 1981. Bha an Cunntas Sluaigh a' sealltainn gun robh àireamh luchd-labhairt na Gàidhlig air a dhol sìos a-rithist. Ach 's e fiosrachadh caran annasach a bh' ann. Mar a tha An t-Àrd Ollamh Coinneach Mac Fhionghain ga mhìneachadh,

> Ann an 1981 bha 79,307 luchd-labhairt na Gàidhlig an Alba. Bha sin 10,000 na bu lugha na bh' ann an 1971 aig a' Chunntas Sluaigh mu dheireadh. Ach seach gun do ghabhadh ris gun robh na h-àireamhan an 1971 mì-chinnteach, bhiodh e na bu chiallaiche coimeas a' dhèanamh eadar àireamhan 1981 agus 1961. Agus bha iad an ìre mhath co-ionnan.

Mar a tha fhios againn, ann an 1982/83 fhuair a' Cholaiste dearbhadh fo iùl SCOTBEC a bhith a' teagasg chùrsaichean HND làn-thìde tro mheadhan na Gàidhlig. B' iad seo na ciad chùrsaichean làn-thìde a bha gu bhith air an teagasg aig a' Cholaiste agus bha aig na h-Urrasairean ri Stiùiriche a lorg an àite Iain Mhic an Tàilleir a bh' air a dhol a Cholaiste Chnoc Iòrdain. B' e dreuchd chudromach da-rìreabh a bha seo. Ma 's e Sabhal Mòr Ostaig, mar a thuirt Iain Noble, a' chiad cholaiste Ghàidhlig an Alba bho stèidhich Calum Cille e fhèin an Eilean Ì, cha dèanadh an còrr an gnothach mar Stiùiriche ach naomh, ach 's e naomh saoghalta a dh'fheumadh a bhith ann. Agus mar a bhiodh iomchaidh, fhuair iad an dearbh fhear an Èirinn.

Bha Seán Ó Drisceoil à Cill Chainnigh agus bha e air ceumnachadh ann an Ceimigeachd agus ann am Matamataig. Cha b' e Gaeilge a chainnt mhàtharail ach thàinig e gu bhith fileanta tro shiostam foghlaim na h-Èireann, "sgeama sgoinneil a bh' air a chur an sàs anns na sgoiltean an-seo aig deireadh caogadan na ficheadamh linn. Fhuair mi an teagasg àbhaisteach a fhuair a h-uile sgoilear – bha na h-uimhir de chomas againn ach cha robh sinn fileanta. Ach thug an sgeama seo cothrom do dh'oileanaich a dhol gu dachaighean Gaeilge airson trì mìosan tro thearm na sgoile, cha b' ann tro shaor-làithean an t-samhraidh. Bha thu mar fhear den teaghlach. Cha bhiodh ach aon oileanach anns gach teaghlach agus bha thu mar sin nad phàirt dhen teaghlach.

"Chaidh mise a Chonamara. Aig an àm sin, a thaobh cànain, bha e mar gun dreachadh tu dhan Fhraing. Cha robh Beurla idir aig na daoine anns an taigh far an robh mi a' fuireach ann an 1960 – a' bhliadhna thaghadh Kennedy mar Cheann-suidhe. Cha bhruidhneadh fear is bean an taighe ach Gaeilge agus bha beagan Beurla aig an nighean aca. Mar sin chaidh mi bho Ghaeilge na sgoile gu fileantachd an taobh a-staigh mìos – ach cha bhithinn air sin a dhèanamh às aonais Gaeilge na sgoile. B' e sin an ceum deatamach. Nam biodh tu air tighinn dhan t-suidheachadh seo gun facal Gaeilge, cha bhiodh tu air a' chùis a dhèanamh idir. Agus tha seo air aon rud a dhearbhadh dhomhsa, ged a thathar glè thric ga chàineadh, gu bheil na tha clann a' faighinn anns an sgoil gu tur deatamach – 's e a' chiad cheum a th' ann, agus tha e a' toirt roghainn dhut, roghainn a dhol air adhart gu fileantachd. Air feadh na dùthcha tha clann sgoile eadar deich agus còig bliadhn' deug a dh'aois aig a bheil deagh ghrèim air a' chànan. Ao-coltach riumsa agus gu leòr eile coltach rium, caillidh cuid aca an fhileantachd seo. Ach a-rithist cha chaill. Cha chaill iad gu tur idir e.

"Chaidh mi do dh'Oilthigh Bhaile Àth Cliath agus chaidh mi a dh'obair aig Companaidh Ceamaigeach nuair a dh'fhàg mi an t-Oilthigh. Ach bha mi airson faighinn a-mach à Baile Àth Cliath. Chaidh Údarás na Gaeltachta a stèidheachadh an 1980 agus chunnaic mi gun robh iad a' fastadh luchd-obrach. Chuir mi a-staigh airson obair agus fhuair mi obair ann an Gaillimh mu dheich mìle a-mach às a' bhaile anns a' Ghaeltacht. Mar sin fhuair mi a-mach às a' bhaile mhòr agus bha mi an sàs anns a' chànan.

"Bha mi dà thuras anns an Eilean Sgitheanach anns na seachdadan air saor-làithean, an toiseach an 1975 agus a-rithist an 1977. Air fear dhe na cuairtean sin thug mi a-mach cunntas leis a' *West Highland Free Press* agus bhiodh e a' tighinn thugam a h-uile seachdain agus sin mar a fhuair mi a-mach mun obair aig Sabhal Mòr Ostaig. Mura b' e sin cha bhithinn air fios fhaighinn mu dheidhinn oir cha robh na h-aon cheanglaichean eadar an dà Ghàidhealtachd is a th' ann an-diugh."

"'S e mi fhèin agus Dòmhnall Iain MacAoidh agus Donnchadh MacGuaire a' bhuidheann a thug agallamh dhan fheadhainn a chuir a-staigh airson na h-obrach – a' chiad Phrionnsapal làn-thìde aig Sabhal Mòr Ostaig," tha Ailean Caimbeul a' cuimhneachadh. "B' e fear dhe na tagraichean Seán Ó Drisceoil. Bha na h-agallamhan ann an oifisean a' *Manpower Services Commission* air Sràid na h-Acadamaidh an Inbhir Nis. Bha Dòmhnall Iain MacAoidh air a' Bhòrd aca agus 's fheudar gun d' fhuair e iasad de rùm. Bha Dòmhnall Iain fiosrach ann a bhith a' dèiligeadh ri luchd-obrach. Bha e làn bheachdan is innleachdan air mar a bu chòir do luchd-obrach a bhith air an stiùireadh. 'S e fear dhe na h-innleachdan a bu toil leis a bhith a' cleachdadh 's e a bhith a' faighneachd ceist a bha gu tur eadar-dhealaichte bhon ghnothach air an robh iad a' bruidhinn.

"Bha sinne an sin a' bruidhinn ri Seán nuair a thàinig Dòmhnall Iain a-mach leis a' cheist: 'A bheil piuthar no bràthair agad?' agus cha robh Seán uabhasach cinnteach càit' an robh seo a' dol, agus thuirt e: 'Tha, tha dusan againn ann,' no ge bith dè bh' ann. Agus thuirt Dòmhnall Iain: 'Càit' a bheil thusa a' tighinn a-staigh?' Thuirt Seán: 'Anns a' mheadhain. 'S e càraid a th' annainn, mi fhèin is mo phiuthar.' Agus thuirt Dòmhnall Iain: 'A bheil sibh co-ionnan?' agus chuir Seán a chorrag air a bhilean agus thuirt e: 'Chan eil, 's e caileag a th' innte'. Uill, chaidh mi fhèin is Donnchadh MacGuaire nar butaichean a' gàireachdaich."

"Bha a' chiad agallamh ann an Inbhir Nis," thuirt Seán Ó Drisceoil, air Dihaoine na Càisg 1983, agus an uair sin bha agam ri dhol dhan Eilean Sgitheanach a choinneachadh ri Jack MacArtair a bha a' gabhail thairis bho Dhonnchadh mar Chathraiche Bòrd an Urrais. Thòisich an agallamh an Inbhir Nis ann an Gàidhlig ach bha e follaiseach nach b' urrainn dhuinn ach na h-uimhir a dhèanamh a' cleachdadh Gaeilge agus Gàidhlig. Gu sòisealta tha e nas fhasa ach aig agallamh aig an ìre seo tha e duilich. Feumaidh na cluasan fàs cleachdte ris . . .

"Ach fhuair sinn air adhart glè mhath agus chaidh mi dhan Eilean Sgitheanach agus thachair mi ri Jack MacArtair agus a-rithist bha sinn glè dhòigheil, agus cha robh teagamh agam nach biodh an obair air a tathann dhomh às dèidh na h-agallaimh aon uair is gum faigheadh iad dearbhadh air na teisteanasan agam agus air m' eòlas. Thachair mi ri Jack MacArtair aig Sabhal Mòr, agus b' e sin a' chiad uair a chunnaic mi an togalach fhèin. Bha an dàrna leth dheth sgriosail agus an leth eile dòchasach – bha aon 'L' dhen cheart-chèarnag an ìre mhath deiseil agus an 'L' eile . . . uill, bha na làraidhean an sin agus bha na digearan an sin ach chithinn gun tigeadh e thuige.

"Thòisich mi anns an obair air a' chiad latha dhen Iuchar 1983 agus bha e mar dhleastanas orm an toiseach dèanamh cinnteach gum biodh Sabhal Mòr Ostaig deiseil airson a' chiad chùrsa le teisteanas an Gnìomhachas agus Foghlam na Gàidhealtachd a chur air bhog air a' chiad latha dhen Dàmhair 1983. Bha againn ri luchd-obrach fhastadh, bha againn ri oileanaich fhaighinn agus bha an t-ionmhas ri chur air dòigh.

"Fhuair sinn luchd-obrach anns an dòigh àbhaisteach, le bhith a' cur shanasan dha na pàipearan naidheachd agus a' toirt agallamh dhaibhsan a bhiodh freagarrach. Fhuair sinn Iain Tormod MacLeòid – b' esan an t-àrd òraidiche – agus an uair sin fhuair sinn Aonghas Dòmhnallach agus Ailean Ainsley."

Chaidh Iain Tormod MacLeòid gu Bunsgoil an Dìg agus do dh'Àrdsgoil Phort Rìgh. Chaidh e an uair sin gu Oilthigh Ghlaschu agus do Cholaiste Chnoc Iòrdain far an tug e a-mach a bhith na thidsear eachdraidh agus bha e a' teagasg eachdraidh ann an Àrdsgoil a' Phluic an iar-dheas Siorrachd Rois. "Bha mi anns a' Phloc, a' teagasg eachdraidh airson còig no sia bhliadhna nuair a nochd an sanas airson Sabhal Mòr Ostaig an 1983," thuirt e. "Bha iad a' sireadh luchd-òraid – dh'innis iad dè na cuspairean a bha dhìth orra agus fhuair mi foirm-iarrtais agus ro-shealladh. Feumaidh mi aideachadh gun robh ùidh mhòr agam anns an obair, oir 's e eachdraidh mo dhaoine fhèin a bha seo seach eachdraidh oifigeil clàr-obrach na sgoile a bha mi a' teagasg anns a' Phloc. Bha ùidh agam riamh ann an eachdraidh, gu sònraichte eachdraidh ionadail agus cha robh mòran cothrom an uair sin a leithid a theagasg anns an sgoil.

"Tha cùisean air atharrachadh a-nis anns na sgoiltean, tha mi a' smaoineachadh, oir tha barrachd cuideam ga chur air eachdraidh sgìreil agus cuspairean mar Na Fuadaichean. Ach aig an àm ud 's ann tro bhàrdachd a bha sinn a' faighinn eòlas air ar n-eachdraidh. Tha cuimhn' agam fhèin a bhith a' dèanamh fear de na bàird Ghàidhealach anns an sgoil – tha mi a' smaoineachadh gur e Iain Lom a bh' ann – agus tha thu a' faighinn tòrr eachdraidh tro a bhith a' leughadh bàrdachd. Ach ann an 1983 bha mi air mo mhòr-ghlacadh le clàr-obrach Sabhal Mòr Ostaig – chan e dìreach gun robh e a' coimhead air an eachdraidh againn fhèin, bha e gu mòr a' coimhead a-mach cuideachd, agus tha mi a' smaoineachadh gun do lean sin anns na cùrsaichean againn agus am foghlam a tha sinn a' lìbhrigeadh, agus anns na cothroman a tha rim faighinn aig an t-Sabhal Mhòr".

"'S e bh' air a chur romhainn," thuirt Seán Ó Drisceoil, "ach a' chiad Cholaiste airson foghlam treas ìre tro mheadhan na Gàidhlig anns an t-saoghal a stèidheachadh. An eiseimpleir a b' fhaisge gheibheadh tu aig an àm 's e Colaiste Oilthigh Ghaillimh. Ach chan e ionad sònraichte tro mheadhan na Gaeilge a bh' ann an Gaillimh. Bha roghainn aig na h-oileanaich co-dhiù dheanadh iad an cùrsaichean an Gaeilge no am Beurla agus sin far an robh an laigse. Ach rinn iad tòrr feum nan latha, agus b' iad an aon eiseimpleir a bh' ann airson Sabhal Mòr Ostaig.

"Thàinig mi don Cholaiste air iasad bhon Údarás, agus tha an dà chuid mi fhèin agus a' Cholaiste fada nan comain. Bha iad fialaidh – dh'aontaich iad iasad trì bliadhna, ach rinn iad soilleir nach fhaodadh e a bhith na b' fhaide na trì bliadhna. Bha suidheachadh an ionmhais an còmhnaidh cudromach ach rud eile a bha cudromach, aig an àm sin an 1983, 's e gun robh daoine ag ràdh nach maireadh Sabhal Mòr Ostaig ach bliadhna no dhà agus cha robh iad cho taiceil is a dh'fhaodadh iad. Mar sin bha sinn an comain an Údaráis airson gun do ghabh iad ris an iasad, oir bha an suidheachadh anns an robh a' Cholaiste cunnartach agus bha an t-iasad a' ciallachadh gum faodainnsa tighinn dhan Eilean Sgitheanach gun chunnart oir bha fhiosam gum faodainn tilleadh a dh'Èirinn agus chun an Údaráis.

"As t-Samhradh thòisich mi ri àirneis òrdanachadh – bha sinn ag obair air a' bhunait gum biodh an sruth-airgid ceart gu leòr. Dh'fheumamaid coimpiutairean – bha sinn airson gum biodh a h-uile goireas ùr againn, agus fhuair sinn na coimpiutairean bho Bhòrd

Leasachaidh na Gàidhealtachd is nan Eilean. Bha ceithir rumannan-òraid againn agus An Talla Mhòr. Agus dh'uidheamaich sinn iad.

"An ath rud a rinn mi 's e sruth-airgid airson na h-ath bhliadhna 1983-84, no co-dhiù airson a' chiad shia mìosan, agus fhuair mi a-mach gun robh sinn a' dol a ruith a-mach à airgead aig toiseach an Dàmhair dìreach nuair a bha a' chiad bhuidheann de dh'oileanaich a' tòiseachadh. Agus nuair a thòisicheas tu ri ruith a-mach à airgead, tha e a' falbh na dheann. Bha ro-tharraing £15,000 againn le Banca na h-Alba anns an Àth Leathann aig an àm le manaidsear a bha uabhasach cruaidh, Ronaidh Moireasdan às Na Hearadh. Bheireadh e chun am fòn mi nam biomaid ceud not thairis air na £15,000. Bha oillt orm a bhith air m' èigheach chun am fòn.

"Bha coinneamh agam ri na h-urrasairean ann an Cille Chuimein, aig deireadh an Lùnastail 1983, agus chuir mi na figearan mun coinneamh agus thuirt mi: 'Tha sinn a' dol a ruith a-mach à airgead ann an còig no sia sheachdainean. Sin dìreach nuair a bhios an cùrsa air ùr-thòiseachadh. Tha fhiosam gum faigh sinn tòrr foillseachaidh an uair sin ach an ceann cola-deug cha bhi sgeul air.

"Tha mi a' moladh gu dùrachdach an cùrsa chur air ais airson bliadhna. Feumaidh e fuireach gus an tig an tuilleadh ionmhais. Agus thàinig am freagairt bho na h-urrasairean; 'Cha chuir sinn air ais e – tha sinn a' dol air adhart leis!' Mar sin lean sinn oirnn. Mìos air adhart chun an latha, dh'iarradh orm fhèin agus air Tormod Calum Dòmhnallach tighinn a dh'Inbhir Nis. Bha Tormod Calum na rùnaire aig a' Cholaiste aig an àm – 's e rianadair air leth a bh' ann agus bha mi a' cur mòran earbs' ann. Bha Donnchadh MacGuaire fhathast na Chathraiche air Bòrd an Urrais agus thuirt e; 'Tha sinn a' dol a ruith a-mach à airgead air an ath sheachdain, mar sin feumaidh sibh an luchd-obrach a phàigheadh dheth'. Sin dìreach mar a bh' air a bhith soilleir bhon t-sruth-airgid. Cha robh an tuilleadh airgid air tighinn anns an eadar-ama. Mìos na bu tràithe bha mi air iarraidh air Iain Tormod MacLeòid Àrdsgoil a' Phluic fhàgail, agus mi ag ràdh rium fhèin; 'Ciamar a dh'iarras mise air an duine seo obair chunbhalach le peinnsean fhàgail agus seo a ghabhail air fhèin – am bu chòir dhomh an fhìrinn innse dha?' Choimhead mi fhèin agus Tormod Calum air a chèile agus thuirt sinn, 'Ciamar a thèid againn air seo a dhèanamh?' Bha sinn ag argamaid ri Donnchadh: 'Chan eil e cho furasta sin.' Agus mu dheireadh thuirt Donnchadh, 'Chan eil ach feuchainn ri iasad fhaighinn à badeigin airson a mhaoineachadh.'

"Chan eil mi uabhasach cinnteach cò chaidh chun am fòn ach cha robh againn ach an aon chothrom agus b' e sin Iain Noble. Fhuair sinn grèim air Iain Noble agus thug e dhuinn iasad £50,000. A' coimhead air ais sin an t-àm a bha deatamach oir fhuair sinn an uair sin airgead bhon Roinn Eòrpa agus na h-uimhir de dh'ionmhas à siud 's à seo. Ach bha an t-àm sin deatamach.

"A-nis bha taobh èibhinn air an sgeul. Shuas am Banca na h-Alba anns an Àth Leathann bha Ronaidh Moireasdan, mar bu dual, a' cumail sùil air na figearan. Aon uair is gun dreachamaid thairis air an £15,000 thigeadh am fòn eagallach seo. Chanainnsa ri Christine Primrose, 'Na cuir troimhe e!' Fhuair Iain Noble còir an £50,000 a bha sinn a dhìth, agus chaidh e às an t-sealladh anns a' chunntas làitheil aig a' Cholaiste far an deach a' mhòr-chuid dheth a chosg ach gun robh £17,000 air fhàgail againn an creideas. Mar sin, bha mise anns an oifis agam, agus chuala mi am fòn, agus thuirt Christine Primrose gun robh Ronaidh Moireasdan air am fòn. "Uill, Ronaidh, ciamar a tha sibh?' Ach cha robh 'Ciamar a tha thu' a' tighinn bhon cheann eile. 'S e bh' ann ach,"Dè tha thu a' dol a dhèanamh mun seo? Tha thu aig £17,000 agus cha tug mise dhut cead a dhol thairis air a' chùmhnant.' Bha e cho cleachdte ri bhith a' faicinn DR air cunntas Sabhal Mòr – cha do smaoinich e air coimhead an robh DR ann! Agus cha robh mi riamh cho toilichte na mo bheatha nuair a thuirt mi; 'Ronaidh, an e DR tha sin no CR?' . . . cha robh guth a' tighinn bho cheann eile na loidhne, agus an uair sin thòisich na leisgeulan ri spùtadh a-mach!

"Mar sin thòisich a' chiad seachd oileanaich. Tha mi a' smaoineachadh gun robh iad uile fileanta agus bha iad uile bho na h-Eileanan an Iar – bho Bharraigh gu Leòdhas, bha iad ann bho na h-eileanan a bu mhotha air fad: Uibhist a Deas, Uibhist a Tuath, na Hearadh agus Leòdhas. 'S e cùrsa dà bhliadhna bh' ann ann an Gnìomhachas agus Foghlam na Gàidhealtachd. Bha measgachadh ann de ghnìomhachas agus rianachd agus leasachadh roinneil. Sin cridhe nan raointean a bha sinn a' beachdachadh air aig ìre foghlaim adhartaich, mar gun canadh tu. Tha mi a' smaoineachadh gur e an rud a bu chudromaiche mun chùrsa sin 's e nach biodh na h-oileanaich air an cur dheth le bhith a' tighinn gu àite mar Shlèite. Eadhon a' tighinn às na h-Eileanan an Iar gu àite sàmhach dùthchail mar Shlèite dh'fhaodadh iad fàs searbh – cha robh mòran a' tachairt. Mar sin, rinn sinn oidhirp mhòr gus tachartasan sòisealta chur air adhart. Bha sinn fortanach le na taighean-òsda an Àird a' Bhàsair, agus an Armadal agus cuideachd Eilean Iarmain agus Tòrabhaig, far am faigheamaid rudan gu dol.

"Rud cudromach eile 's e an dòigh anns an robh sinn a' dèiligeadh ris a' chlàr-obrach. Anns an àbhaist 's ann às dèidh ceum eile thoirt a-mach a bhios oileanaich a' dèanamh cùrsa gnìomhachais agus rianachd, gus eòlas a thoirt dhaibh air dòighean obrach. Fhuair sinn thairis air an duilgheadas sin le na h-oileanaich againne le bhith a' cruthachadh shuidheachaidhean fìor. Rinn sinn cinnteach gun robh companaidhean gan stèidheachadh, agus bha aig na h-oileanaich ri na companaidhean sin a ruith iad fhèin. Bha sinn a' dèanamh cinnteach gun robh an cùrsa inntinneach le bhith a' cleachdadh chompanaidhean fìor – thòisich sinn anns a' chiad sheachdain le bhith ag ràdh; 'Seadh ma tha, tha sinn an seo ann an Slèite, agus 's e bha sinn a' sùileachadh ach gum biomaid ag obair ann an Slèite agus a-mach à sin. Chan eil e gu diofar ciamar a dh'ionnsaicheas tu cunntasachd, gnìomhachas, cruinn-eòlas roinneil, feumaidh tu dèiligeadh le Slèite; an cùrsa a stèidheachadh an Slèite an toiseach. Tha thu stèidhichte an sin, agus an uair sin tha thu ag obair a-mach às.

"Anns a' chiad sheachdain fhuair sinn bàta agus ghabh sinn turas a-mach à Armadal gu Loch Shlaopainn. Bha sinn airson gum faiceadh na h-oileanaich an àrainneachd anns an robh iad suidhichte a-nis, an àrainneachd ionadail, agus seach gun robh iad uile às na h-Eileanan an Iar cha robh iad eòlach air an àite. Sheall sinn na bailtean falamh dhaibh – bha Boraraig air fear dhiubh thall an Loch Eiseart – sin an seòrsa rud a b' urrainn dhuinn a dhèanamh. Agus bha sin soirbheachail. Bha cunntasachd a' dèanamh ciall – chan eil mi ag ràdh gun robh eaconomachd a' dèanamh ciall, ach gu cinnteach cunntasachd agus coimpiutaireachd. Bha eòlas sòisealtais e fhèin deatamach, agus tha Aonghas Dòmhnallach agus Iain Tormod MacLeòid rim moladh gu mòr – oir ghabh iad uallach mòr orra fhèin a' chiad bhliadhna bha sin. Bhiodh daoine ag ràdh rium; 'Dìreach seachd oileanaich!' – ach chan eil e gu diofar co-dhiù tha aon oileanach agad anns a' chlas no deich air fhichead, tha an aon deasachadh agad ri dhèanamh. Uaireannan mar is lugha th' agad 's ann is duilghe dh'fhaodas e a bhith, ach aig an aon àm 's e deagh àireamh a th' ann an seachdnar.

"Rud eile bha inntinneach mun a' chiad bhliadhna 's e a-mach às an t-seachdnar oileanach 's e nigheanan a bh' ann an sianar dhiubh, agus dh'èirich duilgheadas beag eile timcheall air a' ghnè neo-ionannachd a bha seo anns a' Ghearran 1984, nuair a bha an aon bhalach air a' chùrsa a' dol a dh'fhàgail. Bha e a' smaoineachadh nach robh an cùrsa freagarrach dha. 'S e fìor dhuilgheadas a bha seo oir bha e soilleir dhuinn uile gur e suidheachadh car annasach a bhiodh ann mura biodh air a' chlas ach nigheanan. Thuig sinn gun robh duilgheadas againn, agus dh'fhaighnich sinn do Dhòmhnall Saunders am fuiricheadh e agus rinn e sin, agus bidh sinn gu sìorraidh na chomain gun do dh'atharraich e inntinn agus gun do dh'fhuirich e.

"Anns a' chiad bhliadhna bha siud bha faireachdainn aig na h-oileanaich gun robh iad mar thùsairean, a' dèanamh rud nach do rinn duine sam bith eile riamh roimhe. Tha mi a' smaoineachadh gun robh seo deatamach ann a bhith gan cumail a' dol. Rud eile a bha a' cumail spiorad na tùsaireachd a' dol 's e na bha sinn a' faighinn de dh'aire bho na companaidhean telebhisein. Tha mi a' smaoineachadh, anns a' chiad shia mìosan, gun tàinig a h-uile seanal telebhisein anns an Rìoghachd Aonaichte far an robh sinn. 'S ann ainneamh nach biodh companaidh telebhisein air an làraich agus chanadh iad: ' Am biodh tu leigte ri na h-oileanaich seo a dhèanamh no siud a dhèanamh?' agus bha seo a' brosnachadh spiorad na tùsaireachd cuideachd, agus bha sin deatamach.

"Tràth aig toiseach 1984 bha againn ri tòiseachadh ri dhol air thòir oileanaich na h-ath bhliadhna. Chuir sinn sanasan dha na pàipearan naidheachd agus chuir sinn cuairt air na h-Eilean an Iar a bhruidhinn ri na sgoiltean. Bha sinn a' dèanamh an aon rud is a bha na Colaistean is na h-Oilthighean eile a' dèanamh. Bha e follaiseach cuideachd gun robh Ceannardan Sgoile leithid Eddie Young an Sgoil MhicNeacail agus Jim Rodger an Àrdsgoil Phort Rìgh caran mì-chinnteach mun t-Sabhal. Bha sinn aig an àm ud gu sònraichte a' sireadh oileanaich aig an robh Gàidhlig fhileanta, oileanaich a bhiodh cofhurtail a' dèanamh cùrsa tro mheadhan na Gàidhlig. Chan fheumadh iad teisteanas Gàidhlig aig Àrd Ìre – bha gu leòr de luchd-labhairt na Gàidhlig aig nach robh Gàidhlig aig Àrd Ìre; tha an aon rud fìor ann an Gaeltacht na h-Èireann.

Aig toiseach na dàrna bliadhna acadaimigich thòisich sinn leis an aon àireamh oileanach is a bh' againn anns a' chiad bhliadhna; seachdnar eile. Dh'fhalbh Aonghas Dòmhnallach gu dreuchd eile aig deireadh na ciad bhliadhna agus mar sin bha sinn a' sireadh cuideigin a ghabhadh cùram taobh na cunntasachd agus bha sinn uabhasach fortanach gun d' fhuair sinn Ruairidh Mac a' Phì à Uibhist a Deas gus sin a dhèanamh."

10. A' Gluasad air Adhart

Thàinig Tormod MacIllÌosa gu Sabhal Mòr Ostaig mar Rùnaire na Colaiste an 1983 agus bhiodh e fìor a ràdh gur e seo aon de na ceumannan a bu chudromaiche ann an eachdraidh na Colaiste thuige seo. Mar a rinn mòran dhe ghinealach, bha Tormod air dùthaich àraich fhàgail nuair a thàinig e gu ìre. "Ma bha thu a' dol air adhart ann am foghlam, bha dùil gum falbhadh tu gu tìr-mòr oir cha robh thu a' dol a dh'fhaighinn an rud a bha thu ag iarraidh air an eilean.

"Tha mi a' smaoineachadh gun robh a' bheachd ann cuideachd gun robh e mar fhiachaibh ort falbh, nach robh dad an seo dhut, air do thogail air croit. Cha bhithinn air a bhith nam chroitear uabhasach math co-dhiù, ach cha chreid mi gun robh mi air an cothrom sin fhaighinn, oir bha mi riamh air mo phutadh gus rudeigin na b' fheàrr a dhèanamh. Bha e dualach do phàrantan a bhith ag ràdh; 'Feumaidh tu dèanamh nas fheàrr na rinn sinne.' Cha robh sian a dh'fhios agam dè bha mi a' dol a dhèanamh nuair a dh'fhàg mi an sgoil. Tha cuimhn' agam a bhith a' beachdachadh greiseag air rudan mar a dhol gu Hong Kong chun a' phoilis no a dhol dha na h-Innseachan agus àiteachan eile mar sin, rudan a bha romantaig – bha obraichean colòiniach fhathast ann aig an àm sin agus bha cothroman ann.

"Bha Fearchar Mac an Tòisich na Cheannard nuair a bha mi anns na bliadhnaichean mu dheireadh an Àrdsgoil Phort Rìgh agus rinn Fearchar caiptean sgoile dhìom – tha ceist ann dè cho soirbheachail is a bha mi. Tha cuimhn' agam gun do sgrìobh fear dhe na balaich ann an iris na sgoile aig an àm, ''S e deagh *phrefect* a th' ann an Tormod MacIllÌosa oir leigidh e leat a bhith a' smocadh anns na taighean beaga.' Ach mar a thuirt mi cha robh mi cinnteach dè bha mi a' dol a dhèanamh nuair a dh'fhàgainn an sgoil ach mu dheireadh chaidh mi gu Oilthigh Shrath Chluaidh a dhèanamh rianachd taigh-òsta, agus a' coimhead air ais tha mi a' smaoineachadh gun do rinn sin feum dhomh ach chan eil mi a' smaoineachadh gun robh mo chridhe ann. Bha sinn a' bruidhinn air an seo bho chionn ghoirid, nan robh thu a' dol air ais dhan Oilthigh aig an dearbh àm seo, anns an linn seo fhèin, dè dhèanadh tu? Dhèanainn Litreachas Beurla no rudeigin mar sin. Ach air ais am meadhan na ficheadamh linn, rinn mi rianachd. Tha mi air a bhith an sàs ann an rianachd bhon uair sin agus 's e rianachd a tha mi ris an seo.

"Mus tàinig mi gu Sabhal Mòr Ostaig bha mi ochd bliadhna ag obair ann an gnìomhachas thogalach agus ochd bliadhna ann an gnìomhasach solarachd agus thaighean-òsta. Bha mi ann an Glaschu, an Liverpool, thall 's a-bhos, anns gach àite. An uair sin thàinig mi dhachaigh airson greis gu Taigh-òsta Fhlòdaigearraidh – anns na làithean sin còmhla ri Miss Kelly. Bha mi bliadhna no dhà an sin, agus sin far an do thachair mi ri mo bhean. 'S e oileanach a bh' innte agus thàinig i, còmhla ri caraid, a chur an t-samhraidh seachad ag obair anns an taigh-òsta.

"Nuair a dh'fhàg ise gus a dhol a dh'obair aig Seirbheisean Sòisealta Shrath Chluaidh lean mis' i a Ghlaschu, agus sin far an deach mi dhan ghnìomhachas thogalach, ag obair ann an rianachd. Agus an uair sin ghluais a' chompanaidh aig an robh mi ag obair a-mach a Shiorrachd Lannraig. 'S ann às a bha Sìne agus fhuair sinn taigh ann an Lannraig agus sin far an robh sinn airson ochd bliadhna.

"Tha e an còmhnaidh nad inntinn gum biodh e math tilleadh dhachaigh, ach chan eil thu uair sam bith a' smaoineachadh gun tèid agad ri sin a dhèanamh gus an leig thu dhiot do dhreuchd. Ach feumaidh gun robh e nam inntinn gum bu toil leam a dhèanamh, agus mu 1980 chunnaic mi sanas airson obair aig Bòrd Leasachaidh na Gàidhealtachd is nan Eilean agus chaidh mi a bhruidhinn ri Bob Storey. 'S e duine sònraichte bh' ann am Bob agus rinn e feum mòr dhan Ghàidhealtachd a thaobh mar a bha e a' dèiligeadh ri leasachadh sòisealta aig a' Bhòrd agus thuirt e rium, 'chan eil an tuarastal a tha sinn a' tathann leis an obair seo uabhasach math an-drasta; bhiodh tu na b' fheàrr am badeigin eile, ach ma thig mi tarsainn air rudeigin freagarrach leigidh mi fhaicinn dhut'. Bha sanas aig Iain Noble anns a' phàipear agus choinnich mi ris ann an Dùn Èideann agus bha sinn a' còmhradh agus bha e fhèin inntinneach agus bha ùidh agam anns na rudan a bha e a' dèanamh. Nuair a bha iad a' sireadh Rùnaire airson Sabhal Mòr Ostaig tha mi a' smaoineachadh gun do thog Iain Noble m' ainm ann an còmhradh ri Jack MacArtair. Fhuair mi fòn bho Jack. Bha seo anns an Dàmhair 1983. Bha Seán Ó Drisceoil ann mar Phrionnsapal agus bha rudan a' tòiseachadh ri gluasad."

Bha an obair a rinn an t-Urr. Jack MacArtair a thaobh leasachadh Gàidhlig agus foghlam deatamach ann an trì siorrachadan Gàidhealach. Bha Jack às na Lochan ann an Leòdhas agus bha e air ùidh a ghabhail ann am poilitigs nuair a bha e an Oilthigh Ghlaschu aig an aon àm ri John Smith agus ri Donald Dewar a bha a-rithist gu bhith nan ceannardan air a' Phartaidh Làbarach.

An 1966 chaidh Jack gu bhith na mhinistear anns an Eaglais Stèidhichte an Ceann Loch Biorbhaigh ann an Cataibh, far an robh e na Chathraiche air Comataidh an Fhoghlaim aig a' Chomhairle Ionadail. Às dèidh sin chaidh e a Chàrlabhagh an Leòdhas an 1971 agus cha b' urrainn dha a bhith air a dhol ann aig àm na b' fheàrr oir bha e gu bhith deatamach a-rithist ann an Comhairle nan Eilean nuair a chaidh a stèidheachadh an 1974. Bha e na Chathraiche air Comataidh an Fhoghlaim agus, "bha e adhartach na bheachdan agus comasach," thuirt an Comhairliche, an t-Athair Calum MacIllFhialain, "agus bha tarraing pearsa aige a bharrachd'" Mar a thuirt Comhairliche ainmeil eile, Sandaidh MacMhathain, "bha e an seo aig àm caran cugallach dha na h-Eileanan an Iar, nuair a bha mòran anns an Raon Mheadhanach agus an Oifis na h-Alba teagmhach an robh daoine le comas anns na h-eileanan gus gum biodh iad soirbheachail mar chomhairle ionadail. Anns an t-seadh sin bha Jack na thosgaire math da-rìreabh dhuinn."

An 1979 ghluais an t-Urr. Jack MacArtair a-rithist, an turas seo gu coitheanal an Àtha Leathainn anns an Eilean Sgitheanach agus cha b' fhada gus an do thaghadh e mar Chomhairliche air Comhairle na Gàidhealtachd agus gu Bòrd an Urrais aig Sabhal Mòr Ostaig. "Thachair mi ri Jack MacArtair airson a' chiad turas nuair a thàinig e dhan Àth Leathann," thuirt Ailean Caimbeul. Tha mi moiteil gun urrainn dhomh a ràdh gun robh càirdeas gu math dlùth eadarainn agus coltach ri mòran eile tha mi fhathast ga chaoidh bhon a chaochail e an 2002. Bha gliocas aige, agus tàlantan air a bheil sinn cho feumach. Ma tha duin' ann a bu chòir a bhith air cumail ag obair gun robh e ceud bliadhna dh'aois 's e Jack MacArtair.

"Nuair a thàinig Jack gu Sabhal Mòr Ostaig thug e thugainn tòrr eòlais air foghlam aig ìre Ùghdarrais Ionadail agus air ionmhas agus pròtacal a bharrachd – an seòrsa sgilean cudromach a dh'fheumas tu airson creideas fhaighinn bhon roinn phoblaich. Agus thug e thugainn rudeigin nach eil aig a h-uile duine aig a bheil na sgilean a bh' aige, thug e thugainn an lèirsinn agus an dealas gus coimhead air adhart.

"Aon turas, agus tha seo cho coltach ris an doigh-obrach aige – bha sinn air suim beag a bharrachd fhaighinn à Dùn Èideann; cha d' fhuair sinn na dh'iarr sinn ach fhuair sinn na h-uimhir. Aig coinneamh nan urrasair, an àite a bhith taingeil airson na fhuair sinn, bha a h-uile duine a' gearain, agus a' sìor ghearain, cho beag is a fhuair sinn.

"Dh'èist Jack, bha e math aig an sin, leigeadh e le càch na bh' aca ri ràdh a ràdh agus an uair sin thigeadh e fhèin a-staigh agus mholadh e h-uile duine. An latha seo aig an t-Sabhal thuirt e, 'A bheil fhios agaibh dè tha mise a' smaoineachadh a bu chòir dhuinn a dhèanamh? Tha mi a' smaoineachadh gum bu chòir dhuinn sgrìobhadh a Dhùn Èideann agus taing a thoirt dhaibh airson na thug iad dhuinn. Chan eil e an nàdar a' Ghàidheil a bhith mì-mhodhail agus mì-thaingeil, ach sin an ìomhaigh a tha sinn a' toirt seachad dhinn fhèin.

'Tha fear na shuidhe aig deasc shìos an Dùn Èideann, agus dh'fhaodadh gun deach e gu saothair mhòr gus am beagan mhìle not seo fhaighinn dhuinn, agus dè tha e a' cluinntinn? Tha dìreach sinne a' gearain. Agus canaidh e; 'Biodh iad a' dol'. Ach ma chuireas sinne litir bheag chòir thuige ag ràdh, 'Mòran taing airson a' chuideachaidh a thug sibh dhuinn', bidh cuimhn' aige air an sin.'

"Sin an seòrsa tuigse agus càirdeas a bh' aig Jack. Agus bha e làn spòrs cuideachd. Tha cuimhn' agam Donnchadh MacGuaire a bhith aig coinneamh turas, agus Jack anns a' chathair. Bha a' choinneamh ann an Inbhir Nis agus bha Donnchadh uabhasach an-fhoiseil. Bha e a-mach 's a-staigh fad na h-ùine agus mu dheireadh thuirt e, "Tha mi duilich, fhir na cathrach, ach feumaidh mi fios fhaighinn bho Ospadal Ràthaig Mhòir oir tha dùil againn ri leanaibh eile.' Thuirt Jack, 'O meal do naidheachd, cia mheud tha sin?' Thuirt Donnchadh, 'An treas duine.' Thuirt Jack gun fiamh, gun bhriseadh air aodann, 'Sin an rud mun fheadhainn sin a tha fada gun tòiseachadh, cha teid ac' air stad !'"

Aig deireadh 1983 fhuair Tormod MacIllÌosa am fòn deatamach sin bho Jack, "'S ann am meadhan na seachdain a bha seo agus dh'fhaighnich e dhomh an tiginn gu agallamh Disathairne. Thàinig mi agus thachair mi ri Jack agus ri Ailean agus sin agad e – b' e an dreuchd Rùnaire na Colaiste, le cùram airson rianachd. A-nis cha robh a' Cholaiste uabhasach mòr an uair sin, bha iad dìreach a' tòiseach ri luchd-obrach fhastadh. 'S iad Tormod Calum Dòmhnallach agus Christine Primrose a bha a' coimhead às dèidh chùisean. Mar a thuigeadh tu bha a h-uile duine a' leigeil orra gun robh a h-uile sian cho dòigheil. Cha chreid mi gun robh iad buileach fosgarra mun ionmhas – bha sin caran cugallach. Ach sin mar a bha cùisean aig an toiseach co-dhiù.

"Às dèidh na h-agallaimh chaidh an obair a thathann dhomh agus bha mi an seo an taobh a-staigh na mìos. Thàinig mi dhan Eilean mus do thòisich mi anns an obair agus chuir mi seachad seachdain còmhla ri Tormod Calum a' faighinn a-mach ciamar a bha na siostaman ag obrachadh agus fhuair mi eòlas air Seán agus air Iain Tormod agus mòran dhaoin' eile. 'S e iomairt mhìorbhaileach a bh' ann agus bha e fàbharach gun do dh'obraich e.

"Cha do shaoil mi aig àm sam bith nach robh e a' dol a mhaireachdainn, nach robh e a' dol a dh'obrachadh. Bha earbsa agam ann an Jack agus ann an Ailean, mura b' e sin bhithinn air barrachd smuain a chur ann oir bha dithis chloinne againn a-nis – Emma agus Christopher. Cha robh Christopher ach naoi mìosan nuair a ghluais sinn dhan Eilean. Thug sinn a' chlann air falbh às a' choimhearsnachd air an robh iad eòlach agus dh'fhàg mi fhèin dreuchd sheasmhach gus tighinn an seo – feumaidh gun robh mi cinnteach gun robh e gus a bhith soirbheachail mus fàgainn an taigh agus a h-uile rud eile a bh' againn aig deas gus tighinn an seo a dh'àite-fuirich nach robh gu bhith againn ach ùine ghoirid. Bha mi earbsach às a' chùis.

"Chan eil ùidh acadaimigeach agam ann an Gàidhlig *per se* oir chan eil cus eòlais fhoirmeil agam anns an taobh sin dhith, 's e bha inntinneach dhomhsa ach gun robh daoine an seo a' dèanamh gnìomhachas agus rianachd tro mheadhan a' chànain. Thuiginn sin agus chithinn mi fhèin ag obair còmhla ri na daoine anns na bha iad a' feuchainn ri dhèanamh. Bha sin cudromach.

"Aon uair is gun d' fhuair mi eòlas air na daoine a bha an sàs an seo, Donnchadh MacGuaire agus Somhairle MacGill-Eain agus feadhainn eile, bha sin mìorbhaileach, agus bha fhios agam gun robh mi a' dol a dh'fhuireach an seo airson deagh ghreis. Ach a dh'aindheoin cho math is a bha rudan a' coimhead, bha mi fhathast gun tuigsinn cho fìor eagallach is a bha an t-ionmhas. Ma bha dùil agam gun robh mi a' tilleadh gu beatha shocair shàmhach, cha robh a' bheachd sin fada ag atharrachadh. Tha mi air a bhith ag obair nas cruaidhe anns an fhichead bliadhna mu dheireadh na dh'obraich mi riamh roimhe na mo bheatha – chan eil dad socair sàmhach ann an leasachadh na Gàidhlig!

"Chan eil fhiosam a bheil saoghal na Gàidhlig a' tuigsinn cho fada is a tha sinn an comain nan daoine a bha an sàs ann an Sabhal Mòr Ostaig aig toiseach gnothaich -mar a dhearbh iad gun gabhadh an iomairt seo a toirt gu bith. Agus bha sinn fortanach gun robh Seán Ó Drisceoil còmhla rinn. Nam biodh na h-urrasairean air cuideigin a thaghadh bho choimhearsnachd na Gàidhlig an Alba bhiodh daoine air a bhith eòlach air agus 's dòcha nach biodh buidhnean eile air a bhith cho taiceil. Seach gun tàinig Seán à Èirinn cha robh eòlas aige air an t-suidheachadh agus tha mi a' smaoineachadh gu bheil e nas fheàrr mura bheil fios agad air dè na poilitigs a tha a' dol mun cuairt ort. 'S e duine uabhasach bàigheil a bh' ann an Seán agus bha e math an lùib dhaoine. Stiùir e a' Cholaiste gu dòigheil aig toiseach gnothaich. Bha e na bu mhisneachail' mu dheidhinn na bhiodh cuideigin aig an robh barrachd eòlais air an t-suidheachadh air Ghàidhealtachd agus anns na h-Eileanan gu sònraichte agus ann an Alba gu lèir. Cha robh sin a' cur bacadh air Seán.

"Thàinig a' Ghàidhlig aig Seán air adhart gu math sgiobalta! Bhiodh e uaireannan a' bruidhinn trì cànanan aig an aon àm – Gaeilge agus Gàidhlig agus Beurla! Rud eile rinn Seán 's e toirt air na h-oileanaich agus an luchd-obrach a bhith co-obrachadh agus ag ionnsachadh còmhla. Bha seo cudromach oir cha do rinneadh riamh roimhe e, cha robh an t-òraidiche mar bu trice ach aon cheum air thoiseach air na h-oileanaich. Dh'fheumadh cùisean a bhith fosgailte agus mì-fhoirmeil nuair a bha a' bhuidheann cho beag, agus bha Seán gu tur ceart anns an dòigh-obrach aige.

"Bha Jack MacArtair e fhèin deatamach. Bha e innleachdach agus bha spèis mhòr agam dha. Leigeadh e leat rudan a dhèanamh mar a chitheadh tu fhèin iomchaidh ach ma bha stiùireadh no cuideachadh a dhìth ort, bha Jack agad airson comhairle. Agus bha e eòlach a thaobh shuidheachaidhean poilitigeach.

"Ach às aonais Dhonnchaidh MhicGuaire cha bhiodh an iomairt air tighinn gu buil idir. Chan eil fhiosam ciamar a rinn Donnchadh an gnothach idir. 'S e chuimhne th' agamsa air a' chiad cheithir bliadhna gun robh e agad an sin air ceann am fòn. 'S ann aigesan a bha an t-eòlas gu lèir. 'S e a chuir an iomairt ri chèile agus a reic i. Agus chan eil sin a' dì-moladh duine sam bith eile a bha na lùib aig an àm. Ach ma bha ceist agad, bha thu a' fònadh gu Donnchadh. 'S e duine mìorbhaileach a bh' ann agus bha obair làn-thìde aige fhèin a bharrachd. 'S e Iain Noble a smaoinich air Sabhal Mòr Ostaig agus cha toir duine sin bhuaithe. Ach 's e Donnchadh MacGuaire a thug gu bith e.

"Bha feadhainn eile ann a bha deatamach cuideachd – Ken Alexander agus Bob Storey aig Bòrd Leasachaidh na Gàidhealtachd is nan Eilean. Bha Comhairle na Gàidhealtachd agus Comhairle nan Eilean gu sònraichte taiceil, agus is iomadh rud a rinn iad nach leigeadh iad a leas gus dèanamh cinnteach nach dreachamaid fodha. Aon uair, cha robh de dh'airgead againn a phàigheadh na tuarastail aig deireadh na mìos, agus ghabh cuideigin aig Comhairle na Gàidhealtachd air fhèin seic a leigeil a-mach gus na feuman againn a choileanadh. Tha cuimhne agam turas eile a thug manaidsear banca dhuinn ro-tharraing aig àm deatamach, agus dh'fhaodadh sin air a bhith duilich dha fhèin. Tha e gad dhèanamh gu math iriosal nuair a choimheadas tu air ais air rudan mar sin. Agus tha e a' tachairt fhathast, oir ma tha creideas aig daoine ann an rud, agus iad a' creidsinn gum bu chòir dha tighinn gu bith, tha iad airson a bhith nam pàirt dheth.

"Aig toiseach gnothaich cuideachd bha an taic a fhuair sinn bho Chomhairle Shrath Chluaidh cudromach. Bha Comhairle Shrath Chluaidh air a' chiad sgoil le foghlam tro mheadhan na Gàidhlig a stèidheachadh an 1985 agus bha sinn a' dèiligeadh le daoine leithid Charles Gray, James Jenning agus Bernie beag Scott – 'bodach beag na Gàidhlig'. A-rithist bha creideas ac' anns na bha sinn a' dèanamh – carson a bhiodh iadsan a' cur taic ri Colaiste Ghàidhlig an ceann a deas an Eilein Sgitheanaich nuair a bha gu leòr aca fhèin ri dhèanamh? Ach chuir. Bha Bernie Scott a' faicinn na Colaiste, eadhan cho tràth sin, mar àite far an dreachadh na sgoilearan, a bha anns an sgoil Ghàidhlig aca fhèin, airson leantainn air adhart le foghlam tro mheadhan na Gàidhlig. Tha mi a' smaoineachadh cuideachd gun robh Brian Wilson air a bhith ag obair leotha agus rinn sin cùisean na b' fhasa dhuinne. Thug Srath Chluaidh taic dhuinn aig amannan a bha sònraichte agus deatamach."

Airson còrr is ceud bliadhna cha robh mòran diù ga thoirt do Ghàidhlig ann am foghlam foirmeil na dùthcha agus a-nis ann an ochdadan na ficheadamh linn, bha foghlam tro mheadhan na Gàidhlig ga lìbhrigeadh anns a' bhunsgoil, gu mì-chothromach anns an àrdsgoil agus aig an treas ìre. Agus is dòcha gun robh seo a' tachairt dìreach ann an àm gus an cànan a chumail gun a dhol à bith buileach. Ach a-nis aig an aon àm is a bha an luchd-poilitigs agus na sgoiltean agus na colaistean a' cur an taic ris a' Ghàidhlig, bha e follaiseach nach robh na pàrantan anns an dachaigh ga bruidhinn ris a' chloinn mar a b' àbhaist.

11. Dòighean-obrach ag Atharrachadh

Bha e follaiseach gun robh an t-atharrachadh ann an cor na Gàidhlig aithnichte do dh'Ailean Caimbeul anns an òraid aige mar Cheannard Comunn na Gàidhlig an 2001. "Tha a' Ghàidhlig anns an aon suidheachadh èiginneach ri mòran mhion-chànan eile seach nach eil teaghlaichean a-nis ga toirt bho ghinealach gu ginealach. Stad pàrantan a bhruidhinn ris a' chloinn nan cainnt mhàtharail. Tha mi glè chinnteach gun robh iad dhen bheachd gun robh iad a' dèanamh seo gu maith na cloinne – nach robh iad a' toirt bhuapa dad a bha feumail ach a dh'innse na fìrinn bha iad a' toirt bhuapa pàirt dhen dualchas agus dhen cultar! . . . Carson a thrèig daoine, a bha cho mothachail air an eachdraidh, an cànan anns an dòigh seo? Chan eil teagamh nach e fear dhe na h-adhbharan gun robh luchd-labhairt na Gàidhlig cho cleachdte, thar nam bliadhnachan, ri bhith a' cluinntinn tro shiostam foghlaim na Stàite nach robh luach anns a' chànan aca agus ri linn sin nach b' fhiach a bhith ag ionnsachadh dhaibh ciamar a leughadh agus a sgrìobhadh iad e!"

Bha na ciad oileanaich a chaidh oideachadh aig Sabhal Mòr Ostaig fileanta ann an Gàidhlig mar a bha na fireannaich agus na boireannaich phroifeasanta a stèidhich a' Cholaiste. Ach anns na h-ochdadan is na naochadan dhen fhicheadamh linn b' iad seo an ginealach mu dheireadh de Ghàidheil a bhiodh air an togail agus air an àrach ann an dachaighean agus ann an coimhearsnachdan aon-chànanach. Bha a' Ghàidhlig a-nis, ma bha i gu bhith buan, an urra ri na buannachdan a bha co-cheangailte ri dà-chànanas. Agus às aonais taic bhon Riaghaltas cha bhiodh an suidheachadh seo seasmhach no coileanta.

Air feadh nan ochdadan agus a' chiad leth dhe na naochadan bha am Partaidh Tòraidheach a' riaghladh Bhreatainn. Aon uair is gun robh Strì an Fhearainn seachad aig deireadh na naoidheamh linn deug cha robh a' Ghàidhlig tuilleadh na ceist phoilitigeach. Cha robh gin dhe na partaidhean poiltigeach a' gabhail diù dhith. Agus anns an fhicheadamh linn cha bhiodh dùil gun toireadh na Tòraidhean cus taic do chànan nan Gàidheal gu sònraichte seach gur ann ainneamh a chuireadh iad Ball Parlamaid Tòraidh gu Westminster.

Eadar 1979 agus 1986 bha am BP George Younger na Rùnaire na Stàite an Alba anns an Riaghaltas Thòraidheach aig a' Phrìomhaire Margaret Thatcher. Bha e air a bhith na BhP airson baile Inbhir Àir bho 1964.

"Bha George Younger uabhasach taiceil dhan Ghàidhlig," thuirt Donnchadh MacGuaire. "Cha do dh'innis e riamh carson, ach tha mi a' smaoineachadh gu bheil fhios agam carson. An 1972 bha am Mòd Nàiseanta an Inbhir Àir. Rinn George Younger òraid aig a' chonsairt oidhche Dihaoine, agus mar BhP Inbhir Àir gheall e a h-uile taic don Ghàidhlig anns gach dòigh a b' urrainn dha. Bhiodh e fhèin agus an teaghlach a' dol air saor-làithean a Mhuile. Agus rud a bha fìor annasach, anns na tritheadan agus mo sheanmhair an uair sin na banntraich bhiodh i a' gabhail loidsearan as t-Samhradh anns an taigh againn an Tobar Mhoire agus dh'amais dha na Youngers a bhith ann aig àm air choireigin. Cha robh fhios agam air a seo gus aon latha an 1969 no 70. Bha m' athair dìreach air a dhreuchd a leigeil dheth agus bha sinn a' togail garaids. B' e saor-làithean an t-Samhraidh a bh' ann agus stad an càr a bha seo agus thàinig am fear seo far an robh sinn agus dh'innis e dhuinn cò e, George Younger. Aig an àm cha robh fhios agamsa cò e.

"'S fheudar gun robh buaidh aig rudeigin air, oir nuair a bha e na Rùnaire na Stàite bha e uabhasach dìleas le thaic. 'S ann ri linn George Younger a thòisich na tabhartasan sònraichte airson

Gàidhlig, agus diofar leasachaidhean eile a bharrachd. Bha daoine dhe leithid glè thaiceil nuair a bhiodh duilgheadasan againn le oifigich na Seirbheis Chatharra. Nuair a mhìnicheadh tu a-rithist agus a-rithist agus a-rithist dè bha thu ag iarraidh, chuimhnicheadh iad gun robh an sinn-sinn-sinn-sinn-seanmhair às an Eilean Sgitheanach agus dh'fhosgladh sin dorsan dhuinn. Bha sin na chuideachadh mòr."

An 1985 goirid às dèidh a stèidheachaidh, chuir Comunn na Gàidhlig co-labhairt air adhart ann an Sabhal Mòr Ostaig. 'Towards a National Policy for Gàidhlig' an t-ainm a bh' air agus thathann Rùnaire na Stàite, George Younger, a' phrìomh òraid a dhèanamh. Thuirt e:

> "Central Government efforts cannot save the language unless Gaelic speaking communities act out their own convictions and commitment to their mother tongue . . . That is why it is so important that this conference should encourage voluntary initiatives involving the community at large and young people in particular. We are prepared to do our part . . . working in partnership with local authorities, voluntary organisations and individuals who wish to build on the foundations already laid in support of Gaelic."

Bha na briathran sin – 's e sin nan gabhadh a' choimhearsnachd Ghàidhlig a' chiad cheum, gun tigeadh an uair sin airgead bhon Riaghaltas – glè chudromach. Mar a thuirt Ailean Caimbeul, "An latha thàinig George Younger a bhruidhinn ri na seòid! An t-Slighe gu Damascus! 'S e thuirt e ach: 'Cha mhair a' Ghàidhlig beò ri linn laghan a nì an Riaghaltas, ach mairidh a' Ghàidhlig beò ma tha na Gàidheil airson gum mair i. Mar sin ma chumas sibhse dìleas dhan chànan, feumaidh an Riaghaltas an dleastanas a dhèanamh.'

"Tha mi air na briathran sin a chuimhneachadh dhaibh glè, glè thric agus feumaidh mi aideachadh gun do chùm an Riaghaltas rin gealltanas, agus seo sinn a-nis fichead bliadhna air adhart agus Bòrd na Gàidhlig air a stèidheachadh leis an Riaghaltas. Sheas an Riaghaltas Tòraidheach sin airson iomadh bliadhna, agus chanadh cuid gur ann fo na Tòraidhean a b' fheàrr a shoirbhich suidheachadh na Gàidhlig. Agus bha rudeigin caran annasach mun seo, oir cha robh sinn fhèin agus na Tòraidhean riamh a' tighinn gu nàdarra a rèir a chèile. Ach gus a bhith faidhir do George Younger, bha creideas aige anns an argamaid a rinn sinn agus mar sin chuir e a thaic rithe: mar a rinn Malcolm Rifkind, a lean e mar Rùnaire na Stàite, agus às dèidh sin Michael Forsyth agus bha an taic seo cuideachd follaiseach a thaobh craoladh."

An 1978 dh'fhoillsich an Riaghaltas Làbarach Pàipear Geal air craoladh far an do dh'aidich iad airson a' chiad uair gun robh telebhisean cudromach ann a bhith a' gleidheadh

> *Gaelic and Welsh as living tongues and in sustaining cultures based upon them.*

Ann an cùmhnantan Achd Craolaidh 1981 bha e mar fhiachaibh air an Ùghdarras Chraolaidh Neo-eisimeileach dèanamh cinnteach, far am biodh cànan eile a bharrachd air Beurla ga chleachdadh, gum biodh na h-uimhir de stuth anns a' chànan sin air a chraoladh aig ìre iomchaidh. Mar thoradh air seo dh'iarr Comataidh Comhairleachaidh na h-Alba air Telebhisean Grampian agus air Telebhisean na h-Alba leth-uair de Ghàidhlig a chraoladh gach seachdain.

Bha e follaiseach do dh'Iain Aonghas MacAoidh, Stiùiriche Chomunn na Gàidhlig, agus dha sgioba nach robh barrachd phrògraman Gàidhlig anns an robh luach gu bhith air an craoladh gu saor-thoileach, gu h-àraidh le na companaidhean neo-eisimeileach. An aon dòigh air an dèanadh iad sin, 's e nam biodh an sgillinn an crochadh fon sròn. Airson gum biodh an sgillinn cuimseach dh'fheumadh an t-airgead tighinn bhon Riaghaltas. Agus am meadhan nan ochdadan bha eisimpleir ann ri leantainn. Às dèidh mòran strì bho bhuidheannan cànain Cuimris agus às dèidh do Cheannard Partaidh Nàiseanta na Cuimrigh, Gwynfor Evans, a dhol air stailc acrais thug iad air an Riaghaltas ùr Thòraidheach cumail ris a' ghealladh a bha iad air a thoirt dhaibh na bu tràithe agus seanal telebhisean Cuimris a thoirt dhaibh. Fon aon Achd Craolaidh a chuir mar fhiachaibh air Telebhisean Grampian agus Telebhisean na h-Alba leth-uair de Ghàidhlig a chraoladh gach seachdain, chaidh S4C no Sianel Pedwar Cymru (Seanal Ceithir na Cuimrigh) a stèidheachadh. Bhon a thòisich e anns an t-Samhain 1982 tha a h-uile prògram Cuimris ga chraoladh air S4C agus tha e air a bhith a' craoladh mu 32 uairean gach seachdain. Mus d' fhuair na Cuimrich seanal dhaibh fhèin bha am beagan uairean de Chuimris a bhathar a' craoladh air an sgaoileadh eadar am BBC agus na seanalan neo-eisimeileach, mar a tha fhathast a' tachairt ann an Alba a thaobh na Gàidhlig.

An àite a dhol a shireadh seanal sònraichte mar a fhuair na Cuimrich, cho-dhùin Iain Aonghas MacAoidh agus a sgioba gur e barrachd uairean de chraoladh air na seanalan àbhaisteach an rud a b' fheàrr a fhreagradh air craoladh Gàidhlig aig an àm. Mar a thuirt fear aig an robh fìor ùidh anns a' chùis aig an àm, Alastair Moffat Stiùiriche Phrògraman aig Telebhisein na h-Àlba “Smaoinich Iain Aonghas agus Comunn na Gàidhlig gun cleachdadh iad telebhisean gus Gàidhlig fhaighinn air ais chun na cagailt. Dh'fhastaidh iad eaconamair ainmeil, Cento Veljanowsky gus an cuideachadh ann a bhith a' coiteachadh airson barrachd phrògraman Gàidhlig air telebhisean.”

A' chiad shanas a fhuair CNAG gun robh an coiteachadh aca air a bhith soirbheachail 's ann anns an Ògmhios 1989 nuair a dh'innis Rùnaire na Stàite, Malcolm Rifkind, do Thaigh nan Cumantan gun robh e air a bhith a' bruidhinn ri riochdairean bho na companaidhean telebhisein an Alba mu shuidheachadh craolaidh anns an dùthaich, a' toirt a-steach craoladh Gàidhlig, anns na bliadhnachan ri teachd. Thuirt e cuideachd gun do choinnich e, anns a' Ghiblean, ri riochdairean bho Chomunn na Gàidhlig a dh'aon ghnothach gus am beachdan fhaighinn air ciamar a bha iadsan ag iarraidh craoladh Gàidhlig a leasachadh anns na bliadhnaichean a bha romhainn agus gheall e gum biodh an Riaghaltas a' toirt fios seachad ann an ùine gun a bhith fada mu dè bha aca anns an aire a thaobh craoladh Gàidhlig.

“Dh'fhaodadh na h-iomairtean a bha seo a bhith air tighinn gu neoni”, am beachd Alastair Moffat, “mura b' e gu sealbhach gun do dh'amais, aig an àm, gun robh duine sònraichte, agus chan eil e math innse cò bh' ann, an teis meadhan gnothach an Riaghaltais agus 's e Gàidheal a bh' ann. Aig an àm dheatamach so, fhad 's a bha CNAG a' coiteachadh bhon taobh a-muigh bha an aon choiteachadh a' dol air adhart bhon taobh a-staigh. Dh'innis an duine sin dhomh gun robh e an dòchas gum faighte 's dòcha millean not airson guthachadh agus fo-thiotaladh. Nuair a dh'fhaighnich am ministear dha cia mheud duine an Alba a bhruidhneadh Gàidhlig, fhreagair e: '80,000, tha mi a' smaoineachadh.' 'Glè mhath,' thuirt am ministear a bha a' cur ri chèile a' Bhile Chraolaidh, 'tha 500,000 luchd-labhairt na Cuimris a' faighinn £50 millean, tha sin a' ciallachadh *pro rata* gum bu chòir dhan Ghàidhlig £8 millean fhaighinn . . .'"

Air an 18mh den Dùbhachd 1989, dh'ainmich Malcolm Rifkind gun stèidhicheadh Achd Craolaidh 1990 Comataidh Telebhisean Gàidhlig (CTG). Anns a' chiad dol a-mach gheibheadh an CTG £8 millean not gach bliadhna agus às dèidh sin suim mar a chitheadh Rùnaire na Stàite iomchaidh.

Bha dùil gun cleachte an £8 millean anns a' mhòr-chuid airson prògraman ùra a mhaoineachadh. Aig deireadh nan ochdadan bha mu cheud uair de thelebhisean Gàidhlig ga chraoladh eadar na ceithir seanalan talmhach gach bliadhna – chan e gun robh cus Gàidhlig air Seanal 4. Bha Grampian agus Telebhisean na h-Alba a' craoladh na sia uairean fichead gach fear a chaidh a chur romhpa gach bliadhna agus bha an còrr an urra ris a' BhBC.

'S e am plana a bh' aig Iain Aonghas MacAoidh agus aig Malcolm Rifkind gun trìoblaicheadh an £8m a bha an CTG a' riaghladh agus a' cuairteachadh agus gun dreachadh an ceud uair a bhathar a' craoladh gu trì cheud uair gach bliadhna, no mu shia uairean san t-seachdain air na stèiseanan talmhach. Bhiodh sin fhathast fada air dheireadh air na 32 uair a bha S4C a' craoladh gach seachdain (1,660 uair gach bliadhna) ach 's e toiseach tòiseachaidh a bh' ann. Agus an rud a bha cudromach do dh'ionad leithid Sabhal Mòr Ostaig 's e gun tug Achd Craolaidh 1990 cothrom don CTG, chan e prògraman ùra a-mhàin a mhaoineachadh, ach cuideachd 'trèanadh agus sgrùdadh agus stuthan taic.' Bha e soilleir gum biodh iarrtas a' dol am meud airson luchd-naidheachd, craoladairean, luchd-aithris, teicn-eòlaichean agus luchd-stiùiridh le Gàidhlig.

Sir Iain Noble a' cur fàilte air a' Phrionnsa Teàrlach gu Sabhal Mòr Ostaig an 1993.
(le cead bho SMO)

Somhairle MacGill-Eain, an sàr bhàrd agus fear dhe cnaiad urrasairean aig A' Cholaiste. (© Cailean MacGill-Eain)

Ailean Caimbeul: 'Bha seòrsa de bheachd aig daoine nach robh an seo ach gòraiche bancair à Dùn Èideann.' (le cead bho SMO)

Earrann dhen leabharlann aig Sabhal Mòr Ostaig. Cha robh ann an toiseach ach stòr leabhar. (le cead bho SMO)

An t-Urr Jack MacArtair. 'Ma bha duilgheadas agad nach robh fuasgladh agad fhèin dha, bha Jack agad airson comhairle.' Tormod MacIllÌosa (le cead bho SMO)

An neach-poilitigs agus naidheachd Brian Wilson, a shaothraich gu dìcheallach as leth na Gàidhlig air feadh na dùthcha. (le cead bho SMO)

Fearchar Mac an Tòisich: ''S e gun robh a' Ghàidhlig air a dùnadh a-mach à curraicealam na sgoile le Achd an Fhoghlaim an 1872 tha mi 'n dùil a' bhuille bu mhiosa dh'fhuiling i riamh.' (le cead bho SMO)

Donaidh Rothach: 'Anns na seachdadan dhen fhicheadamh linn cha mhòr gun robh cothrom idir ann dhan òigridh eòlas fhaighinn air cultar Gàidhlig a bha co-aimsireil riutha fhèin.' (le cead bho SMO)

Roy Pedersen: 'Trithead bliadhna air ais, bha inbhe ìseal aig a' Ghàidhlig an dà chuid am beachd an t-saoghail anns an fharsaingeachd agus am beachd luchd-labhairt na Gàidhlig fhèin. (le cead bho SMO)

Seán Ó Drisceoil: 'S e bh' air a chur romhainn ach a' chiad Cholaiste airson foghlam treas ìre tro mheadhan na Gàidhlig anns an t-saoghal a stèidheachadh.
(le cead bho SMO)

Donnchadh MacGuaire, am Muileach 'a thug a' Cholaiste gu bith.'
(le cead bho Dhonnchadh MacGuaire)

Jim Hunter: 'Tha dùthchannan eile dhen bheachd gu bheil a h-uile còir aig an òigridh aca a bhith air an oideachadh nan cànan fhèin – ach tha sinne fhathast ga fhaicinn mar dhearbhadh ùr, annasach.' (le cead bho SMO)

Thàinig Foghlam tro Mheadhan na Gàidhlig agus na Cròileagain dìreach ann an deagh àm gus bacadh a chur air crìonadh àireamhan luchd-labhairt na Gàidhlig am measg an òigridh. (le cead bho SMO)

Iain Tormod MacLeòid: 'Tha an saoghal ag atharrachadh agus a' Ghàidhlig a' gluasad air adhart.' (le cead bho SMO)

Tormod MacIllÌosa:
'Ma shaoileas sibh gur iad na Gàidheil a-mhàin a thog a' Cholaiste seo, no eadhon luchd-labhairt na Gàidhlig, bhiodh sibh fada fada ceàrr.'
(le cead bho SMO)

Ceann-suidhe Mary Robinson aig Sabhal Mòr Ostaig: ''S dòcha gum faod sinn eilean a chruthachadh dhuinn fhèin far am bi sinn a' faighinn toileachas anns na bheil co-ionnan do dh'Alba is do dh'Èirinn.'
(le cead bho SMO)

Am Prìomh Mhinistear Donald Dewar: 'Tha daoine (anns a' Ghàidhealtachd) ann an deagh shunnd, moiteil às an dualchas, leis an rùn gum bi an suidheachadh, anns an àm ri teachd, soirbheachail dhaibh.' (le cead bho SMO)

Iain Aonghas MacAoidh: 'Tha Sabhal Mòr Ostaig na shamhla cruaidh, follaiseach air an toradh a thig à gnìomh ma ghabhas Gàidheil ùidh an cor na Gàidhlig.' (le cead bho SMG)

An Seansalair, Gordon Brown: a' lìbhrigeadh òraid an t-Sabhail an 1999. (le cead bho SMO)

Dh'fhaodadh gnìomhachas ùr èirigh suas a bhiodh soirbheachail do luchd na Gàidhlig.

Bha e follaiseach gum b' e Iain Aonghas MacAoidh an tagraiche a bu fhreagarraiche airson a' chiad stiùiriche aig Comataidh Telebhisean Gàidhlig. Bha Iain Aonghas MacAoidh air a bhith na Chathraiche air Bòrd an Urrais aig Sabhal Mòr Ostaig agus dh'fhàg e Comunn na Gàidhlig gus a dhol chun na dreuchd ùir anns an Dàmhair 1991.

Bha Iain Tormod MacLeòid a' cumail sùil gheur air na leasachaidhean a bha a' tachairt agus bha e mothachail gun robh dòighean-obrach ag atharrachadh. "Bha cùisean na bu phroifeiseanta. Tha mi a' creidsinn gu bheil sinn uile dualach air a bhith a' gearain nach eil sinn a' faighinn taic gu leòr bhon Riaghaltas, agus gu sònraichte a thaobh foghlaim tha sinn air a bhith feumach air barrachd aithne. Bha cuid dhen bheachd gun deach cus airgid a thoirt do chraoladh seach iomairtean eile. Ach cha robh anns an airgead a fhuair an CTG ach suim glè bheag ann an saoghal telebhisein. Agus fhuaireadh e ann an dòigh proifeiseanta.

"Bha an dòigh anns an deach Iain Aonghas MacAoidh timcheall air maoin fhaighinn gus Seirbheis Telebhisein Ghàidhlig a stèidheachadh innleachdach agus soirbheachail. Chan e idir 'Seach gu bheil sinn airidh air' no ' Bu chòir dhuinn siud is seo fhaighinn,' ach a' sealltainn an diofar a dh'fhaodadh airgead-seilbhe mar seo a dhèanamh agus cho fàbharach is a bhiodh e ann an seadh eaconomaigeach."

Aig deireadh nan ochdadan bha atharrachaidhean air tighinn aig Sabhal Mòr Ostaig. Às dèidh trì bliadhna, thill Seán Ó Drisceoil a dh'Èirinn an 1986. Thàinig Cailean MacLeòid, a bhuineadh do Leòdhas, na àite airson ùine ghoirid. Bha esan dhen bheachd gun robh an suidheachadh iomallach anns an robh Sabhal Mòr Ostaig na aghaidh. Bha cùisean caran mì-chinnteach airson greis. Ach an uair sin chaidh Tormod MacIllÌosa agus Iain Tormod MacLeòid fhastadh nan dithis gus a' Cholaiste a stiùireadh agus cha b' urrainn dithis na b' fheàrr a bhith air an cur anns an dreuchd.

"Bha Cailean MacLeòid againn mar phrionnsapal às dèidh Seán," thuirt Tormod MacIllÌosa. "Cha do sheatlaig e riamh ceart an seo agus bha e dhen bheachd nach robh e comasach dhan Cholaiste air an làraich seo na bhathar ag iarraidh oirre a choileanadh. Cha robh Cailean an seo ach bliadhna. An 1987 roghnaich na h-Urrasairean, an àite sanasachd airson prionnsapal eile gun dreachadh iad a-mach air tac eile, agus thathann iad dreuchd Stiùiriche dhomhsa agus thathann iad dreuchd Ceannard an Fhoghlaim do dh' Iain Tormod."

"Bha An t-Ollamh Cailean MacLeòid an seo eadar 1986 agus 1987," thuirt Fearchar Mac an Tòisich, a bha gu bhith na Chathraiche air Bòrd an Urrais a dh'aithghearr. "Chan e àm uabhasach toilichte bh' ann. 'S ann às dèidh làimhe a thuig mi cho fìor mhì-thoilichte is a bha e. Bha Cailean MacLeòid am beachd gun robh a' Cholaiste ann an àite ro iomallach. Bha e airson gluasad gu làrach mar Phort Rìgh no eadhon gu tìr-mòr. Aig aon àm tha mi a' smaoineachadh gun robh e a' beachdachadh air an t-seann cholaiste solarachd aig Caisteal Dhùn Creige anns a' Phloc an Siorrachd Rois a cheannach. Bha mise fada an aghaidh seo oir bhiodh e air ar cur fodha aig an àm, tha mi glè chinnteach.

"Co-dhiù, dh'fhalbh e airson adhbhar air choireigin, agus chaidh Tormod a chur anns an dreuchd agus 's ann an uair sin a thòisich sinn ri gluasad air adhart gu soirbheachail. Chan e nach robh Cailean MacLeòid comasach ach cha do shaoil mise gun robh e cho dealasach mun Cholaiste no gun robh e a' tuigsinn dè bha sinn a' feuchainn ri dhèanamh tro mheadhan na Gàidhlig – feallsanachd na Colaiste – ach bha an tuigse aig Tormod, oir bha e air a bhith na Rùnaire airson grunnd bhliadhnachan. 'S e sàr thaghadh a rinn na h-Urrasairean a dh'innse na fìrinn. Sin nuair a thòisich fàs agus leasachadh na Colaiste anns an dòigh a tha sinn air fhaicinn bhon a ghabh Tormod os làimh i. Mu 1989, bha Iain Aonghas MacAoidh na Cheannard air Comunn na Gàidhlig agus na Chathraiche air Bòrd an Urrais aig a' Cholaiste. A rèir a' chùmhnaint a bh' aige le CNAG b' fheudar do dh'Iain Aonghas leigeil bhuaithe a bhith na Chathraiche air an Urras agus dh'fhaighnich na h-Urrasairean dhomhsa an tiginn na àite. Bha mi glè thoilichte sin a dhèanamh ach 's beag a bha dh'fhor agam gum bithinn trì bliadhn' deug anns a' Chathair – agus tha fhathast! Cha robh mi a' smaoineachadh gum bithinn fad' ann co-dhiù oir chaochail m' athair agus athair-san roimhe sin aig trì fichead bliadhn' a dh'aois, agus bha mise am beachd nam faighinn eadhon aois a' gheallaidh gum bithinn a' dèanamh glè mhath. Ach tha mi an seo fhathast."

"Chan eil fhios 'am an e am facal 'àrdachadh' am facal ceart airson a bhith a' mìneachadh mar a thachair dhomh an 1987," tha Tormod MacIllÌosa ag ràdh. "Tha sin a rèir is mar a tha thu a' faicinn na dreuchd. Ma tha thu a' coimhead air mar stiùireadh, cha do dh'atharraich mòran, oir bha an rianachd fhathast an urra rium. Tha mi a' smaoineachadh gun robh e ciallachadh gun robh e ceadaichte dhomh ùidh a ghabhail ann an raointean eile. 'S e àm uabhasach inntinneach a bh' ann. Thuig mi gun robh mòran dhaoine ann a bha dèonach ar cuideachadh, agus tha mi a' smaoineachadh gun robh sin fìor bhon toiseach a thaobh Sabhal Mòr, bha luchd-taic ann dha riamh. Faodaidh cùisean a bhith doirbh aig amannan ach gheibh thu an còmhnaidh cuideigin a bhios dèonach barrachd a dhèanamh is a leigeadh iad a leas airson taic a thoirt dhut. Bha sin na chuideachadh mòr dhomhsa ann an 1987."

Ged a rugadh is a thogadh iad dìreach beagan mhìltean bho chèile an iar-thuath an Eilein Sgitheanaich, cha robh Tormod MacIllÌosa agus Iain Tormod MacLeòid air tachairt ri chèile riamh gus an tug an obair còmhla iad aig Sabhal Mòr Ostaig. "B' aithne dhomh na daoine dham buineadh e," thuirt Tormod MacIllÌosa, "ach bha esan ro òg an uair sin. Cha b' aithne dhomh Iain Tormod gus an tàinig mi an seo. Tha sinn a' tighinn ri chèile gu math agus ag obair gu math còmhla. Tha mar a tha gu leòr rudan an seo, tha earbsa againn às càch a chèile. Chan eil duine air thoiseach air duin' eile. Tha sinn uile ag obair còmhla agus tha e cho sìmplidh ri sin. Faodaidh tu earbsa a chur ann an daoine gun dèan iad rudan agus air an adhbhar sin tha sinn air a bhith fortanach aig an t-Sabhal Mhòr, oir nuair a tha e air a bhith deatamach, tha daoine làidir air a bhith againn a bheireadh cùisean air adhart."

An 1987 chuir a' Cholaiste cùrsa eile ris a' chlàr-oideachais – Gnìomhachas le Teicneòlas Fiosrachaidh. Bha seo na aithneachadh air cho cudromach is a bha an teicneòlas ùr seo a thaobh fiosrachadh agus conaltradh eadhon do chànan, no gu sònraichte do chànan, a bh' air a bruidhinn le na manaich air Eilean Ì Chaluim Chille. Bha an àireamh oileanach a' meudachadh gu beagnaidh le fichead aig a' Cholaiste gach bliadhna. Bha i a' tighinn beò ach 's ann air èiginn. B' e an iomairt telebhisein seo aig Iain Aonghas MacAoidh a bha a' dol a thoirt breab dhan eaconamaidh.

Mar a thuirt Dòmhnall MacIllEathain, òraidiche ann an Riaghladh Ro-innleachdail an Oilthigh Ghlaschu, ann an rannsachadh a rinn e air a' Cholaiste:

> Tràth anns na naochadan, nuair a bha Sabhal Mòr Ostaig stèidhichte na ionad foghlaim adhartaich, le dòrlach de luchd-obrach a' lìbhrigeadh an dà chùrsa bh' aca do mu fhichead oileanach, thàinig leasachadh eile aig an robh buaidh dheatamach air a' Cholaiste anns na bliadhnachan ri teachd. Bha ath-ùrachadh còirichean craolaidh telebhisein a' tighinn air adhart an Alba dìreach aig an aon àm is a bha cuideam poilitigeach ga chur air na companaidhean mòran a bharrachd phrògraman Gàidhlig a chraoladh na rinn iad riamh roimhe. Bha fìor chuideam air na companaidhean TBh dearbhadh gun robh ùidh aca anns a' Ghaidhlig. Bha seo gu bhith na chothrom do Shabhal Mòr Ostaig aig deagh àm.
>
> Bha an luchd-obrach aig a' Cholaiste a' coimhead airson dòigh air am b' urrainn dhaibh an àrainn a leasachadh agus a mheudachadh. Chunnaic iad an cothrom agus dheasaich iad cùrsa trèanaidh telebhisein Ghàidhlig. Neartaicheadh an cùrsa seo ceanglaichean eadar a' Cholaiste agus na meadhanan agus aig an aon àm leigeadh e le na companaidhean telebhisein nochdadh cho dealasach is a bha iad dhan Ghàidhlig. Nan robh an Sabhal Mòr gus sruth de ghoireas a bha gann agus deatamach a mheudachadh – luchd-labhairt Gàidhlig aig an robh na sgilean a bha na companaidhean telebhisein a' feumachdainn – dh'fhaodadh gum maoinicheadh na companaidhean na leasachaidhean a lìbhrigeadh an goireas.
>
> An 1991, thug Telebhisean na h-Alba agus Telebhisean Grampian £300,000 agus £100,000 fa leth mar thabhartas don t-Sabhal gun chùmhnant na chois ach gun cleachdadh

muinntir na Colaiste an t-airgead air na leasachaidhean a bha iad am beachd a dhèanamh gus taic a chur ri craoladh Gàidhlig agus chaidh cùrsa le greis-obrach a chur air bhonn anns an aon bhliadhna. Bha an t-airgead seo air a chleachdadh cuideachd airson faighinn gu ionmhas eile agus an 1993, chaidh àrainn na Colaiste a sgeadachadh le barrachd àiteachan airson teagaisg agus rianachd, àiteachan-fuirich ùr dha na h-oileanaich agus stiùidio telebhisein (ged nach robh i air a h-uidheamachadh). Chaidh sin a dhèanamh, na b' fhaide anns a' bhliadhna, nuair a dhùin an stiùidio a bh' aig a' BhBC an Obar Dheathain. Leis a sin bha a' Cholaiste comasach air trèanadh telebhisein a lìbhrigeadh air an làraich, agus bhon uair sin tha i air mòr chliù a chosnadh dhi fhèin leis a' ghoireas seo.

12. A' Sìor Leudachadh

Thòisich na h-àireamhan de luchd-labhairt na Gàidhlig bhon chunntas-sluaigh a rinneadh an 1991 ri nochdadh mean air mhean an 1992 agus 1993. Bha iad mar a bha dùil. Bha àireamh luchd-labhairt na Gàidhlig air crìonadh deich às a' cheud mar a b' àbhaist gu 65,978. Ann an àiteachan mar an t-Eilean Sgitheanach is Loch Aillse far an robh a' Ghàidhlig air a bhith làidir, bha an àireamh-sluaigh air a dhol suas gu mòr anns na deich bliadhna chaidh seachad, ach bha an earrann dhiubh sin a bhruidhneadh Gàidhlig a-nis air a dhol sìos gu na bu lugha na leth-cheud às a' cheud.

Bha na figearan a' dol mar gum biodh an aghaidh an t-sruth an coimeas ris cho dòchasach is a bha an suidheachadh a' coimhead agus na bha de leasachadh a' dol air adhart ann an saoghal na Gàidhlig. Ma bha ciall aig an fhacal ath-bheothachadh idir tha fios gun robh e a' comharrachadh an neart agus an spionnaidh a nochd ann an iomairt na Gàidhlig ann an ochdadan is naochadan na ficheadamh linn.

Thogadh Aonghas Dubh MacNeacail, a bha aig aon àm na sgrìobhadair aig an t-Sabhal, ann an Ùig an iar-thuath an Eilein. Bha Aonghas Dubh air a bhith glè mhì-dhòchasach mu chor na Gàidhlig agus is tric a rinn e a bheachdan mun chùis gu math soilleir ach an 1988 thuirt e: "Tha am bun-structar air a chruthachadh far a bheil e comasach don chànan tighinn beò. Tha mi mòran nas misneachaile a-nis na bha mi còig bliadhn' deug air ais."

Mar a bha na h-ochdadan a' tighinn gu crìoch bha Iain Noble a' coimhead mun cuairt air agus ag ràdh, "Bha dùil agam gun robh fios agam air a h-uile rud a bha a' dol air adhart ann an saoghal na Gàidhlig a thaobh phròiseactan is iomairtean ùra; ach an-diugh tha na h-uimhir dhiubh ann agus nach tèid agam air cumail suas riutha. Tha na duilighdeasan a-nis aithnichte agus tha urram aig a' chànan nach robh aice roimhe seo."

Mar chomharra air na rinn e fhèin agus feadhainn eile gus an cainnt mhàtharail a dhìon, chaidh an t-Urr Jack MacArtair a thaghadh mar cheann-suidhe air Biùro Eòrpach nam Mion-Chànan. Bho Fhriesland gu Sardinia tha e coltach gun robh buidheannan a bha an sàs ann an dìon nam mion-chànan a' coimhead gu dùrachdach air na bha a' tachairt ann an Gàidhealtachd na h-Alba. Na oifis aig Sabhal Mòr Ostaig chaidh eadhon Tormod MacIllÌosa, pongail is gun robh e, gu fàisneachd an 1990 nuair a thuirt e gur dòcha gun sealladh an cunntas-sluaigh gun robh àireamh luchd-labhairt na Gàidhlig air a dhol am meud. "Dh'fhaodainn a bhith ceàrr," thuirt e (agus bha), " ach tha mi a' smaoineachadh gu bheil mòran dhaoine a-nis nas deònaiche gabhail ris gu bheil Gàidhlig aca na bha iad roimhe seo. Tha ìomhaigh eadar-dhealaichte aig a' chànan a-nis. Tha daoine air teannadh ri thuigsinn gu bheil rudeigin againn nach bu chòir dhuinn a bhith a' falach ach a bhith ga fhoillseachadh, agus tha mi a' smaoineachadh gun dèan sin diofar nuair a chì sinn àireamhan a' chunntais-shluaigh."

Ach dòchasach is gun robh Tormod MacIllÌosa, agus carson nach bitheadh, chan ann mar sin a bha. Cha robh ìomhaigh phoblach na Gàidhlig riamh cho soirbheachail no air a meas cho airidh air taic. Ach bha na ginealaich bho na teaghlaichean mòra far am biodh ochd, deich no dusan duine-cloinne uile le Gàidhlig – a' dol à bith. Bha na dòighean croitearachd traidiseanta a chùm taic ris na coimhearsnachdan a chùm suas a' chànan, iad fhèin a' dol à bith. Agus cha bu bheag an t-iongnadh.

An 1988 rinn Colaiste Àiteachais a' Chinn a Tuath rannsachadh air thuaiream air 50 croit agus nochd iad gun tàinig prothaid na bliadhna, anns a' chumantas, gu £729.00. Anns na h-Eileanan an Iar bha croitear a' cosnadh 28 sgillinn san uair airson a shaothair. Cha robh a' chroit a' cumail an teaghlaich. Ach a dh'aindheoin obraichean eile pàirt-uine agus teachd a-steach bho thurasachd, anns a' chumantas, cha robh teaghlach a bha ri croitearachd anns na h-Eileanan an Iar an 1988 a' cosnadh ach £6,788 sa bhliadhna – no £130.00 san t-seachdain – mus tigeadh cìs-chosnaidh orra. Cha bu bheag an t-iongnadh a' chlann a bhith a' falbh bhon dachaigh agus a' toirt an cuid Gàidhlig leotha.

Bha eadhon na Gaidheil "foghlamaichte agus dealasach" a fhreagair a' chunntas a rinn *System Three* a thaobh telebhisean Gàidhlig an 1989 (bha 82 às a' cheud comasach air Gàidhlig a leughadh a bharrachd air a bruidhinn) ag aideachadh nach robh an dàrna leth dhen chloinn aca comasach air Gàidhlig a bhruidhinn.

Ach bha aon bhiùg beag furtachd ann an cunntas-sluaigh 2001 agus b' e sin, ged a bha àireamh luchd-labhairt na Gàidhlig air feadh Alba, aig a h-uile h-ìre aois inbheach, air a dhol sìos, aig an ìre eadar trì agus còig bliadhn' deug cha mhòr gun deach e sìos idir. Airson a' chiad uair ann an lethcheud bliadhna bha e a' coimhead mar gun gabhadh stad a chur air an àireamh chloinne a bha a' call na Gàidhlig.

Cha tàinig seo gu bith seach gun robh barrachd leanabain a' fàs suas ann an dachaighean Gàidhlig. Aig toiseach nan naochadan, mar a bha dòighean-obrach air Ghàidhealtachd ag atharrachadh agus barrachd theaghlaichean ann, far an robh aon de na pàrantan co-dhiù nach bruidhneadh ach Beurla, bha e follaiseach nach robh a' Ghàidhlig mun chagailt mar bu dual. Mura robh gu bhith anns an àireamh mhisneachail seo de luchd-labhairt na Gàidhlig fo aois còig bliadhn' deug ach biùg nach robh a' dol a mhaireachdainn, cha bhiodh ach aon adhbhar air a shon. 'S e sin an leasachadh a bh' air tighinn ann am foghlam tro mheadhan na Gàidhlig.

Riamh bhon a stèidhicheadh Aonadan foghlaim tro mheadhan na Gàidhlig an 1985 chan e clann bho theaghlaichean Gàidhlig a-mhàin a bha gam frithealadh. Bha còrr is an dàrna leth dhen chloinn a bha a' frithealadh nan Aonadan bho theaghlaichean le aon phàrant agus uaireannan dithis phàrantan aig nach robh Gàidhlig. Bha an stòr cànain ga leasachadh bho thobar eadar-dhealaichte.

Aig an àm seo bha a' mhor-chuid de dh'fhoghlam tro mheadhan na Gàidhlig aig an treas ìre ga libhrigeadh aig Sabhal Mòr Ostaig.

Ach bha na h-oileanaich a bha a' tighinn chun an t-Sabhail a' tòiseachadh ri tighinn bho àiteachan ùra. Bha gainne ann de dh'oileanaich Ghàidhealach le Gàidhlig fhileanta – an ginealach sin de Ghàidheal anns na seachdadan nach d' fhuair an cothrom Gàidhlig ionnsachadh anns an sgoil no anns an dachaigh. A' tòiseachadh anns na naochadan, bha Sabhal Mòr Ostaig gu dìcheallach a' tàladh oileanach, chan e a-mhàin an fheadhainn a bh' air Gàidhlig ionnsachadh, ach cuideachd an fheadhainn a bha ag iarraidh a h-ionnsachadh. Agus mar bu trice bha na h-oileanaich sin a' tighinn bho thaobh a-mach crìochan na Gàidhealtachd agus eadhon bho thaobh a-mach Alba fhèin.

Ach bha a' Cholaiste fhathast a' tarraing oileanach as na h-Eileanan a bha fileanta ann an Gàidhlig agus bha Raghnall MacIain à Uibhist a Tuath air fear dhiubh. An-diugh tha Raghnall os cionn companaidh einnseanaireachd an Uibhist ach an 1991 bha e dìreach air crìoch a chur air cùrsa einnseanaireachd an Colaiste Teicneòlais an Dùn Dèagh: "Chaidh mi a dh'Oilthigh Obar Dheathain an toiseach ach cha robh an cùrsa a' freagairt orm. Bha e ro theòiridheach leam agus chaidh mi dhan Cholaiste an Dùn Dèagh. Ach bhithinn fhathast a dol a dh'Obar Dheathain chun a' chlas Ghàidhlig. Cha robh e ach £1.90 air a' bhus a dh' Obar Dheathain agus cha robh ann ach clas beag agus bha an luchd-teagaisg dèonach leigeil leam an clas a fhrithealadh agus bhithinn a' dol dhan Chomann Cheilteach cuideachd. Chaidh mi gu Sabhal Mòr Ostaig uair no dhà còmhla ri Comann Ceilteach Obar Dheathain mus do thog iad an ostail. Bha sinn a' cadal air an ùrlar agus bha an crac math.

"Nuair a dh'fhàg mi Dùn Dèagh bha dùil agam beagan dhen t-saoghal fhaicinn mus tillinn dhachaigh a dh'obair. Bha mi gus a dhol dha na Seychelles far an robh caraid agam. Ach aig an aon àm bha rudeigin gam tharraing gu Sabhal Mòr Ostaig. Bha mi a' faireachdainn gur e rud a bh' ann a dh'fheumainn a dhèanamh, bha e an dàn dhomh. Bha ùidh agam ann an Gàidhlig agus bha mi eòlach air feadhainn a bh' air a bhith ann. Rinn mi an cùrsa Rianachd Gnìomhachais agus Foghlam na Gàidhealtachd.

"Tha e math mar a tha a' Cholaiste a' misneachadh dhaoine; mar a dh'fhaodas tu tòiseachadh aig ìre HNC agus tha sin a' fosgladh chothroman dhut a dhol gu ìre sam bith a thogras tu. Rud eile tha e anns a' Ghàidhealtachd agus tha sin a' sealltainn dhut nach leig thu leas a dhol gu deas airson foghlam. Bha measgachadh de dh'oileanaich ann agus bha e na leasan dhomhsa a bhith a' faicinn an oidhirp a bha cuid aca a' dèanamh gus rud fhaighinn a bha cho nàdarra dhomhsa ri deoch uisge.

"Bhon a dh'fhàg mi Sabhal Mòr Ostaig an 1992 cha robh mi riamh air ais chun an-uiridh agus bha mi a' dol tro Shlèite agus a' faicinn nan cnoc is eile. Agus an uair sin a' tighinn air Àrainn Chaluim Chille agus an Tùr – mìorbhaileach. Ach tha an t-seann àrainn ann cuideachd 's an crac, cho math 's a bha e riamh."

Aig toiseach nan naochadan bha Sabhal Mòr Ostaig a' clàradh deich no h-aon deug oileanach gach bliadhna agus cha robh e comasach dhaibh mòran a bharrachd a ghabhail. "Cha d' fhuair sinn an àireamh oileanach a chomharraicheadh dhuinn anns an sgrùdadh comasachd a rinneadh dhan Cholaiste," thuirt Tormod MacIllÌosa an 1990. "Cha b' fheàirrde sinn riamh an co-dhùnadh gun tàinig iad gum faigheamaid fichead oileanach gach bliadhna. 'S e a' bhuil a bh' ann gun robh cuid dhen bheachd mura biodh fichead oileanach againn gun robh sin air fàilligeadh.

"A dh'innse na fìrinn, nan robh sinn air tòiseachadh le 20 oileanach an 1983, agus a' dol suas gu 40 a' bhliadhn' às dèidh sin, tha mi a' smaoineachadh gum biodh a' Cholaiste air a dhol fodha gu tur, oir bha a h-uile duine ag ionnsachadh mhodhan-obrach às ùr – nach robh ann roimhe seo. Bha sinn a' teagasg cùrsa gnìomhachais ann an Gàidhlig, rud a bha gu tur ùr, agus bha sin ag iarraidh co-bhàidh eadar oileanaich agus luchd-obrach nach tachradh ach le àireamhan beaga."

A' tighinn suas gu deireadh nan naochadan bha an àireamh oileanach a bha a' frithealadh an t-Sabhail Mhòir a' dol am meud gu mòr agus a' tighinn à àiteachan eadar-dhealaichte. Thàinig Andrew Gossen gu Sabhal Mòr Ostaig aig deireadh nan naochadan às dèidh ceumnachadh à Oilthigh Harvard agus rinn e rannsachadh air a' cholaiste airson PhD. Nuair a thòisich a' bhliadhna acadaimigeach anns an t-Sultain 1998, sgrìobh Andrew Gossen gun tàinig 35 oileanach as ùr dhan Cholaiste. Bhuineadh deichnear dhiubh dhan

Ghàidhealtachd agus dha na h-Eileanan. Bha naoinear à àiteachan eile an Alba, còignear à Sasainn agus às a' Chuimrigh agus ceathrar à Èirinn. Bha dithis às an Roinn Eòrpa, dithis à Canada, dithis às na Stàitean Aonaichte agus aonan à Àisia.

Mar sin bha a' mhòr-chuid dhe na h-oileanaich a bha a-nis a' clàradh aig an t-Sabhal a' tighinn bho thaobh a-mach crìochan na Gàidhealtachd agus 's ann anns a' chànan a bha ùidh aca agus chan ann an gnìomhachas.

"Nuair a thàinig mise an seo an toiseach," thuirt Iain Tormod MacLeòid, "bha mi a' coimhead air Sabhal Mòr Ostaig mar Cholaiste Ghàidhlig dha na Gàidheil a bha fileanta ann an Gàidhlig. Ach an uair sin thòisich sinn ri thuigsinn nach robh seo a' dol a mhaireachdainn agus gun robh ùidh aig daoine anns a' chànan fhèin agus bha sin math. Nuair a thòisich sinn ann an 1983 cha robh sinn a' teagasg Gàidhlig idir mar chuspair agus thug e deich bliadhna dhuinn mus do thoìsich sinn air cùrsaichean cànain. Cha robh fìor luchd-ionnsachaidh riamh againn. Thigeadh iad thugainn aig ìre shònraichte agus bheireamaid gu ìre fileantachd iad. Sin a-nis na cùrsaichean is motha a tha a' tarraing nan oileanach. Tha e glè mhath foghlam tro mheadhan na Gàidhlig a bhith againn ach mura bheil daoine agad a tha fileanta gu leòr airson feum a dhèanamh dhen fhoghlam sin – uill, chan eil an còrr air ach gum feum sinn na h-oileanaich againn fhèin a chruthachadh.

"An 1983 bha ochdnar oileanach againn, agus fichead bliadhn' air adhart tha còrr is ceud againn, a' mhòr-chuid aca 's e luchd-ionnsachaidh a th' annta a tha gu math misneachail ann a bhith a' cleachdadh a' chànain. Agus mura biodh an luchd-ionnsachaidh dealasach seo againn bhiodh e do-dhèanta, aig amannan, mòran dhe na h-obraichean ùra a tha gach iomairt a' cur feum air a thoirt air adhart. Tha mi a' smaoineachadh gu bheil am measgachadh chùrsaichean a tha sinn a' tathann freagarrach air iarrtasan luchd-ionnsachaidh agus a' choimhearsnachd Ghàidhlig. Tha cùrsaichean againn a tha a' toirt oileanaich gu fileantachd, tha cùrsaichean ceum againn agus cùrsaichean dreuchdail mar theisteanas ann an telebhisean agus ioma-mheadhan. Tha sinn an còmhnaidh mothachail gum buin na cùrsaichean againn do dh'fheumalachdan an lath' an-diugh. Tha sinn dhen bheachd gur e ar dleastanas a bhith a' dìon ar cànain. Tha sinn an seo gus cothroman a thoirt do dhaoine an cànain a chleachdadh agus an oideachadh gus am faigh iad cosnadh."

Agus tha Ailean Caimbeul a' dol leis na beachdan sin. "Tha mise glè chinnteach," thuirt e an 2004, "ma tha Gàidhlig gus a bhith buan, gum feum i a bhith air ais an cridhe na coimhearsnachd. Chan ann air feadh Alba gu lèir ach an siud 's an seo. Ma tha na cùrsaichean Gàidhlig a tha na Colaistean a' tathann gu bhith soirbheachail feumaidh sinn coimhead ris an t-seòrsa saoghail far am bi e gu buannachd luchd-obrach gun tèid aca ri Gàidhlig a bhruidhinn agus bhiodh seo gu sònraichte iomchaidh ann an gnìomhachais turasachd. Bidh luach eaconomaigeach aig a' chànan agus sin mar a dh'fheumas e bhith. Bheir sin misneachd dhan choimhearsnachd – ionnsaichidh pàrantan an cànan dhan chloinn oir tha an cànan sin gu bhith air fhaicinn mar ath-bheothachadh. Roghnaichidh daoine foghlam tro mheadhan na Gàidhlig airson an aon adhbhair agus chì iad, mar a thèid iad tro fhoghlam adhartach agus aig àrd ìre, gu bheil toradh gu bhith ann dhaibh, structar cùrsa-beatha.

"Tuigidh daoine gu bheil buannachd ann a bhith dà-chànanach le Gàidhlig agus sin na daoine a thèid air adhart gu bhith ioma-chànanach, dìreach mar a chì thu nuair a thèid thu gu dùthchannan Eòrpach far a bheil e nàdarra dhaibh a bhith a' bruidhinn trì no ceithir de chànanan. Sin mar a bu mhath leam fhaicinn a' tachairt. Chan e a-mhàin gun tèid againn ri bruidhinn ri luchd-turais ann an Gàidhlig ach gun tèid againn ri bruidhinn riutha ann an Gàidhlig agus ann am Frangais gun bodraigeadh le Beurla. Bu toil leam coimhead air ais agus gum b' urrainn dhomh a ràdh gun do chuidich mise leis a sin. Bhiodh sin mìorbhaileach."

Thug Andrew Gossen an aire cuideachd an 1998, a' chiad bhliadhna a thathann Sabhal Mòr Ostaig cùrsa ceum a' co-obrachadh le Oilthigh na Gàidhealtachd is nan Eilean a bh' air ùr-stèidheachadh, gun robh sgaradh beag air èirigh eadar na h-oileanaich a bh' air Gàidhlig ionnsachadh agus a bha dualach air clàradh anns na cùrsaichean ceum, agus na Gàidheil fhèin.

> Ged a bha grunnd oileanaich ann a bha fileanta, bha iad dualach na cùrsaichean dreuchdail a thaghadh, an Cùrsa Gnìomhachais agus an Cùrsa Telebhisean. Cha mhòr nach e luchd-ionnsachaidh gu lèir a bh' anns na cùrsaichean acadaimigeach aig SMO.

Aig deireadh nan naochadan, bha an luchd-obrach acadaimigeach cheart cho measgaichte. A' cumail taic ri Iain Tormod MacLeòid, Ceannard an Fhoghlaim, bha neach-lagha à Ameireaga a bh' air ceum ollaimh ann an Ceilteis a ghabhail an Oilthigh Dhùn Èideann; òraidiche cànain à Oilthigh Ghaillimh; Canèidianach a bh' air a chuid Gàidhlig ionnsachadh an Oilthigh an Naoimh Francis Xavier an Alba Nuadh. Bha cuideachd fileantaich ann agus feadhainn a bh' air leigeil len cànan a dhol air seachran ach a thuig nach do chaill iad buileach i.

Tro nan naochadan bha Sabhal Mòr Ostaig a' sìor fhàs. An 1992 stèidhich a' Cholaiste an t-ionad rannsachaidh Lèirsinn gus seirbheis sgrùdaidh a thathann don choimhearsnachd Ghàidhlig. Tha an t-ionad gu sònraichte a' sgrùdadh chuspairean mar fhoghlam tro mheadhan na Gàidhlig, leasachadh sòisealta agus eaconomaigeach, craoladh, cànan agus eòlas-cànain. Bha Lèirsinn a' co-obrachadh le ionadan rannsachaidh eadar-nàiseanta eile a bha an sàs ann an gleidheadh agus an leasachadh mhion-chànanan Eòrpach. B' i Mòrag NicNèill, Stiùiriche Lèirsinn, a stèidhich Sgoil Sgrùdaidh Cànain, Cultair agus Dualchais an Oilthigh na Gàidhealtachd is nan Eilean agus b' i cuideachd a' chiad neach-gairm a bh' air an Sgoil. Chuir luchd-obrach Lèirsinn gu mòr ri leasachadh chùrsaichean ùra ceum, bha iad a' stiùireadh sgrùdaidhean iar-cheumnach, agus a' foillseachadh phàipearan rannsachaidh.

An 1992 cuideachd, chuir a' Cholaiste air bhonn a' chompanaidh mhalairteach, Cànan, a bha a' tathann sheirbheisean de dh'iomadh seòrsa don choimhearsnachd Ghàidhlig agus don raon gnìomhachais anns an fharsaingeachd. Tha Cànan an sàs gu sònraichte ann a bhith a' deasachadh stuthan ioma-mheadhan, foillseachadh, eadar-theangachadh, fo-thiotaladh, margaideachd agus stuth-taic do luchd-ionnsachaidh Gàidhlig. Chaidh an iomairt an sàs ann an grunnd phròiseactan nàiseanta agus eadar-nàiseanta ann an co-phàirt le buidheannan eile anns a' Chuimrigh agus ann an Èirinn. 'S iad a tha a' foillseachadh a' mhòr-chuid dhe na stuthan a thathar a' cleachdadh anns na bunsgoiltean Gàidhlig agus 's iad cuideachd a dh'fhoillsich na stuthan teagaisg co-cheangailte ris a' phrògram aig Telebhisean na h-Alba airson luchd-ionnsachaidh na Gàidhlig, '*Speaking Our Language*'.

An 1987 chaidh Stòr-Dàta Briathrachas Gàidhlig a stèidheachadh. Thàinig am pròiseact seo gu bhith na ghoireas a tha na mìltean air feadh an t-saoghail a' cleachdadh a h-uile seachdain. Tha e a' foillseachadh goireas cànanach eileagtronaigeach, thesauri, faclairean fuaimneachaidh agus goireasan foghlaim eile. Dheasaich iad faclair dà-chànanach, Beurla-Gàidhlig, a bha clò-bhuailte le Cànan an 1993.

Aig deireadh nan naochadan, 's ann aig leabharlann Sabhal Mòr Ostaig a bha fear dhe na cruinneachaidhean de sheann leabhraichean tearc Gàidhlig agus leabhraichean co-cheangailte ri Gàidhlig is fheàrr air an t-saoghal. Tha Cruinneachadh MhicCarmaig agus an Cruinneachadh Celtica nan dà chruinneachadh cudromach a thaobh seasamh eadar-nàiseanta agus rinn a' Cholaiste fìor oidhirp gus am faighinn, an dà chuid airson an cumail còmhla agus airson a bhith cinnteach gum biodh iad gu sìor-mhaireannach ruigsinneach airson obair sgoilearachd is rannsachaidh.

'S e Sabhal Mòr Ostaig cuideachd am prìomh stiùiriche ann an Tobar an Dualchais: pròiseact cudromach gus clàradh gu h-eileagtronaigeach – airson an dà chuid gleidheadh agus sgaoileadh – 18,000 uair de thasglann clàraichte Gàidhlig agus Albais. Tha Tobar an Dualchais a' catalogadh a' ghoireis phrìseil seo, a tha an-dràsta air a stòradh air film agus teip a tha crìonadh gach là, agus ga sgaoileadh don choimhearsnachd eadar-nàiseanta air an làraich-lìn.

Agus chan e sin uileag e. Tha sgrìobhadair ga fhastadh, neach-ciùil na iomairt às ùr, agus thathar am beachd Caidreamh anns na h-Ealain Lèirsinneach a stèidheachadh a' co-obrachadh le Oilthigh Dhùn Dèagh. Mar chuimhneachan air Fir Chlis, an aon chompanaidh chluicheadairean Gàidhlig proifeiseanta a bh' ann riamh, shuidhich Tosg iad fhèin aig a' Cholaiste. Tha Tosg a' toirt cosnadh do chluicheadairean òga agus a' barantachadh dheilbh-chluich ùra a bharrachd air a bhith a' toirt dibhearsain gu coimhearsnachdan air feadh na Gàidhealtachd. Tha Trèanadh Thidsearan Gàidhlig cudromach ann a bhith ag ath-bheothachadh a' chànain. Bha seo air aideachadh nuair a bhathar a' deasbad Bile na Gàidhlig. Airson greis a-nis tha Sabhal Mòr Ostaig air a bhith an sàs an cùrsa do luchd-teagaisg Àrdsgoil, aig a bheil Gàidhlig, gus comasan a thoirt dhaibh airson a bhith a' làimhseachadh an cuid chuspair tro mheadhan na Gàidhlig. An-dràsta, a' co-obrachadh le Oilthigh Obar Dheathain, tha a' Cholaiste ag ath-structaradh a' chùrsa gus an gabh a lìbhrigeadh aig astar os gum faighear thairis air cosgaisean a bhith a' fastadh luchd-teagaisg eile fhad 's a tha na tidsearan air falbh bhon sgoil a' frithealadh a' chùrsa. Thathar an dòchas gum bi an cùrsa ga lìbhrigeadh anns a' mhodh ùr am bliadhna acadaimigeach 2005-06.

Bha a' Cholaiste an dòchas gum biodh e air a bhith comasach an sgil ann a bhith a' teagasg a' chànain a chur ri bhith ag oideachadh thidsearan bho thùs. Gu mi-fhortanach cha ghabh sin dèanamh aig an àm seo, anns a' chiad àite, a thaobh cosgais seach gum biodh àireamh nan oileanach ro bheag, agus anns an dàrna h-àite seach nach eil SMO/OnaG aithnichte mar Ionad Trèanadh Thidsearan.

Bha an seann sabhal gus spreadhadh. An 1993 le tabhartas £400,000 bho Thelebhisean na h-Alba agus Thelebhisean Grampian, chaidh an t-seann àrainn aig Ostaig a dhèanamh a dhà uimhir. ('S ann dha fhèin a nì an cù comhart. Bha iad a' feumachdainn òigridh sgileil airson craoladh tro mheadhan na Gàidhlig). Chaidh an t-airgead bho na companaidhean telebhisein a chleachdadh gus faighinn gu ionmhas eile agus chaidh Àrainn Ostaig a leasachadh agus chaidh barrachd àite dhèanamh airson teagasg agus rianachd, àite-fuirich ùr dha na h-oileanaich agus stiùidio telebhisein.

Bha an seann sabhal a-nis air a sgeadachadh gu brèagha agus an Talla Mhòr na h-àite cruinneachaidh do mhuinntir an t-Sabhail fhèin agus dhan choimhearsnachd agus 's ann innte bhiodh an ceumnachadh ga chumail gach bliadhna. Tha Ailean Caimbeul a' cuimhneachadh air aon fhear gu sònraichte; "Mar a dh'èirich dhan a h-uile ionad de sheòrsa, 's e fìor latha mòr a bh' ann an àm a' cheumnachaidh dhan t-Sabhal. Bha e na àm dha oileanaich uaill a thoirt às an cuid saothair obrach, agus cothrom dha luchd-teagaisg moit a ghabhail às na thug iadsan dha na h-oileanaich. Mar a tha fìor dhan mhòr-chuid a tha an sàs an obair an t-Sabhail tha mise a' dèanamh dìcheall a bhith aig a' cheumnachadh ma ghabhas sin idir a bhith! 'S e cuirm mhisneachail, shòlaimte, agus aighearach a th' ann daonnan!

"Aon bhliadhna, le cùisean air dòigh airson ceumnachadh deireadh an fhoghair, agus le obair deasachaidh mhòr dèanta, agus le daoine gu bhith siubhal astar mòr ga ionnsaigh – nach ann a chaidh an dealan dheth an latha ron àm.

"A dh'aindheoin gach oidhirp aig luchd einnseanaireachd cha ghabhadh an t-seirbheis fhaotainn a' dol ann an àm – agus chaidh cuirm a' cheumnachaidh air adhart ann an Talla Mhòr Àrainn Ostaig le coinnlean agus lampaichean! Abair gun robh e grinn le solas bog blàth nan coinnlean, agus thug Cathraiche an Urrais iomradh eirmseach, mar a bhiodh dùil, air solas an fhoghlaim 's mar sin air adhart.

"Bha Maighstir Calum MacIllFhialain an làthair, agus dh'èirich e gus ùrnaigh a dhèanamh aig toiseach na cuirme. Às dèidh dìreach facal no dhà agus samhla air dorchadas is solas, nach ann a thàinig na solais air!

"Rinn na bh' ann seòrsa de dh'osnadh 's na solais a' tighinn air – stad Maighstir Calum na ùrnaigh, "Cha do thuig mi gun robh m' ùrnaigh buileach cho cumhachdach!" ars e fhèin.

"Agus siud na solais às a-rithist!"

"Agus le snodha-gàire ri fhaicinn thall 's a-bhos am measg na bha làthair, chùm an sagart air leis an ùrnaigh, is chaidh a' chuid eile den oidhche air adhart gun dealan.

"Ach 's e deagh oidhche bh' ann a dh'aindheoin sin!"

Ach math is gun robh an leasachadh cha robh sin fhèin fhathast gu leòr. Bha na h-uimhir a' tachairt ann an seadh sòisealta gu maith nan oileanach agus na sgìre; bha àireamh nan oileanach air meudachadh gu mòr an cois cùrsa ceum Oilthigh na Gàidhealtachd is nan Eilean; agus bha an t-uabhas ag iarraidh tighinn chun nan sgoiltean samhraidh agus nan cùrsaichean goirid – aig toiseach na

21mh linn bha còrr is 500 gam frithealadh. Bha Àrainn Ostaig ro bheag an taobh a-staigh beagan mhìosan bho chaidh crìoch a chur air.

Mar a thuirt an t-òraidiche ann an Riaghladh Ro-innleachdail, an Oilthigh Ghlaschu Dòmhnall MacIllEathain,

> Bhon a bha an leasachadh seo a-nis ullamh, bha luchd-obrach na Colaiste a' coimhead ris an ath ìre leudachaidh. Anns an eadar-ama, bha muinntir an t-Sabhail mothachail nach robh gu leòr de dh'oileanaich fhileanta a' tighinn air adhart chun nan cùrsaichean gnìomhachais airson gum biodh a' Cholaiste soirbheachail mòran nas fhaide. Ach air an làimh eile bha ùidh mhòr aig daoine ann an taobh na Gàidhlig de dh'obair na Colaiste, an dà chuid anns na cùrsaichean Gàidhlig agus Cultair a tha iad a' tathann agus ann a bhith a leasachadh stuthan teicneòlach airson foghlam aig astar. Bha a' Cholaiste, mar gum biodh, ag èaladh air falbh bho na h-amasan gnìomhachais air an deach a stèidheachadh agus a' gabhail oirre fhèin a bhith a' dìon agus a' strì airson ath-bheothachadh a' chànain agus cultar na Gàidhlig.
>
> An 1995, chuala Tormod MacIllÌosa agus feadhainn eile a bha cudromach ann am buidhnean leasachaidh eaconomaigeach na sgìre, gun deach Coimisean nam Mìle Bliadhna a stèidheachadh, agus gum biodh iad a' riarachadh ionmhas do dh'iomairtean airidh gus toiseach an treas mìle bliadhna a chomharrachadh. Thug seo orra smaoineachadh air pròiseact ùr misneachail an dòchas gun tigeadh ionmhas bho Choimisean nam Mìle Bliadhna.
>
> Dhealbh Tormod MacIllÌosa agus Iain Tormod MacLeòid agus feadhainn eile plana airson 'Bail' Ùr Ostaig'. 'S e leasachadh adhartach a bha seo de dh'Àrainn Ostaig a bha a' dol a chosg £20 millean a leigeadh leotha mòran a bharrachd chùrsaichean Gàidhlig a lìbhrigeadh, cuid aca a bhiodh a' dol gu ìre ceum, agus bha iad cuideachd a' dol a chur ris a' bhun-structar le àiteachan-fuirich na b' fheàrr dha na h-oileanaich, ionadan teagaisg agus ionnsachaidh a

bhiodh sònraichte da-rìreabh, taigh-cluiche, ionad ùr airson trèanadh luchd-craolaidh, ionad rannsachaidh agus goireasan eile.

Ged a chanadh cuid gun robh leithid a leasachaidh caran glòir-mhiannach airson Colaiste cho bheag, bha luchd-obrach na Colaiste cleachdte ri bhith a' coimhead air adhart fichead bliadhna oir bha e follaiseach a-nis gum feumte a bhith a' smaoineachadh air leasachadh a thaobh cànain agus cultair mu choinneamh a h-uile ginealaich. Dh'fheumte a bhith a' deasachadh an-dràsta airson clann a bha dìreach a' tòiseachadh air foghlam tro mheadhan na Gàidhlig aig ìre cròileagain.

Bha uimhir a chreideas aig an luchd-obrach ann am 'Bail' Ùr Ostaig' an 1995 agus gun do thog iad soidhne aig taobh a-muigh àrainn na Colaiste, ag innse mun leasachadh a bha a' dol a thighinn. An 1996 fhuair an luchd-obrach fios nach robh an iomairt air a bhith soirbheachail. 'S e pàirt dhen adhbhar gun deach a dhiùltadh nach fhaigheadh SMO cead dealbhaidh airson an leasachadh a thoirt air adhart, agus eadhon ged a gheibheadh, nach robh bun-structar na h-àrainn, mar a bha e, comasach air gabhail ri leithid a leasachadh. Dìreach mar a bha Coimisean nam Mìle Bliadhna a' diùltadh an leasachaidh aig SMO fhuair pròiseact Oilthigh na Gàidhealtachd is nan Eilean cead a dhol air adhart.

Ged a bha an diùltadh na bhuille do SMO anns an eadar-ama, bha stèidheachadh Oilthigh na Gàidhealtachd is nan Eilean – Iomairt nam Mìle Bliadhna – air fhaicinn mar chothrom, nan robh SMO gu bhith na phàirt dheth, mar a bha, gus a' Cholaiste a dhol air adhart gu bhith na h-ionad foghlaim aig àrd ìre an àite aig ìre adhartach, thàlaidheadh seo ionmhas ùr anns an àm ri teachd.

A-nis, rinn prìomh neach-maoineachaidh na buidhinn leis am bu leis an talamh timcheall àrainn Ostaig soilleir nach ceadaicheadh e leasachadh sam bith seach gun dreachadh e an aghaidh a' bhonn-stèidh aca fhèin. Ach gu fialaidh, thairg e, airson suim glè bheag, làrach sia acairean, goirid air mìle bho

> Àrainn Ostaig, suidhichte os cionn na mara le seallaidhean àlainn de Chnòideart agus tìr-mòr na h-Alba. Bha e air an làraich seo a cheannach roimhe seo airson dachaigh a thogail ann dha fhèin agus dha theaghlach, ach thuig e, bliadhnaichean às dèidh sin, nach robh coltas gun robh seo a' dol a thachairt gu bràth. Cha robh teagamh nach b' e seo fear de na prìomh làraich a bha ri fhaighinn anns an Eilean le seallaidhean cho brèagha is a bha rim faighinn ann an Gàidhealtachd na h-Alba. Leis an tìodhlac chòir, shoirbheachail seo aca, chuir muinntir an t-Sabhail romhpa gun leigeadh iad fhaicinn do Choimisean nam Mìle Bliadhna a' mhearachd a rinn iad.

B' e Urras Fearann Chlann Dòmhnaill a' bhuidheann "leis am bu leis an talamh timcheall àrainn Ostaig". Chaidh a' bhuidheann seo a stèidheachadh, anns a' mhòr-chuid, le Dòmhnallaich Ameireaganach a bhuineadh do Chomann Chlann Dòmhnaill gus am pìos fearainn aig ceann a deas Shlèite de dh'Oighreachd Chlann Dòmhnaill a cheannach agus a rianachd, nuair a cheannaich Iain Noble an còrr dhen Oighreachd an 1972. B' e Ellice MacDhòmhnaill "prìomh neach-maoineachaidh" na buidhinn, a bhuineadh do theaghlach a bh' air teicheadh bho ghort is fuadach an Gleann Comhann is Cnòideart anns an 19mh linn. Ged a bha a' Ghàidhlig air a dhol bàs anns an teaghlach aig Ellice MhicDhòmhnaill, bha an cultar fhathast buan. Bha e air ainmeachadh air Ball Pàrlamaid Libearalach dhen 19mh linn, Edward Ellice a bha ainmeil airson na h-oidhirpean a rinn e às leth nan Gàidheal aig àm na Goirt.

Ged a chaidh am plana airson Bail' Ùr Ostaig nan aghaidh cha do chuir sin bacadh air muinntir an t-Sabhail. Bha làrach eile aca a-nis.

> Chaidh an leasachadh air adhart gu sgiobalta, thuirt Dòmhnall MacIllEathain. Shoilleirich prògram ceum, a bh' air a dheasachadh an 1996/7, gun robh Sabhal Mòr Ostaig deiseil gus a dhol air adhart gu foghlam aig àrd ìre agus gus a bhith na roinn de dh'Oilthigh na Gàidhealtachd is nan Eilean Instiùid na Mìle Bliadhna. Fhuaireadh ionmhas luach £7 millean bho

dhiofar bhuidhnean poblach agus prìobhaideach (Coimisean nam Mìle Bliadhna na lùib), agus thòisich an obair aig an àrainn ùir aig deireadh 1997. Bliadhna às dèidh sin, chaidh a' chiad thogalach fhosgladh agus bha an àrainn ùir, Àrainn Chaluim Chille, deiseil airson na Mìle Bliadhna.

Anns a' Mhàigh 1997, nuair a thilleadh an Riaghaltas Làbarach gu Westminster, chuireadh Brian Wilson – am Ball Pàrlamaid airson Choineagain a Tuath bho 1987 – gu Oifis na h-Alba mar Mhinistear airson Gnìomhachas, Foghlam agus Gàidhlig: "Bha Gaidhlig fo mo chùram aig Oifis na h-Alba ach chan ann agam a bha cùram nan Ealan agus Cultar. Fhuair mi a-mach gun robh e na fhasan aig an t-seirbhiseach chatharra a bha os cionn na roinne sin, fear Gerry Wilson, a bhith a' cruinneachadh airgead sam bith a bha gun a chosg aig deireadh na bliadhna agus a bhith ga chleachdadh airson dealbhan ùra a cheannach dha na gailearaidhean Albannach. Bha e a' dèanamh deagh fheum dhen airgead nuair a smaoinicheas tu air . . . Co-dhiù, thuirt mise ri Gerry: 'Am-bliadhna dè mu dheidhinn rudeigin a thoirt dhan Ghàidhlig?' Agus fhuair mi e. Uill, fhuair mi £900,000 às na chaidh a shàbhaladh aig deireadh na bliadhna. Agus sin mar a chaidh An Tùr – an comharra-stiùiridh sònraichte sin aig an àrainn ùir – a thogail air Àrainn Chaluim Chille."

Agus sin an Tùr air an tugadh Lòchran an Dòmhnallaich mar ainm, an dà chuid mar chuimhneachan air sgoilearachd Eilean Ì agus fialaidheachd Ellice MhicDhòmhnaill. Ach nach iomadh neach eile cuideachd air am bithear a' cuimhneachadh nuair a laigheas ar sùil air an togalach mhìorbhailleach seo – Lòchran an Dòmhnallaich agus an Dòchais.

"Ma tha sibh a' saoilsinn," thuirt Tormod MacIllÌosa, "gur iad na Gàidheil a-mhàin a thog a' Cholaiste seo, no eadhan luchd-labhairt na Gàidhlig, bhiodh sibh fada fada ceàrr. Chaidh mòran obrach a dhèanamh air cùl gnothaich agus fhuair sinn mòran brosnachaidh bho Ghoill aig a bheil co-fhaireachdainn ris a' chànan agus ris na bheil sinn a' feuchainn ri dhèanamh."

13. *Òraidean an t-Sabhail*

Ceanglaichean eadar Èirinn agus Alba

Air an 9mh dhen Ògmhìos 1997 lìbhrig Mary Robinson, Ceann-suidhe Poblachd na h-Èireann ochdamh òraid bhliadhnail an t-Sabhail. Bithear fhathast a' coimhead air ais air sin mar sàr thachartas – a cheart cho cudromach ann an eachdraidh na Gàidhlig is a bha an òraid aig George Younger 'Air an t-Slighe gu Damascus', mar a bh' aig Ailean Caimbeul oirre, aig a' Cholaiste aona bliadhn' deug roimhe seo. Às dèidh òraid Mary Robinson, thòisich mòran rudan ri tachairt.

Chaidh òraidean an t-Sabhail a stèidheachadh, an 1990, mar phàirt dhen chàirdeas ùr sin eadar a' Gàidhlig, na companaidhean craolaidh neo-eisimeileach agus Sabhal Mòr Ostaig. Bha iad air an lìbhrigeadh ann am Beurla, agus air am pàigheadh, air an clàradh agus air an craoladh le Grampian agus le Telebhisean na h-Alba – ged a bha an t-àm craolaidh a' gluasad gach bliadhna na b' fhaide is na b' fhaide air falbh bho phrìomh àm-amhairc gus mu dheireadh an robh òraidean an t-Sabhail a' strì ri na prògraman Gàidhlig fhèin airson aire an luchd-amhairc aig uairean beaga na maidne.

Chaidh an dàrna òraid a lìbhrigeadh an 1991 le stiùiriche Telebhisean na h-Alba, Gus MacDhòmhnaill – aig an robh ceangal ris an Eilean Sgitheanach air taobh athar – agus ghabh e an cothrom bruidhinn mun Achd Chraolaidh a bha ri tighinn agus dè na cothroman a dh'fhaodadh tighinn bhuaipe dhan Ghàidhlig. Bhrosnaich e na Gàidheil gus greimeachadh air na cothroman cosnaidh a bhiodh ri fhaighinn bho Ionmhas Craolaidh Gàidhlig. Rinn e soilleir cuideachd, agus bha seo na chomharra air mar a bha telebhisean malairteach a' faicinn am fìor phrìomhachas, nach robh ann an luchd-labhairt na Gàidhlig ach aon às a' cheud – 37,000 a-mach às 3.7 millean – de luchd-amhairc telebhisean na h-Alba agus nach robh a' mhòr-chuid dhen chòrr, 99 às a' cheud, ag iarraidh barrachd Gàidhlig air telebhisean. Agus dh'innis e dhan luchd-èisteachd gun robh e soilleir bhon fhiosrachadh a bha iad a' faighinn bho S4C anns a' Chuimrigh gur e na siabainn leithid *Pobol y Cwm* a bu mheasaile aig an luchd-amhairc a' dol thairis an dà chànan – Cuimris agus Beurla. "A rèir luchd-stiùiridh Cuimris", thuirt Gus MacDhòmhnaill, "'s e a bhith a' cruthachadh coimhearsnachd romantaigeach mar seo an dòigh is fheàrr gus greimeachadh air na Gàidheil a rinn imprig dhan Ghalldachd gus an toirt air ais dhan choimhearsnachd Ghàidhlig a dh'fhàg iad."

Bha an luchd-èisteachd gan ullachadh aig an òraid seo aig an t-Sabhal airson 'Machair', siabann Gàidhlig a bha suidhichte anns na h-Eileanan an Iar. Bha e na chuideachadh mòr don chompanaidh aig Gus MacDhòmhnaill, nuair a gheall e gum biodh 'Machair' air a chraoladh aig prìomh àm amhairc, gun do ghlèidh iad còirichean craolaidh ann an Galldachd na h-Alba. Chosg an siabann, a chòrd gu ìre chuimseach ri na Gàidheil agus ri na h-uimhir dhe na Goill dà mhillean not gach bliadhna. Thug e leis an deagh chuid de dh'ionmhas Craolaidh Gàidhlig airson dusan sreath mus do stad iad ga chraoladh an 1999.

Chaidh a' chiad òraid an 1990 a lìbhrigeadh le James Hunter a tha air cliù a' chosnadh mar neach-eachdraidh nan Gàidheal. Aig an àm, bha e na Stiùiriche aig Aonadh nan Croitearan agus às dèidh sin bha e na Chathraiche aig Bòrd Leasachaidh na Gàidhealtachd is nan Eilean. Bha James Hunter a' coimhead roimhe agus a' mìneachadh a' bhuaidh a bh' aig croitearachd, agus a' choimhearsnachd a bha an sàs ann, air a bhith a' cumail suas na Gàidhlig, a dh'aindeoin na bha de rudan a' cothachadh na h-aghaidh.

> 'S iad na duilgheadasan mòra a bha daonnan nan aghaidh gu h-eachdraidheil", thuirt James Hunter, "a dh'fhàg Gàidheil na h-Alba cho diùid. Tha dùthchannan eile dhen bheachd gu bheil a h-uile còir aig an òigridh aca a bhith air an oideachadh nan cànan fhèin. Ach tha sinne a' faicinn Foghlam tro Mheadhan na Gàidhlig mar dhearbhadh ùr, annasach seach gu bheil sinn cho cleachdte ri bhith air ar cur sìos." Bha James Hunter dhen bheachd, eadhon aig deireadh na ficheadamh linn gun robh croitearachd cudromach. Lag agus gun robh i, bha croitearachd a' cumail sluagh air an fhearann seach tuathanas a bha a' falamhachadh nam bailtean dùthchail. 'S ann anns na bailtean croitearachd ann an àiteachan mar Leòdhas agus Uibhist a Deas as motha tha de shluagh nuair an nì sinn coimeas ri na bailtean dùthchail ann am Breatann gu lèir.

An 1995 thàinig Alastair Moffat, a-nis na Phrìomh Stiùiriche aig Iomairtean Telebhisean na h-Alba, a thoirt dhuinn tuilleadh fiosrachaidh mu chraoladh Ghàidhlig anns na bliadhnaichean a bha romhainn. An 1996 thug Donaidh Rothach, a bh' air a bhith na sheinneadair leis a' chòmhlan Ghàidhlig RunRig, tarraing air a bhith na phàirt dhen ghinealach:

> a dh'fhuiling mùchadh agus dearmad cultarach bhon Riaghaltas a bha gun mhathanas. Bha ar cànan air a dì-luachachadh agus air a cur an dàrna taobh – bha an eachdraidh shòisealta againn air a leigeil seachad.

Cola-deug mus robh na ciad thaghaidhean gu bhith ann airson Pàrlamaid na h-Alba an 1999 thàinig Gordon Brown, Seansalair Roinn an Ionmhais aig Westminster, an lùib connspaid, a lìbhrigeadh òraid an t-Sabhail. Bha Gordon Brown air an cuireadh fhaighinn dà bhliadhna roimhe seo agus bha e a' cumail a-mach gun robh an turas aige neo-phoilitigeach. "Seansalair Roinn an Ionmhais", thuirt fear de dh'oifigearan Partaidh Nàiseanta na h-Alba, "fear de na daoine is cudromaiche anns a' Phartaidh Làbarach agus chan eil e ga fhaicinn mar thachartas poilitigeach dà sheachdain mus eil taghadh ann? Seadh Gordon, an ann a' tarraing àsainn a tha thu?" Ach thuirt Tormod MacIllÌosa: "Chan urrainn dhuinn òraid a chur dheth seach nach eil an t-òraidiche a' tighinn ri càil a h-uile duine. Ma tha duine sam bith dhen bheachd gun diùltamaid an cothrom òraid fhaighinn bho Sheansalair Roinn an Ionmhais, dh'fheumadh e bhith às a chiall."

Bha òraid na h-ath bhliadhna tiamhaidh da-rìreabh. Anns an taghadh às dèidh turas Ghordon Brown, chaidh Dòmhnall Dewar, a bhuineadh dhan aon Phartaidh ris, a thaghadh mar Phrìomh Mhinistear ann am Pàrlamaid ùr na h-Alba. Agus 's ann mar am Prìomh Mhinistear a thàinig e anns a' bhliadhna 2000, a lìbhrigeadh an 11mh òraid aig Sabhal Mòr Ostaig, geàrr-bhriathrach na dhòigh mar bu dual. Rinn Fearchar Mac an Tòisich, Cathraiche Bòrd an Urrais, Dòmhnall Dewar aithnichte dhan luchd-èisteachd ann an Talla Dhonaidh Chaimbeul aig Àrainn Chaluim Chille. Bha Fearchar Mac an Tòisich air a bhith a' teagasg anns an sgoil far an robh Dòmhnall Dewar na sgoilear: "Bhithinn air a bhith a' teagasg eachdraidh dha nuair a bha e anns a' chòigeamh agus an t-siathamh bliadhna ann an Acadamaidh Ghlaschu tràth anns na caogadan. 'S e chuimhne th' agam air gur e balach aonaranach a bh' ann. Bha e àrd, caol agus dh'fheumadh a h-uile balach ann an Acadamaidh Ghlaschu rugbaidh no criogaid a chluich – cha robh an còrr air, cha robh roghainn agad. Ach cha robh cumadh cluicheadair rugbaidh air Dòmhnall agus chuir e seachad tòrr tìde anns an leabharlann. Aig deireadh teirm a' Gheamhraidh bhiodh farpais-cheist againn anns an sgoil agus bha duais leis. Tha cuimhn' agam gun do bhuannaich Dòmhnall e aon uair co-dhiù. Bha ùidh aige ann an eachdraidh agus ann am Beurla. Cha do rinneadh *prefect* dheth no rud sam bith mar sin . . ."

Aig toiseach na h-òraid dh'aidich am Prìomh Mhinistear Dòmhnall Dewar nach robh mòran ùidh aige ann an "deathach teine-mònadh" ach gheall e gun leanadh Riaghaltas na h-Alba air taic a chumail ri na h-iomairtean Gàidhlig gu lèir. Mhol Dòmhnall Dewar na chuir a' Ghàidhealtachd gu h-eachdraidheil agus cultar na Gàidhlig ri Alba. Bha an sgìre agus an cànan air adhartas mòr a dhèanamh anns na bliadhnaichean mu dheireadh. Bha àireamh sluaigh na h-Alba ann an 2000AD an aon rud is a bha e an 1970, ach bha àireamh-sluaigh na Gàidhealtachd air a dhol suas 20 anns a' cheud anns an aon ùine. "Tha Teicneòlas Fiosrachaidh," thuirt e, "na chuideachadh ann a bhith a' toirt buaidh air na duilgheadasan a bh' ann leis an sgìre a bhith iomallach agus astar fada bho na margaidhean."

Thuirt Dòmhnall Dewar cuideachd gun robh e cudromach na ceanglaichean eadar Gàidhealtchd na h-Alba agus Gàidhealtachd na h-Èireann adhartachadh, mar a rinneadh le Iomairt Chaluim Chille. "Cha bu chòir dhuinn a bhith a' coimhead air a' Ghàidhealtachd mar rud a bhuineas do chladaichean na h-Alba a-mhàin ach mar rud a tha a' ruith bho Rubha Robhanais gu Rubha an Dainginn an ceann a Deas na h-Èireann." Mar chomharra air cho cudromach is a bha Sabhal Mòr Ostaig ann a bhith a' dìon agus ag adhartachadh na Gàidhlig agus a' moladh mar a bha e "a' gabhail a-steach a h-uile duine", thuirt am Prìomh Mhinistear gun robh e a' toirt taic a bharrachd dhan Cholaiste luach £250,000 gach bliadhna airson na ceithir bliadhna bha ri teachd.

Chuir e fàilte air na leasachaidhean ann am foghlam tro mheadhan na Gàidhlig, agus thuirt e gur e an dòigh air adhart a bhith a' brosnachadh "iarrtas airson àiteachan . . . Feumaidh sinn coimhead air dè cho math is a tha an t-seirbheis a tha sinn a' tathann airson pàrantan a thàladh." Dh'aidich e nach robh seirbheis craolaidh Gàidhlig mar a bha e an-dràsta, air a sgaoileadh air feadh nan seanalan, uabhasach fàbharach agus gum feumte coimhead air craoladh didsiotach ach nach biodh sin comasach gus an ruigeadh an t-seirbheis dhidsiotach air barrachd dhen dùthaich.

Nuair a thàinig e gu bruidhinn air Bile Gàidhlig gus "inbhe thèarainte" thoirt dhan chànan thuirt am Ministear, "feumaidh sinn a bhith faiceallach nuair a chanas sinn gum biodh 'inbhe laghail' na fuasgladh air a h-uile duilgheadas a thaobh a' chànain." Bha teagamh aige, "Gur e 'inbhe laghail' an dòigh a b' fheàrr air tighinn chun na h-ìre far am faigh sinn an seasamh agus an t-ath-bheothachadh a tha sinn a' sireadh. 'S e dh'fhaodadh e dhèanamh ach cosgaisean gun fheum a thoirt oirnn; dh'fhaodadh cus tìde a bhith ga chur seachad ri eadar-theangachadh gun fheum agus dh'fhaodadh e toirt air feadhainn tionndadh an aghaidh na Gàidhlig ann an cuid de sgìrean."

Mìos às dèidh seo bhiodh Dòmhnall Dewar marbh aig 63 bliadhna dh'aois.

Ma 's e an òraid aig Dòmhnall Dewar an tè bu tiamhaidhe, tha mòran dhen bheachd gur e an òraid aig Mary Robinson trì bliadhna na bu tràithe an tè bu bhuadhaiche. Bha e air a ràdh gur i Mary Robinson an neach-poilitigs a bu mheasaile aig muinntir na h-Èireann riamh agus ge bith dè chuireadh i roimpe bhiodh e soirbheachail. Aig Sabhal Mòr Ostaig an 1997 's e bha na h-aire ach feuchainn ri na seann cheanglaichean eadar Gàidhealtachd na h-Èireann is na h-Alba ath-stèidheachadh. Thuirt i:

> Tha buaidh fhathast aig an àm a dh'fhalbh air na ceanglaichean eadar ar dà dhùthaich agus mar a tha na daoine againn a-null is a-nall. Tha mi 'n dòchas le bhith a' meòrachadh air na dh'fhalbh gun tig sinn gu bhith a' tuigsinn dè th' againn a tha co-ionnan is gun cuir sinn luach air. Ro thric tha na chaidh seachad ga fhaicinn mar rud a tha dèanamh sgaradh agus aimhreit agus a th' air a bhith a' daingneachadh eadar-dhealachaidhean cràbhach agus poilitigeach. Nuair a thàinig mise gu bhith nam Cheann-suidhe an Èirinn sia gu leth bliadhn' air ais, rinn mi iomradh air roinn ar mac-meanmna, an còigeamh roinn, àite coitcheann far am faodamaid uile tighinn còmhla agus toileachas fhaighinn anns na rudan sin a tha co-ionnan againn.
>
> 'S dòcha gum faod sinn eilean a chruthachadh dhuinn fhèin far am bi sinn a' faighinn toileachas anns na bheil co-ionnan do dh'Alba is do dh' Èirinn. Tha mi gu mòr an dòchas gun toir seo cothrom do mhuinntir Èirinn a Tuath, bhon dà thaobh, cuid dhen dualchas a th' air a bhith air a dhiùltadh dhaibh fhaighinn air ais. Gu tric ann an suidheachadh Èireannach, tha cultar Ceilteach no Gàidhlig ga cheangal ris a' chreideamh Chaitligeach agus ri nàiseantachas,

agus tha seo na bhacadh do na Pròstanaich agus dhaibhsan a tha cur taic ris an Aonadh a bhith a' sireadh pàirt dhen dualchas.

A' coimhead air ais, saoilidh mi gun robh sgaradh eadar an fheadhainn a bha a' faicinn nan amannan nodha a' cogadh an aghaidh beachdan is cultar traidiseanta air an aon làimh, agus iadsan air an làimh eile a bha a' faicinn traidisean mar rud sgìreil a bha gan cumail air ais. Nuair a bha mi fhèin a' fàs suas ann am Mayo, bha feadhainn ann a chanadh: 'Cha dèan cànan na h-Èireann ach do chumail air ais, cha dèan e feum dhut, chan fhaigh e cosnadh dhut.' Tha fios agaibh; "Feumaidh sinn gluasad air adhart, feumaidh sinn a bhith *modern*." Agus sin mar a bha iad a' faireachdainn aig an àm.

A-nis tha mi a' faicinn gu bheil sinn air fuasgladh fhaighinn dhan imcheist seo far a bheil traidisean air a leasachadh agus meas air a chur air le dòighean nuadha. Tha mi a' faicinn dearbhadh air an fhuasgladh seo anns a h-uile roinn de bheatha na h-Èireann, tha sunnd ann agus fèin-mhisneachd a tha ùr agus beòthail. Tha mi a' faicinn òigridh a tha cofhurtail le modhan traidiseanta agus le modhan ùra agus a tha diùltadh a dhol às àicheadh aon seach aon aca. Tha mi a' faicinn fasanan a' mathachadh a chèile, co-dhiù ann an dannsa no an ceòl, agus tha iad air am meas as ùr, chan ann a-mhàin ann an Èirinn, ach air feadh an t-saoghail. Tha diofar adhbharan airson na fèin-mhisneachd seo – cuid dheth seach gu bheil sluagh òg againn; tha mu 40 às a' cheud fo aois 25 bliadhna, agus cuid dheth gu bheil an eaconomaidh air fàs cho luath.

. . . Tha fhios agam nach gabh coimeas dìreach a bhith air a dhèanamh eadar Alba agus Èirinn ach tha faireachdainn agam gu bheil cùisean ag atharrachadh agus ag ùrachadh an seo cuideachd. Agus bidh pàirt chudromach aig Sabhal Mòr Ostaig agus, aig a' cheann thall, aig Oilthigh na Gàidhealtachd is nan Eilean ann a bhith a' cur an cèill beatha a tha fhathast ri mhìneachadh.

. . . A' coimhead romhainn, tha mòran ann a dh'fhaodas

> Èirinn agus Alba ionnsachadh bho chèile agus a thoirt dha chèile. Chan eil dà dhùthaich eile anns an Roinn Eòrpa a tha cho dlùth, chan ann a-mhàin a thaobh ar n-eachdraidh ach cuideachd na bheil againn a tha co-ionnan an-diugh. Tha e a' toirt nam chuimhne na briathran aig Somhairle MacGill-Eain a thadhail orm an Áras an Uachtaráin le buidheann de bhàird Ghàidhlig a' comharrachadh 25 bliadhna de dh'iomlaid eadar na bàird agus filidh na h-Èireann. Tha sinn gu mòr a' caoidh a bhàis an-uiridh, am bàrd sònraichte sin a bha cho measail air an eilean seo. Rinn e dealbh dhe na ceanglaichean a tha eadarainn leis na faclan drùiteach:
>
> '. . . an fhèile
> nach do reub an cuan,
> nach do mhill mìle bliadhna.'

Thàinig na briathran ciallach dòigheil aig Mary Robinson gun robh an t-àm iomchaidh dha na dùthchannan Ceilteach tighinn còmhla agus gabhail ri aois nan coimpiutair aig an àm cheart. Fad 1997 agus aig toiseach 1998 bha riaghaltais Èireann, na Rìoghachd Aonaichte agus nan Stàitean Aonaichte, a' strì ri na diofar phartaidhean an Èirinn a Tuath a thoirt còmhla gus stad a chur air an aimhreit agus sìth a thoirt dhan dùthaich. Dhèante toileachadh ri iomairt sam bith, beag is gun robh e, a chuireadh aonachd agus adhartas gu dol. Chuir Brian Wilson, ann an Oifis na h-Alba, Iomairt Chaluim Chille air bhog anns a' bhad, gus ceanglaichean eadar Gàidheil na h-Alba agus Èirinn, Tuath agus Deas, a neartachadh agus bha an cùmhnant trì-fhillte seo gu bhith stèidhichte aig Sabhal Mòr Ostaig. "'S e tasgaidh mòr tha seo ann am Pròiseact a tha a' cur taic dìreach gu foghlam tro mheadhan na Gàidhlig agus aig an aon àm tha e a' cur ris a' cho-bhann eadar Alba agus Èirinn. Tha e ìoranta gun robh Riaghaltas na h-Alba anns an 17mh linn a' coimhead air Gàidhlig mar cainnt na h-Èireann. Agus tha sin fhèin a' nochdadh na bheil againn a tha co-ionnan taobh a-staigh na dùthcha a tha a' ruith bho chladaichean Chiarraí gu Rubha Robhanais," thuirt Brian Wilson.

Thòisich Iomairt Chaluim Chille, le Dòmhnall Angaidh

MacIllFhinnein à Uibhist a Tuath, a' chiad cho-òrdanaiche, agus Alastair Caimbeul à Muile às a dhèidh, ri na ceanglaichean a dhaingneachadh eadar na càirdean Gàidhlig air gach taobh de Shruth na Maoile ann an iomadach dòigh. Thug iad croitearan Gàidhealach agus tuathanaich Èireannach còmhla agus buidhnean iomain agus iománaíocht an aghaidh a chèile gu càirdeil. "'S e deagh eiseimpleir tha seo", thuirt Brian Wilson, "air dè dh'fhaodas tachairt le beagan maoineis nuair a tha na Riaghaltais air do chùl."

Agus an ath bhliadhna a-rithist, 1998, aig òraid an t-Sabhail bha na ceanglaichean ri Èirinn air an ath-dhaingneachadh. Thàinig Calum Dòmhnallach, a bha aig an àm sin na Bhall Pàrlamaid a' riochdachadh nan Eileanan an Iar agus na Mhinistear Gàidhlig aig Westminster, agus Éamon Ó Cuív, aig an robh an aon dreuchd an Èirinn, còmhla a lìbhrigeadh na h-òraid.

Bha Iomairt Chaluim Chille comasach air mac-meanmain a ghlacadh. Aig aon àm nuair a bha Seanadh Èirinn a Tuath air a bhacadh an 2000, sgrìobh *Newsletter* Bheul Feirste,

> A Parliament will be sitting in Northern Ireland within weeks after all! Londonderry is to host a special sitting of a Youth Parliament next month at which the debates will be carried out in Irish and Scottish Gaelic.
>
> Sessions will take place during a four-day festival over St Patrick's Weekend to celebrate the languages and cultures of Ireland and Scotland. While there will be events and concerts around the city from 16–19 March, the core of the Columba Initiative organised festival will be the Youth Parliament which will be attended by students from Northern Ireland, the Irish Republic and Scotland. All the proceedings and debates at each session of the Parliament in Londonderry will be delivered in Irish and Scottish Gaelic.
>
> The Columba Initiative said yesterday that the aim of the Youth Parliament is to bring together undergraduates who are studying either Irish or Scottish Gaelic so that they have a unique opportunity to network and to debate issues that are of common concern. Risteard Mac Gabhann, chairman

of the Youth Parliament organisers, said: 'The Parliament is designed to give students experience of speaking in public and to develop key skills such as debating, negotiating, influencing and thinking quickly. These skills will be of practical use to them in whatever careers they follow. That everything will be in Irish and Scottish Gaelic will add an extra dimension.

One of the primary objectives of the festival is to encourage the development of both the Irish and Scottish Gaelic languages as well as creating an understanding of and respect of each culture. This festival is designed to be open and inclusive. Everyone with an interest in Irish or Scottish Gaelic will be welcome at the events, particularly the concerts.

The Columba Initiative is a tripartite body with offices in Belfast, Galway and Scotland. It was set up in 1997 by Eire President Mary Robinson and Brian Wilson, who was Scottish Minister for Education at the time, to 'foster support for the Gaelic language and to develop links between Gaelic Scotland and Ireland'. The Initiative is named after St Columba, who was born in 521 at Gartan, Co. Donegal, and who founded his first monastery in Derry before later taking the message of Christianity to Scotland.

"Tha Alba agus Èirinn le chèile air buannachd fhaighinn bho bhith ag ath-nuadhachadh nan ceanglaichean," thuirt Iain Tormod MacLeòid. "Tha e a-nis aithnichte gu bheil sinn glè dhlùth dha chèile gu h-eachdraidheil, agus gu bheil sinn glè choltach ri chèile ann an iomadach dòigh. Tha Iomairt Chaluim Chille air a bhith air leth soirbheachail. Bha e, aig a' cheann thall, an urra ri daoine aig an robh cumhachd, Brian Wilson gu sònraichte a thug Mary Robinson an seo. Agus tha Tormod MacIllÌosa ri mholadh gu mòr. Nuair a thàinig esan gu bhith na Stiùiriche bha e gu math adhartach anns an dòigh sin. Chan eil teagamh nach eil na ceanglaichean ri Èirinn air a bhith soirbheachail."

An 2002 chaidh leabhar fhoillseachadh a bha gu mòr a' dèanamh gàirdeachas às an lèirsinn aig Mary Robinson agus Brian Wilson a' dol dhan 21mh linn. Thug Leabhar Mòr na Gàidhlig còmhla bàird na h-Alba agus na h-Èireann, aosta agus nuadh, le cruinneachadh de dhealbhadarachd a bha air a chruthachadh le dealbhadairean co-aimsireil a dh'aon ghnothach.

Na ro-ràdh dhan Leabhar Mhòr tha aon dhe na fir-dheasachaidh, Calum MacIllEathain aig Pròiseact nan Ealan, a' dèanamh iomradh air Leabhar Cheannanais – an làmh-sgrìobhainn chliùiteach a thathar gu tric a' ceangal ri cultar Gàidhlig na h-Èireann ach a tha mòran sgoilearan dhen bheachd a chaidh a dhèanamh an Eilean Ì aig an àm nuair nach robh na crìochan poilitigeach cho nochdte eadar an dà Ghàidhealtachd.

Cha b' ann ag atharrais air Leabhar Cheannanais a bha iad idir, cha ghabhadh e dèanamh. An àite sin lean Calum MacIllEathain agus am fear-deasachaidh à Èirinn, Theo Dorgan, an dreach aig Leabhar Cheannanais; a' dearbhadh gu bheil briathran agus deilbh còmhla nas cumhachdaiche na an dà chuid air leth, agus shuidhich iad e anns an 21mh linn.

Ged a tha a' bhàrdachd Albannach agus Èireannach anns an Leabhar Mhòr a' ruith bhon t-seachdamh linn chun an latha an-diugh, tha an luchd-ealain agus an luchd-sgrìobhainn co-aimsireil. Cha robh iad anns a' mhòr-chuid a' dealbhadh bàrdachd cho-aimsireil. Bha an obair-ealain aig Anna NicLeòid a' freagairt cho math ris a' bhàrdachd aig Alastair Mac Mhaighstir Alastair is a bha na briathran aig Catrìona NicGumaraid, a bha aig aon àm na filidh aig Sabhal Mòr Ostaig, ri obair-ealain Sheumais Mhoireasdain.

Tro na linntean bha e air a chur as leth nam bàrd gun robh a' bhàrdachd aca air a cuingealachadh le bròn is mulad, nach robh iad comasach air dèiligeadh ri cuspairean eile. Tha An Leabhar Mòr a' breugnachadh na beachd seo. 'S e rinn an luchd-ealain agus an luchd-sgrìobhainn ach gun do chuir iad dath, cumadh agus snuadh ri neart is bòidhchead nan rann.

Tha ìomhaigh bho shaideal air còmhdach An Leabhair Mhòir, a tha cho dealbhach ri gin anns an leabhar. Tha e a' sealltainn Alba agus Eilean Mhanainn agus Èirinn air an cliathaich, le Gallaibh chun an ear agus Bàgh Bhantraigh chun an iar. Tha na h-oirthirean agus na h-eileanan far a bheil na Gàidheil fhathast a' còmhnaidh nan sìneadh, bhon t-sealladh seo, gu rèidh air uachdar an t-saoghail, leantainneach le bàghan is lochan na h-Èireann, Eilean Mhanainn agus iar-thuath na Gàidhealtachd is nan Eilean. Chan eil iad air an iomall nas fhaide, ach os àrd gu h-iomlan.

14. Iomairt Shoirbheachail

Trì bliadhna às dèidh do Dhòmhnall Dewar a bhith aig Sabhal Mòr Ostaig bha an treas Phrìomh Mhinistear aig Pàrlamaid na h-Alba na sheasamh air an aon àrd ùrlar a' lìbhrigeadh òraid an t-Sabhail. Chaidh Jack MacConnell a thogail an Arainn, an t-eilean is fhaide deas de dh'eileanan Innse Gall. Mar sin mar a thuirt e, bha eòlas aige air cò ris a bha e coltach a bhith air a thogail ann an coimhearsnachd leithid an Eilein Sgitheanaich. Rinn e mòr mholadh air a' phiseach a bh' air tighinn air Gàidhealtachd na h-Alba anns na 30 bliadhna a chaidh seachad – chanadh cuid is dòcha cus molaidh.

> Tha Slèite fhèin na dheagh eiseimpleir air an adhartas seo, thuirt e, "agus bha Sabhal Mòr Ostaig na mheadhan air mar a thachair.
>
> 'S e àite air leth brosnachail tha seo – suidheachadh cho brèagha airson ionad foghlaim is a tha ri fhaighinn an àite sam bith. Chan eil Sabhal Mòr Ostaig sònraichte dìreach airson na h-àrainneachd anns a bheil e agus na cliù a tha e air a chosnadh – ach cuideachd airson na sàr obrach a tha e a' dèanamh mar Cholaiste Nàiseanta na Gàidhlig.

Bha e mothachail air an dì-meas a rinneadh air a' Ghàidhealtachd thar nan linntean agus toilichte a-nis gun robh cùisean air atharrachadh gu mòr. Chuir e an cuimhne an luchd-èisteachd gun robh an leasachadh a thàinig air a' Ghàidhealtachd air tachairt na bu luaithe ri linn riaghaltas tiomnaichte na h-Alba. Bha an Riaghaltas air airgead a chur anns a' bhun-structar, ann am foghlam agus an cultar. Agus thuirt e,

> Cha leasaich an Riaghaltas an suidheachadh leis fhèin, ach tha e a' toirt taic do dhaoine fa leth agus do choimhearsnachdan aig a bheil a' mhisneachd agus a tha fosgailte ri daoine ùra a' tighinn a-staigh agus do bheachdan ùra agus dhaibhsan a tha airson gum bi iad soirbheachail far a bheil iad, an àite a bhith a' fàgail bochdainn às an dèidh. 'S e an dà rud sin còmhla, taic airgid bhon Riaghaltas agus miann adhartais agus iomairt bhon choimhearsnachd am fuasgladh a bheir soirbheachadh agus ceartas agus seasmhachd do dh'Alba gu lèir anns an àm ri teachd.

Bha dà bhuaidh aig an òraid aig Jack MacConnell. A' chiad tè dhiubh, 's e gun robh an argamaid phoilitigeach às leth na Gàidhlig, aig toiseach na 21mh linn, air soirbheachadh. Cha do rinn e buileach soilleir dè bha sin a' ciallachadh a thaobh taic phractaigeach agus airgead poblach a bhith ga chosg oirre, ach ann am partaidhean poilitigeach na h-Alba – agus eadhon anns an Rìoghachd Aonaichte air fad – 's ann ainneamh a chanadh neach-poilitigs a-nis gun robh a' chànan a' cumail an luchd-labhairt air ais agus nach robh ann ach às-aimsireachd anns an latha bh' ann. Bha dà-chànanas air buannachd, gu ìre co-dhiù.

Bha an euchd seo, agus cha bu bheag e, air a daingneachadh le neach poilitigs eile à Siorrachd Lannraig. Anns an Iuchar 2002 thadhail am Ministear Dùbhlain airson Foghlaim aig a' Phartaidh Nàiseanta, Andrew Wilson, air Sabhal Mòr Ostaig, agus nuair a thill e gu deas 's e an naidheachd a bh' aige dhan *Sunday Mail*:

> 'S e gòraiche a bhiodh ann leigeil leis a' Ghàidhlig a dhol bàs. Bhiodh e na chall dhuinn uile ann an seadh ionmhais agus a

> thaobh neart agus spionnadh cultar na dùthcha. Bu chòir dhuinn uile ar taic a chur ri planaichean dòigheil a neartaicheas a' Ghàidhlig. Cha leig thu a leas a bhith nad Ghàidheal airson sin a mhiannachadh. Thadhail mi air Sabhal Mòr Ostaig, a' Cholaiste Ghàidhlig anns an Eilean Sgitheanach air an t-seachdain seo chaidh. Tha iad a' dèanamh obair thùsaireil a' leasachadh na Gàidhlig agus eaconomaidh nan coimhearsnachdan Gàidhealach. Tha Iomairt Chaluim Chille, a tha stèidhichte aig a' Cholaiste a' dèanamh cheanglaichean eadar na coimhearsnachdan Gàidhlig an Alba agus an Èirinn. Tha sin fìor chudromach. Tha mise toilichte gu bheil cuibhreann bheag dhe na cìsean agam a' cuideachadh le bhith a' neartachadh rud a tha cho prìseil."

An dàrna co-dhùnadh a dh'fhaodamaid a thoirt às na h-òraidean-molaidh sin, 's e leis na bha sin de rudan a' tachairt, leis na bh' ann de thaic phoblach, leis na bh' ann de dh'iomairtean, gun robh a' Ghàidhlig, mu dheireadh thall, ann an suidheachadh gu math fallain a' dol a-staigh dhan 21mh linn.

Ach bha deagh fhios aig Jack MacConnell agus aig Andrew Wilson, an 2004 agus 2002 fa leth, dè bh' air tighinn am follais à cunntas-sluaigh 2001 a thaobh na Gàidhlig. Bha àireamh luchd-labhairt na Gàidhlig an Alba air a dhol sìos bho 65,987 gu 58,552.

An 2002, bha dreuchdan aig an t-Àrd Ollamh, Coinneach MacFhionghain an sgrùdaire Gàidhlig ainmeil, an Oilthighean Leeds agus Dhùn Èideann. Tha sinn eòlach air an sgrùdadh mhionaideach a rinn An t-Àrd Ollamh MacFhionghain air staid na Gàidhlig anns na cunntasan-sluaigh roimhe seo. Ged a bha na meadhanan an Alba a' dol às an ciall ag èigheach gun robh a' Ghàidhlig air a dhol bàs, bha an t-Àrd Ollamh ciallach agus dòchasach.

> Ged a tha a' chànan fhathast a' dol air ais saoilidh mi nach eil an crìonadh cho bras is a bha e. 'S dòcha gur e an leasachadh a thàinig air foghlam Gàidhlig agus air na meadhanan anns an dusan bliadhna chaidh seachad a dh'adhbhraich e. Ach chan

> eil na bheil air a thathann de dh'fhoghlam tro mheadhan na Gàidhlig aig an ìre seo gu leòr. Cha dèan e ach an crìonadh a bhacadh airson greis.

Cha robh a' Ghàidhlig a-nis air a cuingealachadh an iar-thuath na Gàidhealtachd agus anns na h-Eileanan. Bha cha mhòr an dàrna leth de luchd-labhairt na Gàidhlig an 2001 a' còmhnaidh air Ghalldachd. Cha robh ach 55 sa cheud dhen 58,552 luchd-labhairt a' còmhnaidh taobh a-staigh nan crìochan àbhaisteach.

Bha an suidheachadh a thaobh luchd-labhairt na Cuimris anns a' Chuimrigh an 2001 cho eadar-dhealaichte is gur ann a bha e a' toirt dòchas dhuinn an àite mulaid. An 1991 bha 508,000 luchd-labhairt na Cuimris anns an dùthaich. An 2001 bha 580,000 ann.

> Chan eil teagamh agam dè is adhbhar dha seo," thuirt Coinneach MacFhionghain. Tha e an urra ri 30 no 40 bliadhna de dh'fhoghlam tro mheadhan na Cuimris agus taic làidir bho na meadhanan Cuimris.
>
> Seach nach eil ach 25 sa cheud de sgoilearan bunsgoil anns na h-Eileanan an Iar a' dol tro fhoghlam tro mheadhan na Gàidhlig agus is dòcha 30 às a' cheud anns an Eilean Sgitheanach," thuirt An t-Àrd Ollamh MacFhionghain, "as aonais phoileasaidhean ùra agus feallsanachd ùr chan eil sin gu leòr airson a' Ghàidhlig a chumail beò mar chànan coimhearsnachd anns na h-àiteachan sin far an robh i riamh ga bruidhinn.
>
> Seo a' cheist a tha mu choinneamh Bòrd na Gàidhlig. Feumaidh sgìre sam bith a tha ga faicinn fhèin mar sgìre Ghàidhlig beachdachadh gu làidir mu phoileasaidhean ùra agus cleachdaidhean ùra airson Gàidhlig anns an teaghlach, anns a' choimhearsnachd agus ann am foghlam.

Nuair a choimheadas sinn air gach sgìre fa leth anns a' chunntas-shluaigh an 2001, chì sinn gu bheil an suidheachadh ann an aon sgìre anns an Eilean Sgìtheanach glè eadar-dhealaichte agus glè annasach. Deich bliadhna fichead na bu tràithe, ann an cunntas-sluaigh 1971 bha 452 de shluagh a' fuireach ann an Slèite. An 1991, bha an àireamh air a dhol suas gu 685. An 2001 bha 780 neach a' fuireach ann an Slèite, agus bha sin na b' àirde na bha e air a bhith bho na tricheadan.

Bha àireamh sluagh na sgìre air a dhol suas 72 sa cheud thairis air 30 bliadhna le gnìomhachd eaconomaigeach aig ìre glè àrd agus le sluagh òg anns a' chumantas. Agus a bharrachd air an sin, ged a rugadh 27 sa cheud taobh a-mach crìochan na h-Alba bha 44.4 às a' cheud dhen t-sluagh a' bruidhinn Gàidhlig – an àireamh a bu mhotha deas air Tròndairnis.

Agus bha an suidheachadh mìorbhaileach seo, far an robh an eaconomaidh agus cultar na sgìre fallain agus adhartach, an urra ri Sabhal Mòr Ostaig, ri na poileasaidhean taiceil Gàidhlig aig oighreachd Shir Iain Noble, ris an Aonad Ghàidhlig shoirbheachail ann am Bunsgoil Shlèite, agus ri Ionad Luchd-turais Chlann Dòmhnaill aig Ellice MacDhòmhnaill.

Ach chan eil e comasach Colaiste Ghàidhlig le foghlam aig an treas ìre chur dhan h-uile sgìre air Ghàidhealtachd agus anns na h-Eileanan. Ann an àiteachan eile cha robh an suidheachadh cho math is a bha Jack MacConnell a' cumail a-mach. Gu mì-fhortanach anns a' mhòr-chuid de sgìrean na Gàidhealtachd far am b' àbhaist a' Ghàidhlig a bhith na cànan coimhearsnachd bha i a' crìonadh gu luath.

Tha a' choimhearsnachd Ghàidhlig a' faighinn fìor dheagh sheirbheis rèidio bhon BhBC, ach chan eil telebhisean Gàidhlig – gu h-àraidh bhon roinn neo-eisimeilich – air cumail ro dhlùth ri geallaidhean Achd Craolaidh 1990. An 1995 thuirt Alastair Moffat aig Telebhisean na h-Alba,

> Bha na riaghailtean air an robh na còirichean telebhisein air an toirt seachad gu math teann agus thug sin air na companaidhean neo-eisimeileach mòran rannsachaidh a dhèanamh mus do dhealbh sinn ar prògraman ro 1993. Rinn sinn prògraman Gàidhlig a dh'aon ghnothach dìreach mu rudan snog – còcaireachd, càraichean, fasanan agus a leithid. . . agus dh'obraich e oir bha earbsa aig CTG annainn. Bha iad

> gu math treun a' gabhail ris an t-siabann Machair gu sònraichte – tha deagh dhràma uabhasach doirbh a dhèanamh air telebhisean. Ach bha e soirbheachail.

Bha e soirbheachail do Thelebhisean na h-Alba agus do Ghrampian gun teagamh sam bith, oir choisinn iad na còirichean telebhisein gu ìre seach gun do gheall iad prògraman Gàidhlig a chraoladh aig prìomh àm amhairc. Ach dìreach trì bliadhna às dèidh do dh'Alastair Moffat na briathran sin a labhairt, bha Machair air falbh – chan e a-mhàin bhon àm àbhaisteach feasgar ach far nan sgàileanan againn gu tùr, gun tilleadh tuilleadh. Tha Brian Wilson ag ràdh:

> Tha eagal orm nach do mhair an dealas a bh' aig Telebhisean na h-Alba dhan Ghàidhlig uabhasach fada anns na naochadan agus 's ann gu math searbhasach a bha e a bharrachd. Thàinig iad tarsainn air cho feumail is a bhiodh a' Ghàidhlig dhaibh ann a bhith a' faighinn còirichean Meadhan Alba nuair a chaidh e a-mach gu tairgsean aig an àm sin. Chuir iad fathann mun cuairt gum feumadh companaidh sam bith a bha a' tairgse airson nan còirichean gealltainn gun craoladh iad prògraman Gàidhlig aig na prìomh amannan.
>
> Cho luath is a fhuair iad na còirichean, gun duine nan aghaidh agus airson suim glè bheag, chuir iad cùl ri na geallaidhean gu math sgiobalta. Cha robh an còrr feum aca air a' Ghàidhlig. A' coimhead air ais rinn seo call mòr air mar a bu chòir maoin telebhisein Ghàidhlig a bhith air a riaghladh. An aon rud a thàinig às 's e Òraid an t-Sabhail agus tha sin fhèin air a chur air ais gu bhith ga chraoladh aig uairean beaga na maidne.

Bhon uair sin tha Seirbheis nam Meadhanan Gàidhlig – SMG – (Fhuair an CTG ainm ùr nuair a chaidh maoineachadh rèidio a chur an urra riutha) a' strì airson seanal didsiotach Gàidhlig mar a mhol Alastair Milne anns an Aithisg aige a chaidh fhoillseachadh an 2000.

Anns an Dàmhair 2004 rinn Calum Dòmhnallach, Ball Pàrlamaid nan Eileanan an Iar aig an àm, òraid ann an Taigh nan Cumantan a' càineadh an Riaghaltais airson cho slaodach is a bha iad. Bha Craoladh air fear de na roinnean a ghlèidh Riaghaltas Westminster aca fhèin.

> Tha an Riaghaltas air mòran aithisgean fhoillseachadh ach chan eil sgillinn airgid ga thoirt seachad gus na rùintean a th' annta a choileanadh. Chan eil ann ach faoineas. Dè feum a th' ann a bhith a' fosgladh Pàrlamaid ùr na h-Alba le salm Gàidhlig mura bheil Gàidhlig a' dol a dh'fhaighinn càil às na co-dhùnaidhean gun tig a' Phàrlamaid sin? Dè feum a th' ann a bhith a' toirt ainm ùr Gàidhlig air an roinn-phàrlamaid a tha mise a' riochdachadh mura bheil maoineas ùr ann dha Seirbheisean nam Meadhanan Gàidhlig bhon riaghaltas seo?
>
> 'S e eaconomaidh Bhreatainn an ceathramh fear is motha th' air an t-saoghal. Cuireamaid stad air na leisgeulan nach eil an t-airgead againn a mhaoinicheas seanal do choimhearsnachd luchd-labhairt na Gàidhlig.

Fhuair e freagairt bhon Mhinistear, Richard Caborn a thaobh nam molaidhean aig Aithisg Alastair Milne a bha a' dol a chosg £44 millean.

> Thàinig sinn chun a' cho-dhùnaidh nach b' urrainn dhuinn gabhail ris na cosgaisean a mhol Alastair Milne anns an Aithisg aige. Tha craoladh ga bhruthadh seach gu bheil Riaghaltas na h-Alba dhen bheachd gur e a' bhith a leasachadh agus a' maoineachadh foghlam an dòigh is fheàrr air Gàidhlig a dìon agus a neartachadh. 'S e an t-amas deireannach a th' aca – agus a bh' againne nuair a bha na gnothaichean sin an urra ri Westminster – dèanamh cinnteach gum mair a' Ghàidhlig mar chànan fallain, beòthail dùthchasach anns an Rìoghachd Aonaichte.

Ged nach robh coltas gun robh seanal telebhisein Gàidhlig a' dol a nochdadh air fàire fhathast, bha le cinnt, mar a bha an luchd-poilitigs air a bhith a' gealltainn gu cunbhalach, Achd Gàidhlig gu bhith ann. 'S e a' chiad cheum gun do chuir an Riaghaltas air chois an 2003 buidheann ùr – Bòrd na Gàidhlig. Bha am Bòrd stèidhichte an Inbhir Nis le Ailean Caimbeul mar Cheannard agus Donnchadh Fearghasdan, Ceannard Àrdsgoil a' Phluic, far an robh Somhairle MacGill-Eain air a bhith na Cheannard aig aon àm, na Chathraiche. Bha e air a chur mu choinneamh a' Bhùird mar amasan, gum meudaicheadh iad àireamh luchd-labhairt agus luchd-cleachdaidh na Gàidhlig; gun neartaicheadh iad a' Ghàidhlig mar chànan teaghlaich agus coimhearsnachd; gun dèanadh iad Gàidhlig agus cultar na Gàidhlig ruigsinneach air feadh na dùthcha; gun dèanadh iad nochdte na bha a' Ghàidhlig a' cur ri beatha chultarach na h-Alba; gun leudaicheadh iad am feum a bhathar a' dèanamh de Ghàidhlig aig a h-uile h-ìre ann am beatha na dùthcha.

Bha e cuideachd an urra ri Bòrd na Gàidhlig a' chiad Achd Gàidhlig an eachdraidh na h-Alba a stiùireadh tron Phàrlamaid.

Fhuair Bile na Gàidhlig aonta aon-ghuthach bho Phàrlamaid na h-Alba, às dèidh deasbad inntinneach fiosrachail, air 21mh den Ghiblean 2005. Bidh am Bile na Achd as t-Samhradh nuair a chuireas a' Bhanrigh a làmh ris. Leis an sin bidh Bòrd na Gàidhlig stèidhichte ann an lagh agus bidh dà chànan oifigeil ann an Alba – Beurla agus Gàidhlig – le urram co-ionnan, le gealltanas fhathast gun coimhead an Riaghaltas ri luach co-ionnan ma bhios sin iomchaidh.

Bidh e an urra ri Bòrd na Gàidhlig, Plana Nàiseanta airson Gàidhlig a dheasachadh agus, ag obair còmhla ri ministearan an Riaghaltais, na h-Ùghdarrasan Ionadail a bhrosnachadh gus an suidheachadh a thaobh Foghlaim tro Mheadhan na Gàidhlig a leasachadh. Ach far nach eil a' Ghàidhlig an dualchas an Ùghdarrais, mura bheil iarraidh air an t-seirbheis seo, cha bhi e air a sparradh orra. 'S e fear eile dhe na dleastanais aig Bòrd na Gàidhlig a bhith a' stiùireadh nam Buidhnean Poblach gus an cuid a dhèanamh dhan chànan le bhith a' dealbh poileasaidh Gàidhlig agus ga chur an gnìomh.

Chan eil teagamh nach eil beàrnan anns a' Bhile fhathast ach 's e ceum air adhart a th' ann. Agus aig a' cheann thall, dìreach mar a thuirt George Younger fichead bliadhn' air ais aig Co-labhairt ChnaG, ma dhearbhas luchd na Gàidhlig don Riaghaltas, ge bith dè am partaidh poilitigeach a bhios aig a' cheann, gu bheil sinn fhèin a' dèanamh a h-uile oidhirp gus ar cànan a bhrosnachadh, bidh e an urra ris an Riaghaltas a h-uile taic a chumail rithe. Agus mar a thuirt Ailean Caimbeul, Ceannard Bòrd na Gàidhlig, gu geur mar bu dual, "'S ann mu dheidhinn an t-saoghail romhainn a tha an reachdas ùr seo seach na dh'fhàg sinn às ar dèidh. 'S e fìor chothrom a th' ann ma ghabhas sinn e."

An lùib gach iomairt eile a bha a' dol air adhart ann an saoghal na Gàidhlig chaidh ionad foghlaim, cultair, agus dualchais a stèidheachadh an Ìle anns an Lùnastal 2002, fo stiùireadh Sabhal Mòr Ostaig le ceanglaichean ri Oilthigh na Gàidhealtachd is nan Eilean. B' e seo Ionad Chaluim Chille Ìle. Bha e iomchaidh gum biodh a leithid de ghoireas ann an Ìle far an robh cultar agus dualchas nan Gàidheal air a bhith cho cudromach ri linn Tighearnas nan Eilean, agus às am biodh iad a' riaghladh na rìoghachd bho Eilean na Comhairle air Loch Fhionn Lagain, seachd ceud bliadhna air ais.

Mar a thuirt Robin MacMhuirich, Cathraiche Bòrd Stiùiridh an Ionaid agus an Comhairliche Ionadail, an latha dh'fhosgladh e,

> Tha Ionad Chaluim Chille aig cridhe Gàidhealtachd Alba agus Èirinn a' comharrachadh ath-nuadhachadh Eilean Ìle. Air son a' chiad uair riamh, chan fheum an òigridh againn falbh às an eilean airson faighinn air adhart. Tha solas ùr soillseach air a lasadh an Ìle.

Chaidh an t-Ionad fhosgladh le Mike Watson, Ministear airson Turasachd, Cultar agus Spòrs. Thuirt e:

> Bheir an t-Ionad cothrom do mhuinntir Ìle ruighinn air foghlam aig Àrd Ìre agus fiosrachadh fhaighinn air na ceanglaichean cultarach agus eachdraidheil a th' aca ris a' chòrr de shaoghal na Gàidhlig.

'S e Brian Wilson, agus e anns a' chathair aig Comann Ìleach Ghlaschu, a chuir air adhart a bheachd gum bu chòir colaiste

Ghàidhlig a stèidheachadh an Ìle. Bha e na Mhinistear an Oifis na h-Alba aig an àm ach bha a cheanglaichean fhèin ri Ìle a' dol cus na b' fhaide air ais. Thuirt Brian Wilson ged nach robh dad aige ri dhèanamh ri taghadh làrach an Ionaid far an robh seann ospadal Gart na Tràgha an ear air a' Bhogha Mhòr, dh'amais gun robh e cudromach an eachdraidh a theaghlaich fhèin. Thuirt e, "B' i mo mhàthair an Àrd bhanaltram a bha os cionn Gart na Tràgha aig àm an dàrna cogaidh agus thachair i rim athair, a bha ag obair an Ìle aig an àm, airson a' chiad uair air starsaich an ospadail. Mar sin bidh ceanglaichean làidir agus maireannach agam ris an togalach agus ris a' phròiseact."

Bha e soilleir an taobh a-staigh deich bliadhna fichead bhon a chaidh Sabhal Mòr Ostaig a stèidheachadh nach robh Gàidhlig a' dol a bhàsachadh anns na deicheadan aig toiseach na 21mh linn. Bha i gus a bhith bèo ann an seadh air choireigin. Tha diofar bheachdan aig daoine mu dè cho làidir no cho beòthail is a tha a' chànan a dh'aindeoin an liuthad oidhirp a thathar a' dèanamh gus taic a chumail rithe, a rèir is cò ris a tha thu ag èisteachd. Am beachd Iain Mhic an Tàilleir, Stiùiriche an t-Sabhail fichead bliadhna air ais agus a tha an-diugh na òraidiche ann:

> Tha mi a' smaoineachadh gu bheil a' Gàidhlig an cunnart a dhol bàs mar chànan na coimhearsnachd eadhon an àiteachan mar Leòdhas agus Uibhist a Deas. Chan eil mi a' smaoineachadh gun tèid i gu bràth à bith buileach ach chan eil mi ga faicinn a' leantainn mar chànan coimhearsnachd. 'S dòcha gu bheil mi ceàrr. Ma leudaicheas foghlam tro mheadhan na Gàidhlig agus ma shoirbhicheas leis, 's e Gàidhlig eadar-dhealaichte a bhios againn ach chan eil dad ceàrr air an sin. Tha atharrachadh agus leasachadh a' tighinn air a h-uile cànan. Cha bu chòir dhuinn a bhith a' bruidhinn Gàidhlig na h-ochdamh linn deug oir chan eil sinn a' tighinn beò anns an ochdamh linn deug.

A rèir Iain Thormoid MhicLeòid:

Tha coimhearsnachdan ag atharrachadh. Tha an saoghal ag atharrachadh agus tha a' Ghàidhlig air gluasad air adhart. Tha foghlam tro mheadhan na Gàidhlig cudromach. Thèid agad ri coimhearsnachd ath-bheothachadh ged a tharraingeas e ùine. Chuala mise fear ann an seo ann an Slèite ag ràdh, is làn a chlaiginn a Ghàidhlig aige: 'Cha do rinn a' Ghàidhlig mòran feum dhomhsa.' Agus tha mòran dhe na seann daoine dhen aon bheachd, chan eil iad a' faicinn luach anns a' chànan. Ged a bha iad fhèin a' bruidhinn Gàidhlig anns a' choimhearsnachd, chan eil iad ga bruidhinn ris na h-oghaichean.

Feumaidh daoine a bhith ag iarraidh a bhith a' bruidhinn a' chànain. Tha sinn a' faicinn, mar a tha a' chlann ag èirigh suas, gu bheil iad a' cleachdadh a' chànain – 's dòcha nach eil i anns a' coimhearsnachd aca ach tha iad ga cleachdadh. Agus bidh a' chànan beò fhad 's a tha daoine ga h-ionnsachadh, fhad 's a tha daoine a' còmhradh agus a' seinn anns a' chànan. Tha mise glè dhòchasach.

Bha Cathy Mary Nic a' Mhaoilein a' sgrìobhadh anns an *Scotsman* anns a' Mhàrt 2005 mun rannsachadh a rinn Pròiseact Plana Cànain nan Eilean Siar. Chaidh am pròiseact a stèidheachadh ann an 2003 às dèidh iomairt le buidheann a' riochdachadh Colaiste a' Chaisteil, Comhairle nan Eilean Siar agus Comunn na Gàidhlig. Ghabh Fòram Cànan is Cultair na Gàidhlig thairis an leasachadh agus chaidh comataidh stiùiridh a shuidheachadh le riochdairean bho na buidhnean sin, bho Iomairt nan Eilean Siar agus, o chionn ghoirid, Bòrd na Gàidhlig.

Sheall an rannsachadh gun robh roinnean far an robh fìor fheum air a' Ghàidhlig a leasachadh, gu sònraichte sna coimhearsnachdan 's anns an dachaigh. Bha an rannsachadh a' daingneachadh a' bheachd a bha a' nochdadh ro thric a-nis. Nuair a tha ceumannan adhartach gan dèanamh am beatha na Gàidhlig anns a' Phàrlamaid agus tro Bhòrd na Gàidhlig a bheil cothroman nas fheàrr againn ar cànan a thogail às an t-

> suidheachadh dhorch sa bheil e? No a bheil sinn ro fhadalach airson car a chur de chuibhle an fhortain?

Tha a beachd fhèin aig Anna NicSuain, Oifigear Leasachaidh na Gàidhlig ann an Colaiste a' Chaisteil an Leòdhas, tè a tha air a beatha thoirt thairis gu bhith a' brosnachadh na Gàidhlig.

> Tha ceangal ga dhèanamh eadar eaconomaidh agus cultar 's tha e cudromach gu bheil Iomairt nan Eilean Siar a-nis a' tuigsinn gu bheil brìgh ann an cànan a thaobh eaconomaidh. Cha ghabh seo sparradh air daoine bho gu h-àrd – feumar uaill a thogail san dualchas agus anns a' chànan. Ged a tha an suidheachadh gu math dorch, gabhaidh a thionndadh air ais. Thachair seo sna h-Eileanan Fàro, 's tha an suidheachadh an seo ag atharrachadh. Feumaidh misneachd a bhith againn.

Tha Cathy Mary ag ràdh cuideachd,

> Dh'fhoillsich an rannsachadh beachdan làidir a thaobh dìth craolaidh Ghàidhlig air TBh agus dìth misneachd am measg luchd-ionnsachaidh, 's iad a' faireachdainn nach eil na fileantaich a' toirt taic gu leòr dhaibh. Thog mòran air Comhairle nan Eilean Siar gum bi e deatamach dhaibhsan poileasaidh làidir a chur an cèill, gu math nas làidire na am poileasaidh dà-chànanach a tha iad air a bhith cleachdadh chun a seo.

"Tha mi a' smaoineachadh gur e a' bhuaidh is cudromaiche a bh' aig Sabhal Mòr Ostaig", thuirt Fearchar Mac an Tòisich, "'s e gun do dh'atharraich e beachd dhaoine – agus tha mi a' ciallachadh luchd na Gàidhlig – air an cànan fhèin agus air an t-seasamh a th' aice agus an luach. Thuirt mise ann an litir gu Iain Noble an 1973 gun robh mi dhen bheachd, eadhon fo Achd an Fhoghlaim mar a bha i aig an àm, gum feumadh na h-ùghdarrasan barrachd a dhèanamh a thaobh foghlam Gàidhlig na bha iad a' dèanamh. Agus air thoradh gun robh a' Cholaiste Ghàidhlig air a stèidheachadh agus gun robh i cho soirbheachail ann a bhith a' cleachdadh Gàidhlig mar mheadhan teagaisg, agus gun robh sinn comasach air oileanaich oideachadh agus gum faigheadh iad an uair sin cosnadh ann an sgìrean Gàidhlig, tha mi a' smaoineachadh gun do dh'atharraich sin beachdan dhaoine air an cultar agus an cànan fhèin. Nuair a chunnaic iad nach e rud gun fheum a bha anns a' chànan, nach robh e a' dol gan cumail air ais anns an t-saoghal anns an robh iad bèo, ach gun robh e comasach air a bhith air a chleachdadh mar mheadhan air oideachadh agus ionnsachadh – thug sin misneachd do dhaoine a bharrachd air uaill nan cànan. Aon uair is gun do bhrosnaich sin urram agus misneachd ann an daoine fa leth, an uair sin thòisich urram agus misneachd ri fàs anns a' choimhearsnachd.

"'S e Sabhal Mòr Ostaig, tha mi a' smaoineachadh, an t-àite is motha a tha a' toirt cosnadh do dhaoine ann an ceann a deas an Eilein Sgitheanaich. Tha daoine a-nis a' faicinn gur e rud feumail a th' ann an Gàidhlig, agus aig an aon àm tha iad a' faicinn an luach a th' ann a thaobh a bhith ag ath-bheothachadh choimhearsnachdan agus a' cruthachadh obraichean dha na choimhearsnachdan sin. Chan eil adhbhar sam bith a bhith ag ath-bheothachadh Gàidhlig mura bheil thu a' dol a chruthachadh obraichean a chumas daoine anns na sgìrean far a bheil a' chànan ga bruidhinn."

Tha e soilleir bhon h-uile beachd agus aithisg a thig am follais gu bheil cànan, cultar agus dualchas nan Gàidheal làidir far a bheil luach ga chur air foghlam tro mheadhan na Gàidhlig agus gu bheil sin toinnte gu teann ann an leasachadh eaconomaigeach na Gàidhealtachd agus tha Sabhal Mòr Ostaig agus sgìre Shlèite na eiseimpleir air sin anns na thachair anns na deich bliadhna fichead a chaidh seachad. Tha Lachaidh Dick, Co-òrdanaiche Leasachaidh Acadaimigich aig Sabhal Mòr Ostaig, a' beachdachadh air amasan na Colaiste bho thùs agus a' coimhead air adhart anns na diofar roinnean anns a bheil Sabhal Mòr Ostaig an sàs.

"Bhon toiseach, bha luchd-obrach agus Urrasairean na Colaiste mothachail nach robh foghlam, ma bha e gu bhith cumhang agus cuingealaichte, a' dol a dh'fhuasgladh duilgheadas bunaiteach na Gàidhealtachd is nan Eilean – cion chothroman ionadail do dh'òigridh na sgìre. Cha bhiodh iad ach a' stèidheachadh ionad foghlaim eile a bhiodh ag ullachadh na h-òigridh gus 'dèanamh air tìr-mòr'. Air an adhbhar sin, chuir muinntir na Colaiste romhpa gum biodh iad a' leasachadh foghlam agus cultar còmhla, agus gum biodh iad a' toirt taic agus a' faighinn taic bho chàch a chèile. Air son gum biodh coimhearsnachd acadaimigeach choileanta aca a bhiodh a' cuimseachadh air feuman na Gàidhealtachd is nan Eilean, stèidhich Sabhal Mòr Ostaig obraichean gnìomhachais agus rannsachail a tha air cur gu mòr ri cosnadh anns an sgìre.

"Tha buaidh mhòr air a bhith aig a' Cholaiste air an eaconomaidh ionadail le:

> 66 obraichean làn-thìde
> 83 obraichean pàirt-thìde
> £1.6m dhan eaconomaidh ionadail
> 24,720 oidhche-leaba air mhàl gach bliadhna anns a' choimhearsnachd
>
> Tha Co-labhairtean agus luchd-obrach SMO a' cur ris a' bhun-structar ionadail, gu h-àraidh ri luchd-malairt, eaglaisean, clubaichean sòisealta agus cur-seachadan.

"A bharrachd air an dà àrainn a th' ann mar tha, tha Sabhal Mòr Ostaig a' sireadh maoin a leigeas leis a dhol air adhart leis a' phròiseact ùr-ghnàthach FÀS. Nuair a bhios an togalach deiseil anns a' Ghiblean 2007 bidh e comasach àite-obrach a thoirt do dhiofar iomairtean eaconomaigeach a bhios a' co-fhreagairt ri obair na Colaiste agus bidh e na Ionad Tòiseachaidh Ghnìomhachasan Cruthachail gus tuilleadh obrach a bhrosnachadh ann an raointean cosnaidh ùra.

"Tha a' Cholaiste air a bhith gu math fosgailte anns an dòigh anns an deach i an sàs anns na cothroman a bha i a' tathann. Anns na deich bliadhna mu dheireadh tha a' Cholaiste air meudachadh gu mòr agus bha e deatamach gum biodh seo air a làimhseachadh gu faiceallach mura robh an t-ionad, nach robh fhathast ach glè bheag, air a dhol fodha le meud na h-obrach. 'S e cion maoineachaidh stèidhichte an duilgheadas is cudromaiche a th' aig a' Cholaiste ach leis an aithne a tha i a' cosnadh a thaobh obrach gu nàiseanta agus eadar-nàiseanta tha dòchas gun tig fuasgladh soirbheachail dhan cheist sin. Tha a' Cholaiste an-dràsta gu dèanadach a' cur air bhonn Urras Leasachaidh gus airgead tòchraidh a thogail a ghlèidheas a' Cholaiste neo-eisimeileach agus seasmhach anns an àm ri teachd.

"Tha SMO, mar a tha e a' dol air adhart, a' dèanamh a h-uile h-oidhirp gus daoine a thàladh chun na Colaiste agus chan ann a bhith gan toirmeasg, a' feuchainn ri ullachadh a dhèanamh mu choinneamh raon farsaing de bhuidhnean a thaobh aois, comasan cànain agus ùidh. Ged a tha a' Cholaiste air adhartas mòr a dhèanamh bhon a chaidh a stèidheachadh, tha mòran fhathast ri dhèanamh ma tha i a' dol a riarachadh feumalachdan na Gàidhlig. Ach le taic leantainneach bho gach taobh, tha na tha an sàs ann an Sabhal Mòr Ostaig glè chinnteach gun tig barrachd adhartais anns an àm ri teachd."

Co-dhùnadh

Tha an lèirsinn aig Sir Iain Noble, le taic is saothair nan daoine bha a' saothrachadh còmhla ris agus a tha a' saothrachadh anns an latha th' ann, air tighinn gu buil, ged a tha mòran ri dhèanamh fhathast am beachd luchd-stiùiridh Sabhal Mòr Ostaig ma tha an t-ath-bheothachadh a tha, mean air mhean a' tighinn am follais, gu bhith soirbheachail agus maireannach.

Nuair a bha Oilthigh Obar Dheathain a' comharrachadh an 1995 na còig ceud bliadhna bho chaidh a stèideachadh, bha an t-Àrd Ollamh Tormod MacIllÌosa a' bruidhinn air Rèidio nan Gàidheal agus a' dèanamh coimeas eadar Sabhal Mòr Ostaig mar phàirt de dh'Oilthigh na Gàidhealtachd is nan Eilean agus Oilthigh Obar Dheathain agus ag ràdh, "Ged nach eil àireamh nan oileanach ann an Sabhal Mòr Ostaig uabhasach mòr aig an àm seo aig toiseach gnothaich, cò aig tha fios, ann an còig ceud bliadhn' eile, nach bi an t-Eilean Sgitheanach a' taomadh le oileanaich mar a tha Obar Dheathain an-diugh!" Nis, bha Tormod a' dèanamh beagan de fhealla-dhà ach thuigeadh tu cuideachd gun robh e fhèin a' smaoineachadh nach robh a' bheachd seo buileach cho fad' às sin. Agus 's e a' mhisneachd seo agus an creideas a th' aca anns an obair a tha iad a' dèanamh agus an dòigh a tha iad a' dol timcheall air, is coireach gu bheil Tormod MacIllÌosa is a cho-obraichean air Sabhal Mòr Ostaig a thoirt chun na h-ìre shoirbheachail aig a bheil i. Chan e a-mhàin gu bheil a h-uile neach a tha is a bha co-cheangailte ris an t-Sabhal moiteil às, ach tha e follaiseach cuideachd gu bheil iad a' luachadh an àite gu mòr bho na teachdaireachdan aca.

Tha mise cho moiteil às na rinn mi an lùib leasachadh an t-Sabhail Mhòir 's a tha mi à dad eile a rinn mi riamh, agus chan eil turas a thadhaileas mi – agus gu h-àraidh san t-seann togalach – nach eil mi a' faotainn togail agus misneachadh sònraichte.

Tha sin air sgàth an dearbhaidh a tha romham an sin air na ghabhas dèanamh far a bheil pòsadh eadar rùn is creideas, agus far a bheil mòran dhaoine deònach obrachadh gu cruaidh gus an creideas sin a choileanadh. Tha an Sàbhal Mòr na lòchran dòchais far nach robh ach dì-misneachd, agus tha obair an t-Sabhail a' soillseachadh inbhe na Gàidhlig air feadh na cruinne.

Rinn an luchd-teagaisg agus na h-oileanaich an còrr. Dhearbh iad feumalachd an ionaid, agus dhearbh iad luach an fhoghlaim a th' ann.

Tha an Sabhal air a bhith na dhrochaid a dh'ionnsaigh Gàidhlig, cultar agus cosnadh dha mòran, agus tha e air a bhith na mhisneachadh dha saoghal mòr nan Gàidheal.

Meal a naidheachd gu dearbh air a' chiad cairteal linne, agus air adhart le sùrd dhan ath chòig air fhichead!"

Ailean Caimbeul

Cha chùm an Sabhal leis fhèin a' Ghàidhlig beò ach tha mi glè chinnteach as aonais an t-Sabhail nach bi a' Ghàidhlig maireannach.

Lachaidh Dick

Chan eil uair a thèid mi dhan t-Sabhal nach eil mi a' faireachdainn togail agus misneachd nuair a dh'fhàgas mi e. Tha faireachdainn uabhasach math san àite. Tha am faireachdainn sin a' tighinn bhon fheadhainn a tha a' ruith an àite agus an luchd-teagaisg chun nan oileanach agus neach

sam bith a thig ann. Tha iad cho cofhurtail còmhla agus earbsa aca às a chèile. Tha e dìreach mar theaghlach.
D.R. Dòmhnallach

Nuair a chuimhnicheas mi air an t-seann sabhal a b' aithne dhomh, le snighe dubh a' tuiteam bho na cabair, 's e rud fìor mhisneachail a th' ann gu bheil a' Cholaiste aig an ìre ionmholta aig a bheil i an-diugh, aig cridhe ath-bheothachadh ar cànain agus a' cuideachadh gu mòr le leasachadh eaconomaigeach na coimhearsnachd. Gu dearbh, 's e rud iongantach a th' ann a chionn is gun robh sinn daonnan air ar teannachadh le cion airgid. Ma tha sinn a-nise gu bhith comasach brath a ghabhail air na cothroman ùra a tha romhainn, feumaidh an Riaghaltas barrachd is briathran blàtha a thoirt dhuinn. Feumaidh iad an sporan fhosgladh agus an Sabhal a chur air bunait sheasmhach. Ach eadhon le sin agus na cùrsaichean ùra, na toglaichean ùra, na goireasan ùra a tha mi an dòchas a cheadaicheas e, bidh slèibhtean fhathast rin atharrachadh ma tha a' Ghàidhlig gu bhith na cànan blasta, beothail feadh ar coimhearsnachdan. Gabhaidh na slèibhtean, ge-tà, atharrachadh ma bhuannaicheas sinn sa chreideamh agus san spiorad a nochd sinn anns na deich bliadhna fichead a dh'fhalbh.
Fearchar Mac an Tòisich

Ann an caochladh dòigh tha Sabhal Mòr Ostaig dhomhsa mar meatafor airson cor na Gàidhlig san là an-diugh: stèidhichte air seann bhunait, ach le dreach ùr-leasaichte; lanntair ar dùrachd, beò an dòchas – is ro mhòr fhathast ar dòchas; ath-ghintinn a' sireadh seasmhachd. Chan e a-mhàin gu bheil Sabhal Mòr Ostaig air leth cudromach an-diugh mar ionad foghlaim Gaidhlig, tha e na shamhla cruaidh, follaiseach air an toradh a thig à gnìomh ma ghabhas Gaidheil ùidh an cor na Gàidhlig – is ma ghabhas iad slighe dhòigheil gu ruig' an ceann-uidhe.

Bha àm ann sna 80an far an robh cùsean cho doirbh is gun

robh Sabhal Mòr Ostaig an cunnart a' bhàis. Bha mise nam Chathraiche air an Urras, bha am buidheann ann am fiachan nach robh beag an coimeas ris an teachd a-steach, bha sinn air ar sàrachadh is cha robh slighe air adhart ri fhaicinn san dorchadas. Cha robh ann ach an seann sabhal is cha b' ann leinn a bha e. Bha ceist oirnn am feumar na dorsan a dhùnadh. Nan robh an Sabhal air tuiteam bha cunnart ann gun toireadh e nithean eile sìos cuideachd, leis cho cugallach 's a bha stèidh na Gàidhlig an sùilean an Riaghaltais is nam buidhnean poblach air an robh leasachadh foghlaim an crochadh.

Is e freagairt na ceist, a fhuair sinn bho eòlaichean foghlaim aig an robh fios mun Ghàidhlig is mun Gàidhealtachd, nach b' urrainn dhuinn na dorsan a dhùnadh: gum feumar gluasad air adhart; cùisean is cùrsaichean a leasachadh; àireamhan a thogail; ar ceann-uidhe fhoillseachadh; fuaim nas motha a dhèanamh; roi-innleachd ùr a leantainn – feallsanachd, misneachd is seòltachd a chur an taic ar dòchais – dìreach mar a bha a dhìth air a' Ghàidhlig fhèin.

Agus sin mar a thachair. Thàinig an Sabhal air adhart is Àrainn Chaluim Chille; thàinig cor na Gàidhlig air adhart cuideachd ri linn sin."
Iain Aonghas MacAoidh

Bho shabhal trèigte am broinn a chèile a chunnaic làithean na b' fheàrr ann an 1976 gu Colaiste Ghàidhlig na h-Alba ann an 2005 – abair thusa atharrachadh. Ach cha b' ann gun strì is spàirn chruaidh is trom eallach air bheagan tuarastail is nas lugha de spèis aig toiseach gnothaich.

Gun ghoireas teagaisg tro mheadhan na Gàidhlig a b' fhiach no idir togalach air ullachadh a chum feumalachdan oideachaidh an latha an-diugh.

Deich bliadhna fichead de dhìcheall ann an saoghal na Gàidhlig a chunnaic piseach air inbhe na cànain ach fhathast gun inbhe thèarainte. A' Ghàidhlig ri cluinntinn ann am

Pàrlamaid na h-Alba agus pàistean ga cleachdadh ann an cròileagain air feadh na dùthcha.

Sin a bha san amharc aig an t-Sabhal Mhòr agus an luchd-stiùiridh bho thùs agus is iongantach an sgeul, ge bu chruaidh an t-slighe, gun do dh'èirich soirbheas leatha.
Fearchar MacIllFhinnein

Far nach faic sinn fàire
Chan e sabhal i
ach long nan lòchran àrda
mach air mullach cuain
cuan nan cànanan beaga
cuan nan cunnartan mòra
cuan nan cladach tioram
cuan às an tig soirbheachadh,
beòthas, fallaineachd is trèibhdhireachd,
air a' chuan seo seòlaidh long an t-Sabhail.
Is bidh gach là làn de neart,
Neart nan Gàidheal is na Gàidhlige.
Donnchadh MacGuaire

Tha e mìorbhaileach fhaicinn na thachair thar an fhichead bliadhna a dh'fhalbh. Ann an dòigh, nuair a chuimhnicheas tu cò ris a bha an àrainneachd phoilitigeach coltach an uair a thòisich sinn an seo, tha an t-adhartas a rinnear dìreach do-chreidsinneach.

Bu chòir coimhead ged tà, air an fhichead bliadhna a dh'fhalbh mar a' chiad cheum air turas gu math fada. Tha pìosan deatamach den bhun-structar againn a-nis agus tha e nas fhasa togail air a sin. Tha am barrachd tuigse againn cuideachd air ciamar a tha leasachadh cànain ag obair agus mar sin faodaidh sinn a bhith nas misneachaile a thaobh na h-ath fhichead bliadhna.

Air mo shon-sa dheth 's e an ath cheum Oilthigh Ghàidhlig a bhith againn. 'S dòcha ann an co-bhonn ri ar caraidean ann an Èirinn. Chan e idir an t-seann dealbh de

oilthigh stèidhichte ann an aon àite ach lìonraidh de dh'oilthighean 's de cholaistean anns gach dùthaich ag obrachadh còmhla airson maith ar cànain. Bheil sin ach bruadar? Cha bhi sinn fada a' faighinn a-mach – chan eil ann am fichead bliadhna ach priobadh nan sùil ann an saoghal leasachadh cànain. Airson a thoirt gu buil chan eil a dhìth ach daoine le misneachd, tuigse agus deagh ghean, torr airgid, co-obrachadh, ùine agus taic phoilitigeach. Tha e cho sìmplidh ris a sin."
Tormod MacIllÌosa

Tha e a' toirt toileachas mòr dhomh faicinn an adhartais a tha Sabhal Mòr air a dhèanamh tro na bliadhnachan, gu h-àraid an deagh bhuaidh a tha aig an ionad air an sgìre ionadail agus mar a tha oileanaich air a bhith a' soirbheachadh ann an saoghal obrach agus ann a bhith ag adhartachadh na Gàidhlig.
Iain Tormod MacLeòid

Nuair a chaidh Sabhal Mòr Ostaig a chur air bhonn cò aig an robh dùil gum fàsadh e cho aithghearr, agus cuideachd an robh fios aig duine gun robh a leithid de chabhaig ann bhon a bha seann shaoghal nan Gàidheal a' crionadh cho luath, is cultar nan Gall a' taomadh a-steach bho dheas.

Rè nan 'linntean dorcha' 's e na Gàidheil ann an Ì Chaluim Chille a chùm lampa an dualchais a' deàrrsadh airson a' chòrr den t-saoghal. An-diugh chan eil ann ach beagan dhaoine a tha a' cumail na lampa sin beò.

Far an robh Ì Chaluim Chille an-dè, tha Sabhal Mòr Ostaig an-diugh.
Sir Iain Noble

Tha sean-fhacal Gaeilge againn, 'Bíonn gach tosù lag'.
Tha e doirbh a-nis a bith a' dèanamh dealbh dhen bhrosnachadh a fhuair sinn nuair a thòisich a' chiad bhuidheann de dh'oileanaich fhileanta làn-thìde aig Sabhal Mòr Ostaig anns an Dàmhair 1983. 'S e uallach mòr a bh' ann

ach bha a h-uile duine ro dheònach an cuid fhèin a chur ris agus bha an fhaireachdainn gun robh rudeigin fìor chudromach a' tachairt follaiseach anns an ùidh mhòr a bh' aig na meadhanan, am Breatann agus an Èirinn, anns a' Cholaiste – bha i beag, bha i bòidheach, bha i mu dhòchas agus bha i mu ath-bheothachadh cànain ghràdhaich aosta, a' Ghàidhlig.

Tha mi fhèin agus Mòrag, mo chèile, air a bhith a' leantainn adhartas na Colaiste thar na còig bliadhna deug a chaidh seachad agus tha e air a bhith mìorbhaileach an ìre gun do thachair an t-adhartas sin. Tha an rùn air atharrachadh bho bhith na Colaiste leasachaidh dhùthchail airson oileanaich Ghàidhealach gu bhith na ionad nàiseanta is eadar-nàiseanta airson adhartachadh na Gàidhlig. Tha seo math agus sin mar a bu chòir dha bhith oir cha bhiodh e air a bhith comasach dhan Ghàidhealtachd a-mhàin na h-àireamhan a bha dhìth airson am meudachadh a chumail suas. Ach biodh a' chiad rùn ged-thà, fhathast na theis-meadhan os gum bi gach cuspair bho Dhàimh nan Ealan gu Saidheans ri fhaighinn, aig a' cheann thall, do dh'oileanaich Ghàidhealach tro mheadhan an cànain fhèin.

Mar a tha sinne an Èirinn, mu dheireadh thall, a' tòiseachadh air modail ùr agus sgaoilte aig an treas ìre do dh'oileanaich na *Gaeltacht*, tha sinn a' guidhe do dh'àrainn Sabhal Mòr Ostaig, a tha cho foghainteach is cho bòidheach, deich bliadhna fichead eile de dh'adhartas.
Seán Ó Drisceoil

Tha e a' toirt mòr thlachd dhomhsa a bhith a' faicinn mar a tha an iomairt mhisneachail, dhòchasach seo aig Iain Noble air tighinn gu buil. Tha Sabhal Mòr Ostaig agus Slèite mar microcosm den t-saoghal a bha Iain a' faicinn roimhe, le eaconomaidh na sgìre agus a' chànain a neartachadh a chèile gu soirbheachail agus a' tàladh na h-òigridh air ais dhan Eilean.
Calum Robasdan

Tha e inntinneach agus is dòcha cudromach cuideachd gun tàinig Run Rig agus Sabhal Mòr Ostaig gu bith anns an aon bhliadhna, 1973. Chaidh an *West Highland Free Press* a stèidheachadh a' bhliadhna roimhe sin. Bhrosnaich seo mothachdh ann an Gàidheil òga gun robh luach anns an dualchas aca agus tha e a-nis follaiseach gun tug an leasachadh a bha a' nochdadh anns na h-Ealain, craoladh agus foghlam misneachd dhaibh agus gun do ghlac e am mac-meanmainn.
Donaidh Rothach

Leabhraichean

Cameron, Ewan A, *The Life and Times of Fraser-MacIntosh, Crofter MP*, 2000

Cowan, Ian B. & Shaw Duncan, ed. *The Renaissance and Reformation in Scotland*, Essays in Honour of Gordon Donaldson, 1983.

Dickinson W. Croft and Donaldson Gordon, A *Source Book of Scottish History*, Volume Three,1954

'Gaelic Speaking Children in Highland Schools', The Scottish Council for Research in Education, 1961

Gossen, Andrew Adam, *Agents of a Modern Gaelic Scotland: Curriculum, Change, and Challenge at Sabhal Mòr Ostaig, the Gaelic College of Scotland* PhD Thesis, 2000.

Hunter, James, *Last of the Free*, 1999

MacThòmais, Ruaraidh, deas. *Gàidhlig ann an Albainn*, 1976.

Stewart, Donald, ed. *Mary Stewart MacKinnon, A Scot at Westminster*, 1994.

Thomson, Derick S. ed. *The Companion to Gaelic Scotland*, 1983.

Transactions of the Gaelic Society of Inverness, Vol. 43

Taing cuideachd do na Pàipearan-naidheachd: *The Scotsman*, *The Herald*, the *Sunday Mail*, the *Daily Record*, *The Times*, the *Oban Times*, the *Stornoway Gazette* and the *West Highland Free Press*.

Clàr-amais

Acair 60
Achd an Fhoghlaim (Alba) 1872 52, 53
Achd an Fhoghlaim (Alba) 1918 57
Achd Craolaidh (1981) 126
Achd Craolaidh (1990) 128, 167
Ainsley, Ailean 108
Alexander, Ken 25, 88, 121
Am Mòd Nàiseanta 69, 71, 77, 124
Am Pàipear Beag 20–1, 32, 106, 186
An Comunn Gàidhealach 69, 70, 71, 82, 96, 97, 98, 104
Anglo-German Foundation for the Study of Industrial Society 87, 88
Àrdsgoil a' Phluic 108, 110, 170
Àrdsgoil an Òbain 29, 32, 34
Àrdsgoil Phort Rìgh 14, 20, 28, 29, 93, 108, 114, 192
Àrdsgoil Woodside 62, 66

Barr, Gòrdan 19, 20, 78, 81, 82, 83, 84
BBC 35, 72, 74, 75, 76, 77, 78, 90, 95, 127, 128, 133, 167
Bòrd Leasachaidh na Gàidhealtachd is nan Eilean 16, 22, 23, 24, 25, 26, 30, 61, 79, 88, 109–10, 116, 121, 152
Bòrd na Gàidhlig 30, 35, 61, 66, 79, 125, 166, 170, 171, 173
Brown, Gordon 153, 154
Bunsgoil a' Mheadhain 64
Bunsgoil Shlèite 90, 167
Burton, Morair 93–4

Caimbeul, Ailean 15–16, 34–8, 71, 72, 75–6, 77, 79, 83–4, 85–6, 87, 89–91, 103–4, 106–7, 118–19, 120, 123, 125–6, 141, 144–5, 151, 170, 171, 180
Caimbeul, Alasdair 159
Caimbeul, Aonghas Pàdraig 72, 73
Caimbeul, Ceana 62–4
Caimbeul, Iain Latharna 18
Cànan 142–3
Ceartas 98, 99, 102, 103, 104
Chambers, William 54
Clancy, An t-Àrd-Ollamh Thomas Owen 67
Coimisean nam Mìle Bliadhna 146, 147, 148, 149
Colaiste a' Chaisteil 64, 89, 173, 174
Colaiste Àiteachais a' Chinn a Tuath 136
Colaiste Chnoc Iòrdain 29, 34, 52, 58, 64, 67, 102, 105, 108
Colaiste Foghlaim an Taobh Tuath 67
Colaiste Inbhir Nis 64

Colaiste na h-Eaglaise Saoire 67
Colaiste Robert Gordon 89
Comann Gàidhlig Inbhir Nis 54, 55, 69
Comann Gàidhlig Lunnainn 96
Comann Sgoiltean Dà-chànanach Ghlaschu 63
Comann Sgoiltean Gàidhlig 52
Comataidh Telebhisean Gàidhlig (CTG) 79, 128, 129, 167, 168
Comhairle Ealain na h-Alba 73, 81
Comhairle nan Eilean 58, 60, 62, 64, 87, 88, 117, 121, 173, 174
Comhairle nan Leabhraichean 73
Comhairle nan Sgoiltean Àraich (CNSA) 59, 61
Comhairle Roinn na Gàidhealtachd 17, 88, 93, 118, 121, 122
Comhairle Roinneil Shrath Chluaidh 63, 122
Comhairle Siorrachd Inbhir Nis 21, 93, 94
Comunn na Gàidhlig (CnaG) 26, 30, 35, 79, 123, 125, 126, 127, 128, 129, 130, 170, 173

Dewar, Donald 117, 154, 155–6, 163
Dick, Lachaidh 82, 87, 91, 175–7 180
Dòmhnallach, Aonghas 108, 113, 114
Dòmhnallach, Calum 159, 168–9
Dòmhnallach, D.R. 20, 91, 180–1
Dòmhnallach, Iain 73
Dòmhnallach, Màrtainn 70, 76, 77–8, 79, 94
Dòmhnallach, Morair Goraidh 12, 13
Dòmhnallach, Tormod Calum 110, 119

Edinburgh Society for the Support of Gaelic Schools (ESSGS) 52, 54
Evans, Gwynfor 126

Fearghasdan, Dòmhnall 100, 101, 102
Fearghasdan, Donnchadh 170
Fir Chlis 85, 98, 143
Forsyth, Michael 126
Friseal Mac an Tòisich, Teàrlach 56

Gairm 71–2, 73
Gath 73
Gossen, Andrew 139, 141–2
Grannd, Seumas 63
Gray, Charles 122
Grossart, Angus 13
Gulbenkian Foundation 84, 88

Hart, An t-Àrd-Ollamh Ralph 90

Iomairt Cholm Cille 155, 158, 159–60, 165
Ionad Chaluim Chille Ìle 171–2
Ionad Chlann Dòmhnaill 17, 167

Jenning, James 122

Leabhar Mòr na Gàidhlig 161
Lèirsinn 142

Mac a' Bhreatnaich, Niall 88
Mac a' Ghobhainn, Iain A. 52
Mac a' Ghobhainn, Seumas 18
Mac a' Phì, Ruairidh 114
Mac a' Phì, Ùisdean 74, 75, 77
Mac an Tàilleir, Iain 94–6, 97–102, 103, 105, 172
Mac an Tòisich, Fearchar 28–30, 53, 76–7, 115, 116, 130–1, 154, 174–5, 181
Mac an Tòisich, Stiùbhart 62, 66
Mac an t-Sealgair, Seumas 12, 152, 153
Mac Illechiar, Iain 61, 96
Mac Mhaighstir Alasdair 33, 45, 161
MacAmhlaigh, Fred 75, 76, 77, 78
MacAoidh, Dòmhnall Iain 79, 87, 91, 106, 107
MacAoidh, Iain Aonghas 79, 126, 127, 128, 129, 130, 132, 181–2
MacArtair, Jack 91, 107, 117, 118–19, 120, 121, 136
MacAsgaill, Iain 25, 88

MacDhòmhnaill, Ailean 95
MacDhòmhnaill, Ellice 148, 149, 167
MacDhòmhnaill, Fionnlagh I. 72, 74, 75
MacDhòmhnaill, Gus 151, 152
MacEacharna, Steaphan 96, 98, 99
MacFhionghain, An t-Àrd-Ollamh Coinneach 96, 105, 165–6
MacGill-Eain, Calum 33
MacGill-Eain, Somhairle 20, 72, 86, 91, 95, 120, 158, 170
MacGuaire, Donnchadh 27–8, 30–4, 82, 86–9, 91, 95, 96, 103, 104, 106, 107, 110, 111, 119, 120, 121, 124–5, 183
MacIain, Raghnall 138–9
MacIlle na Brataich, An t-Ollamh Iain 47, 48, 75
MacIllEathain, Calum 161
MacIllEathain, Dòmhnall 132, 146, 148
MacIllFhialain, Maighstir Calum 117, 145
MacIllFhinnein, Dòmhnall Angaidh 158–9
MacIllFhinnein, Fearchar 20, 84, 86, 182–3
MacIllìosa, an Dotair H.C. 55
MacIllìosa, An t-àrd-Ollamh Tormod 115–17, 119–22, 129, 130, 131, 136, 139, 146, 149, 154, 160, 179, 183–4
Macillìosa, An t-Àrd-Ollamh Uilleam 67, 77
MacLeòid, An t-Ollamh Cailean 129–30
MacLeòid, An t-Ollamh Fionnlagh 58, 59–60, 85
MacLeòid, Fionnlagh 58–62
MacLeòid, Iain Tormod 108–9, 110, 113, 119, 129, 130, 131, 140–1, 142, 146, 160, 172–3, 184
MacLeòid, Murchadh 57, 58–9
MacMhathain, Sandaidh 117–18
MacMhuirich, Robin 171
MacNeacail, Aonghas Dubh 72, 86, 135–6
MacThòmais, An t-Àrd-Ollamh Ruaraidh 34, 72, 73
Màrtainn, Anna 96, 98
Màrtainn, Dòmhnall 79
McConnell, Jack 163, 164, 165, 167
Meek, An t-Àrd-Ollamh Dòmhnall E. 67, 73–4, 77
Milne, Alasdair 77, 168, 169
Mitchison, Niall 87, 95
Moffat, Alasdair 127, 153, 167–8

Nic a' Mhaoilein, Cathy Mary 173–4
NicComb, Donalda 65–6
NicDhòmhnaill, Jo 73
NicGumaraid, Catrìona 81, 86, 161
NicMhathain, Kaye 98
NicNèill, Mòrag 142
NicSuain, Anna 174
Noble, Sir Iain 12, 13, 14–15, 16, 17–18, 19, 20, 30, 81, 82, 83, 84–5, 87, 89–90, 91, 93, 94, 95, 105, 111, 117, 121, 136, 148, 167, 174, 179, 184, 185

O Cuiv, Eamon 159
ó Drisceoil, Seán 89, 105–6, 107–8, 109–14, 117, 119, 120–1, 129, 184–185
ó Maolalaigh, An t-Àrd-Ollamh Roibeard 67
Oilthigh Dhùn Deagh 19, 84, 143
Oilthigh Dhùn Èideann 29, 67, 77, 142, 165
Oilthigh Ghlaschu 16, 29, 31, 34, 49, 63, 67, 72, 73, 108, 117, 132, 146
Oilthigh na Gàidhealtachd is nan Eilean 11, 30, 64, 141, 142, 144, 145, 147, 148, 157, 171, 179
Oilthigh Obar Dheathain 22, 35, 67, 95, 96, 138, 144, 179
Oilthigh Shrath Chluaidh 34, 64, 65, 66, 67, 116
Oilthigh Shruighlea 86, 89

Pàrtaidh Làborach 117, 153
Pàrtaidh Libearalach 24, 148

Pàrtaidh Nàiseanta na h-Alba 96, 153, 164
Pàrtaidh Tòraidheach 97, 124, 126
Peacock, Peadar 66
Pedersen, Roy 22–6, 88
Pilgrim Trust 88
Primrose, Christine 95, 96, 111, 119
Pròiseact Muinntir nan Eilean/van Leer 59, 60
Pròiseact nan Ealan 85, 161

Rifkind, Malcolm 126, 127, 128
Robasdan, Boyd 66
Robasdan, Calum 16–17, 185
Robasdan, Seòras 98
Robinson, Mary 151, 156–8, 160
Roinn Foghlaim na h-Alba 56, 58, 61, 73, 86, 95
Ros, Mairead 85, 98
Ros, Seumas 75, 76
Rothach, Donaidh 78, 153, 186
Run Rig 78–9, 153, 186

Scott, Bernie 122
Seirbheis nam Meadhanan Gàidhlig 168, 169
Sgoil Eòlais na h-Alba 33
Sgoil Ghàidhlig Ghlaschu 65–6
Sgoil Sir John Maxwell 64, 65, 66
Society in Scotland for Propagating Christian Knowledge (SSPCK) 51, 52, 54
Steele, Iain 29, 30
Stiùbhart, Dòmhnall 96–7
Stòr-Data Briathrachas Gàidhlig 143
Storey, Bob 24, 25, 61, 88, 117, 121
Storey, John 73

Telebhisean Ghrampian 126, 127, 128, 132, 144, 151, 168
Telebhisean na h-Alba (STV) 76, 88, 126, 127, 128, 132, 143, 144, 151, 167, 168
Thompson, Frank 70
Tobar an Dualchais 143
Tosg 85, 143–4
Total Oil 88

údarás na Gaeltachta 106, 109
Ùr-sgeul 73

Watson, Mike 35, 171
Whyte, Marion 88
Wilson, Andrew 164–5
Wilson, Brian 12, 20, 25, 32, 122, 149, 158, 159, 161, 168, 171, 172

Younger, George 124, 125, 126, 151, 170